JOCHEN BERNINGHAUS

Die Stornierungsbefugnis der Banken gemäß Ziff. 4, Abs. III AGB-Banken

Schriften zum Bürgerlichen Recht

Band 62

Die Stornierungsbefugnis der Banken

gemäß Ziff. 4, Abs. III AGB-Banken

Von

Dr. Jochen Berninghaus

DUNCKER & HUMBLOT / BERLIN

D 6

Gedruckt 1980 bei Buchdruckerei Bruno Luck, Berlin 65
Printed in Germany
ISBN 3 428 04734 6

Vorwort

Die vorliegende Arbeit hat im Wintersemester 1979/80 dem Fachbereich Rechtswissenschaft der Westfälischen Wilhelms-Universität Münster als Dissertation vorgelegen. Das Manuskript wurde im Dezember 1979 abgeschlossen.

Mein aufrichtiger Dank gilt Herrn Professor Dr. Kollhosser, der die Arbeit angeregt und betreut hat, sowie Herrn Bundesverfassungsrichter a. D. Professor Dr. Brox.

Herrn Ministerialrat a. D. Professor Dr. Johannes Broermann danke ich, daß er die Arbeit in seinen Verlag aufgenommen hat.

Münster, im April 1980

Jochen Berninghaus

Inhaltsverzeichnis

Teil 4

Abkürzungsverzeichnis

a. A.	anderer Ansicht
AGB-Banken	Allgemeine Geschäftsbedingungen des privaten Bankgewerbes i. d. F. von April 1977
Anh.	Anhang
Anm.	Anmerkung
AT	Allgemeiner Teil
Aufl.	Auflage
Diss.	Dissertation
Erg.	Ergebnis
f.	für
h. M.	herrschende Meinung
i. d. F.	in der Fassung
i. d. R.	in der Regel
Rdn.	Randnummer
Rspr.	Rechtsprechung
S.	Seite
st.	ständig
zit.	zitiert

Im übrigen entsprechen die verwandten Abkürzungen den Vorschlägen von Kirchner, Abkürzungsverzeichnis der Rechtsprache, 2. Aufl., Berlin 1968.

Einleitung

Gegenstand dieser Arbeit ist eine systematische Untersuchung der Ziff. 4, Abs. III Satz 1 AGB Banken in der Fassung von April 1977, der sog. „Stornoklausel"[1]: „Gutschriften, die infolge eines Irrtums, eines Schreibfehlers oder aus anderen Gründen vorgenommen werden, ohne daß ein entsprechender Auftrag vorliegt, darf die Bank durch einfache Buchung rückgängig machen (stornieren)."

Die Sätze 2 und 3 der Ziff. 4 Abs. III können unberücksichtigt bleiben, weil sie die Stornierung nicht direkt betreffen: S. 2 regelt, daß bei Abweichungen die Kontonummer Vorrang vor dem Namen hat, während S. 3 unter bestimmten Voraussetzungen eine Haftungsfreistellung der Bank begründet.

Mögen die eindeutige Aussage des Begriffs ‚Stornierung' (ital. storno = Streichung) sowie die vergleichsweise nur in spärlichem Umfang ergangene Rechtsprechung zur Stornoklausel den Anschein der Unkompliziertheit der Klausel bzgl. ihrer dogmatischen Einordnung und ihres praktischen Anwendungsbereichs erwecken, so wird dieser Anschein schon bei oberflächlichem Einstieg in die Literatur entkräftet. Sowohl aus dogmatischer Sicht, bei der das Meinungsspektrum zur rechtlichen Einordnung der Stornierung vom rein deklaratorischen, rechtlich nicht relevanten buchtechnischen Vorgang bis zum Widerruf bzw. einer Anfechtungserklärung geht, als auch bei der Frage der praktischen Anwendbarkeit der Klausel, die sowohl in sachlicher als auch in zeitlicher Hinsicht äußerst umstritten ist, zeigt sich, wie richtig die Aussage Putzos aus dem Jahre 1977 ist: „Bedeutung und Inhalt der Stornoklausel sind ungeklärt"[2].

Dies verwundert umso mehr, als die Stornoklausel bereits seit dem Jahre 1937 in unveränderter Form in den AGB der Banken zu finden ist. Zu diesem Zeitpunkt übernahmen praktisch alle privatrechtlich organisierten Kreditinstitute eine erstmals für das gesamte private Bankgewerbe einheitliche Empfehlung zur Regelung von Allgemeinen Geschäftsbedingungen, die eine vom „Centralverband des Deutschen Bank- und Bankiersgewerbes" eingesetzte Kommission nach Rücksprache mit dem damaligen Reichskommissar für das Kreditwesen seit 1934 ausgearbeitet hatte[3].

---

[1] Liesecke WM 1975, 240.

[2] Putzo S. 107.

[3] Einzelheiten bei Manthe Bankbetrieb 1968, 8 ff.

Diese damals entwickelte Stornoklausel bildete die Grundlage für die später auch von rechtlich anders organisierten Kreditinstituten eingeführten Stornoklauseln. So hat die Deutsche Bundesbank in Abschnitt II Nr. 4 Abs. III ihrer AGB-Bundesbank eine gleichlautende Stornoklausel eingeführt. Das gleiche gilt für die Volksbanken, die in Nr. 4, Abs. III ihrer AGB die Stornoklausel ebenfalls übernommen haben. Abgesehen von im wesentlichen zwei kleineren Abweichungen[4] haben auch die Sparkassen unter A. I. Nr. 1 (4) AGB der Sparkassen eine ähnliche Stornoklausel in ihre Allg. Geschäftsbedingungen aufgenommen. Lediglich die Stornoklausel der Deutschen Bundespost (§ 12, IV PSchO) ist sprachlich mit der Fassung der privaten Banken nicht vergleichbar.

Grundsätzlich ist diese Arbeit begrenzt auf die Untersuchung der Stornoklausel der privaten Banken. Lediglich auf zwei Abweichungen bei der Stornoklausel der Sparkassen wird zu Klarstellungszwecken eingegangen[5]. Das bedeutet jedoch nicht, daß die gewonnenen Ergebnisse nur für den Geltungsbereich der AGB-Banken verwertet werden können. In erster Linie bzgl. der Rechtsnatur der Stornierung aber auch bzgl. der praktischen Anwendbarkeit der Klausel können die Ausführungen weitestgehend auf die sonstigen Stornoklauseln entsprechend angewendet werden.

Da im folgenden nur noch auf Ziff. 4 Abs. III AGB der Banken eingegangen wird, soll zumindest an dieser Stelle der Vollständigkeit halber erwähnt werden, daß es neben der Stornierungsbefugnis gem. Ziff. 4 Abs. III AGB weitere Stornierungsbefugnisse gibt: So Ziff. 41 Abs. II für Belastungsbuchungen, Ziff. 42 Abs. I für zum Einzug eingereichte und bereits vor Verfall gutgeschriebene Schecks und Wechsel, Ziff. 42 Abs. III für bereits gutgeschriebene aber bei Vorlegung nicht eingelöste Schecks und Wechsel, Ziff. 31 Abs. II für Ausführungsgeschäfte bei Wertpapier- und Devisengeschäften etc..

Voraussetzung für eine Anwendung der Stornoklausel ist, daß die AGB-Banken gegenüber dem jeweiligen Kunden anwendbar sind. Da die zur Zeit der Entstehung der AGB herrschende Auffassung, die AGB der Banken stellten Rechtsnormen bzw. Gewohnheitsrecht dar[6], inzwischen überholt ist, ist Voraussetzung für eine Stornierung gem. Ziff. 4 Abs. III AGB der Banken, daß die AGB wirksamer Bestandteil des zwischen der Bank und dem Kunden bestehenden Girovertrages geworden sind[7]. Welche Mindestanforderungen erfüllt sein müssen, damit die

---

[4] Vgl. dazu Otto / Stierle Fn. 51.

[5] Vgl. dazu unten Teil II A III 2 und D II.

[6] Vgl. Schaudwet S. 17; so Trost / Schütz S. 3.

[7] Es kann im Rahmen dieser Arbeit offenbleiben, ob durch die Verein-

Allg. Geschäftsbedingungen Bestandteil des Girovertrages werden[8], soll hier nicht vertieft werden. Festzuhalten ist nur, daß entgegen Otto / Stierle[9] Stornierungen bei solchen “Kunden“ nicht unter Ziff. 4 Abs. III AGB fallen, mit denen ein Girovertrag (noch) nicht oder nicht wirksam zustande gekommen ist, da gegenüber diesem Personenkreis die AGB-Banken keine Geltung haben.

Da nach der Rechtsprechung des BGH[10] die AGB auch für den Verkehr der Banken untereinander und nicht nur für den Verkehr mit Nichtbankierkunden gelten, braucht bei der Frage der Anwendbarkeit der Stornoklausel nicht nach Kundengruppen differenziert zu werden.

barung der AGB ein sog. ‚Allgemeiner Bankvertrag‘ besteht; vgl. dazu Schönle § 3 I m.w.N.

[8] Vgl. für den Verkehr mit Privatkunden § 2 AGBG; vgl. auch Schaudwet S. 28 m. w. N.; Schönle § 2 I.

[9] Otto / Stierle S. 534.

[10] BGH JZ 1968, 469 ff.

Teil 1

Rechtsnatur der Stornierung

Mit der Stornierung gem. Ziff. 4 III AGB der Banken sollen Gutschriftsbuchungen rückgängig gemacht werden. In der Praxis geschieht das in der Weise, daß die kontoführende Bank der zu stornierenden Gutschriftsbuchung eine Belastungsbuchung in gleicher Höhe gegenüberstellt und auf diese Weise die Gutschriftsbuchung neutralisiert. Zunächst ist die Stornierung daher nichts weiter als ein Buchungsakt. Ob mit der Stornierungsbuchung darüber hinaus eine rechtsgeschäftliche Erklärung verbunden ist, hängt von der Rechtsnatur der zu stornierenden Gutschriftsbuchung ab. Denn ist mit der zu stornierenden Gutschriftsbuchung konkludent eine rechtsgeschäftliche Erklärung verbunden, dann kann der in Ziff. 4 III AGB vorgesehene Zweck der Stornierung, die Rückgängigmachung der Gutschrift, nur dann erreicht werden, wenn man auch mit der Stornierungsbuchung eine rechtsgeschäftliche Erklärung verbindet. Andernfalls würde die Stornierungsbuchung lediglich rechnerisch den Tagessaldo[1] verändern, die hinter der Gutschriftsbuchung stehende rechtsgeschäftliche Erklärung bliebe in ihrer Wirksamkeit unberührt; das hätte zur Folge, daß der Tagessaldo nicht die materielle Rechtslage wiederspiegelte und damit seinen Zweck verfehlte.

Ist dagegen die Gutschriftsbuchung lediglich als Buchungsakt anzusehen, dann wird der Zweck der Stornierung auch dann erreicht, wenn die Stornierung lediglich ein Buchungsakt bleibt[2].

Damit kann die Rechtsnatur der Stornierung erst bestimmt werden, wenn zunächst die Vorfrage geklärt ist, welche Rechtsnatur die zu stornierende Gutschrift hat.

---

[1] Dieser ist nicht zu verwechseln mit dem Saldo i. S. d. des Kontokorrent (§ 355 HGB). Zwar ist das Girokonto ein Kontokorrent i. S. d. Handelsrechts, aber nach der herrschenden Lehre vom Periodenkontokorrent stellt lediglich der viertel- bzw. halbjährliche Kontoabschluß eine Saldoziehung i. S. d. § 355 HGB dar; vgl. BGHZ 50, 277 (280), Baumbach / Duden § 357, Bem. 3 C. Der auf dem Kontoauszug erscheinende Tagessaldo ist lediglich ein rechnerischer Abschluß des Kontos, der der Information und Disposition dient.

[2] Meyer-Cording S. 99; Otto / Stierle WM 1978, 530 (533).

A. Rechtsnatur der Gutschrift

Die Rechtsnatur einer Gutschrift könnte verschieden sein, je nachdem, welcher bankgeschäftliche Vorgang der jeweiligen Gutschrift zu Grunde liegt; daher soll die Rechtsnatur der einzelnen Gutschriftsbuchungen getrennt behandelt werden.

I. Rechtsnatur der Gutschrift aus einer Überweisung

1. Die Lehre Godins

a) Inhalt

Ausgangspunkt für die ältere Lehre[3] war, daß der Girovertrag als Geschäftsbesorgungsvertrag i. S. d. § 675 BGB anzusehen ist, im Rahmen dessen der Kontoinhaber Weisungen i. S. d. § 665 BGB erteilt. Im Rahmen des Girovertrages erbringt die Bank Dienstleistungen, die als selbständige Tätigkeit wirtschaftlicher Art vorgenommen im (Vermögens-)Interesse des Kunden anzusehen sind, womit die Voraussetzungen für eine Geschäftsbesorgung i. S. d. § 675 BGB vorliegen[4] und damit die §§ 662 ff. BGB anwendbar sind. So hat der Kontoinhaber seine Bank im Girovertrag beauftragt, für ihn Geldbeträge entgegenzunehmen, und zwar gem. Ziff. 4 Abs. 1 AGB-Banken durch Erteilung einer Kontogutschrift. Die Bank ist damit insoweit Empfangsbeauftragte, die die erlangten Beträge gem. § 667 BGB herausgeben muß, wobei die Form in Ziff. 4 Abs. 1 AGB-Banken festgelegt ist. Neben dieser Herausgabepflicht soll die Bank nach der älteren Lehre keine weitere eigenständige Verpflichtung haben. Die Gutschrift ist danach nur ein kaufmännisches Internum, mit der die Bank keine zusätzliche Verpflichtung eingeht; sie erfüllt gleichsam nur ihre Herausgabepflicht.

Für die Rechtsnatur der Stornierungsbuchung hat die Lehre Godins zur Konsequenz, daß die Stornierung lediglich einen Buchungsakt darstellt. Mit der Stornierungsbuchung würde lediglich klargestellt, daß eine Herausgabepflicht der Bank gem. § 667 BGB nicht (in der nach der Gutschrift ausgewiesenen Höhe) besteht.

b) Kritik

Zu Recht wird diese Lehre heute abgelehnt, weil sie der Funktion des Buchgeldes nicht gerecht wird. Der Gläubiger einer Geldforderung wird sich nur dann auf eine Erfüllung mit Buchgeld anstatt mit Bargeld einlassen, wenn das Buchgeld für ihn mindestens annähernd ebenso

[3] Godin S. 511; Schütz AcP 160, 17 (28).

[4] BGHZ 45, 223 (228 f.); RGZ 109, 299 (301).

sicher ist wie Bargeld. Daran fehlt es, wenn man der Auffassung Godins folgt, da die Bank dem Herausgabeanspruch des Kontoinhabers gem. § 667 BGB die Einwendungen und Einreden aus ihrem Verhältnis zum Auftraggeber (Hausüberweisung) oder zur Auftraggeber-Bank (Kettenüberweisung) entgegenhalten kann. Erhält die Bank z. B. wegen einer Insolvenz des Auftraggebers oder der Auftraggeber-Bank keine Deckung (mehr) für die dem Kontoinhaber erteilte Gutschrift, dann erlangt sie nichts als Beauftragte (§ 667 BGB) und kann dies dem Kontoinhaber entgegenhalten.

Das Buchgeld wäre damit für den Kontoinhaber zu unsicher, da allein er das Deckungsrisiko trägt. Diese Risikoverteilung erscheint nicht angemessen, da die Bank als Mittlerin im Zahlungsverkehr anders als ein Beauftragter nicht allein im Fremdinteresse sondern auch im wirtschaftlichen Eigeninteresse[5] tätig wird[6].

Aus dogmatischer Sicht erscheint die Lehre Godins nicht ganz folgerichtig. Nach der Auffassung von Godin wäre es konsequent, im Valutaverhältnis zwischen Auftraggeber und Empfänger die Erfüllung in dem Zeitpunkt eintreten zu lassen, in dem die gutschreibende Bank Deckung erhält[7], da im Fall der reinen Empfangsbeauftragung die Erfüllung regelmäßig schon dann eintritt, wenn die geschuldete Leistung an den Empfangsbeauftragten erbracht wird. Nach der auch von Godin[8] vertretenen Verkehrsauffassung[9] erlischt die dem Überweisungsauftrag zu Grunde liegende Forderung des Empfängers gegen den Auftraggeber jedoch erst im Zeitpunkt der Gutschrift auf dem Empfängerkonto[10].

2. Überweisungsgutschrift als abstraktes Schuldversprechen

Daher kommt nach der heute ganz herrschenden Meinung[11] mit der Gutschrift ein abstraktes Schuldversprechen zwischen der Bank und dem Kontoinhaber zustande[12].

---

[5] Das wirtschaftliche Eigeninteresse besteht nicht in einer Gewinnerzielung aus der Durchführung des Zahlungsverkehrs, da trotz Gebührenerhebung in diesem Geschäftszweig regelmäßig nur Verluste erwirtschaftet werden. Das wirtschaftliche Eigeninteresse besteht vielmehr in dem Ausnutzen des „Bodensatzes“ (vgl. dazu Hagenmüller S. 274) und der Möglichkeit von Anschlußgeschäften.

[6] Vgl. Putzo S. 56; Schlegelberger / Hefermehl Anh. § 365, Rdn. 1.

[7] So Schütz AcP 160, 17 (29).

[8] Godin S. 525.

[9] BGHZ 6, 121 (123 ff.); Schönle § 32, I; Canaris Anh. C nach § 357, Anm. 241; Meyer-Cording S. 130; Larenz Schuldrecht I, § 14 IV c; Simitis AcP 159, 452 f. m. w. N.

[10] Vgl. auch Koller BB 1972, 687 (689).

[11] RGZ 134, 73 (76); BGHZ 5, 121 (124); BGHZ 26, 167 (171); BGH NJW 1974, 187; Liesecke WM 1975, 214 (229); Meyer-Cording S. 41; Putzo S. 55 ff.; Schoele S. 328; Schönle § 31 III 3 c Ziff. 2; Schlegelberger / Hefermehl Anh. § 365, Rdnr. 58.

Der wesentliche Grund für diese Annahme liegt darin, daß das Buchgeld bzgl. seiner Sicherheit weitestgehend dem Bargeld angenähert sein muß, wenn der Gläubiger einer Geldforderung es als Erfüllungsleistung akzeptieren soll. Anders als beim Bargeld ist am Buchgeld kein Eigentum als der sichersten Form der Forderungserfüllung möglich. Das Buchgeld, das nichts anderes als eine Forderung des Kontoinhabers gegen die Bank ist, kann nur dann für den Kontoinhaber eine ähnliche Sicherheit bieten, wenn die Forderung einrede- und einwendungsfrei ist. Erst dann hat der Kontoinhaber die Verfügungsmacht, die es rechtfertigt, die Leistung von Buchgeld an die Empfängerbank zu Gunsten des Kunden der geschuldeten Leistung von Bargeld gleichzusetzen[13].

Es darf kein „verdeckter Schwebezustand“[14] dadurch bestehen, daß der Kontoinhaber zwar eine Gutschrift erhalten hat, die Bank sich dieser gegenüber aber darauf berufen kann, daß sie vom Auftraggeber (Hausüberweisung) oder von der Zwischenbank (Kettenüberweisung) keine Deckung erhalten hat. Dem Kontoinhaber ist dadurch, was Dekkungsmängel anbelangt, ein vollwertiger Vertrauensschutz gegeben[15]. Die damit zusätzlich zu ihrer Mittlerrolle im Zahlungsverkehr begründete Garantenstellung der Bank ist dadurch gerechtfertigt, daß die Bank — wie bereits gesagt[16] — nicht ausschließlich fremdnützig eine Mittlerrolle im Zahlungsverkehr spielt, sondern auf diesem Geschäftszweig wirtschaftliche Eigeninteressen verfolgt.

Die herrschende Meinung unterscheidet damit zwischen einem Anspruch *auf* Gutschrift, d. i. der Anspruch des Kontoinhabers auf Herausgabe der von der Bank als Empfangsbeauftragter erhaltenen Beträge (§§ 675, 667 BGB) und dem Anspruch *aus* der Gutschrift, d. i. der Anspruch aus dem abstrakten Schuldversprechen (§ 780 BGB)[17].

Dabei wird der Anspruch *auf* Gutschrift dadurch erfüllt, daß an Erfüllungs-Statt (§ 364 I BGB) das abstrakte Schuldversprechen gegeben wird.

---

[12] A. A. Kübler S. 204, der einen Garantievertrag annimmt. Zu Recht halten Canaris (Anh. C nach § 357, Anm. 20) und Helbig (S. 39) dem entgegen, daß der Typus eines Garantievertrages auf die Gutschrift nicht zutreffe, weil die Bank nicht die Gewähr für eine fremde Leistungspflicht übernehmen will, sondern ihrer eigenen Verpflichtung gegenüber dem Kunden nachkommen will.

A. A. Möschel JuS 1972, 299 f., der ein abstraktes Schuldverspr. für überflüssig hält, ohne jedoch einen eigenen Vorschlag zur Rechtsnatur der Gutschrift zu machen.

[13] Hefermehl S. 387.

[14] Koller BB 1972, 387 (390).

[15] Vgl. Koller BB 1972, 687 (690).

[16] Vgl. oben A I 1 b.

[17] Vgl. Schönle § 31 III 3 c; Hefermehl S. 386.

Wenn auch insoweit Einigkeit besteht, so ist doch streitig, auf welche Weise konstruktiv das abstrakte Schuldversprechen zustande kommt.

a) Individualvertragslehre

Ein Teil der Lehre sieht in jeder einzelnen Gutschrift einen gesonderten abstrakten Schuldversprechensvertrag i. S. d. § 780, weshalb sie als sog. Individualvertragslehre bezeichnet wird. Da der Kontoinhaber einerseits an der Gutschrift nicht beteiligt ist und i. d. R. erst nachträglich Kenntnis von der Gutschrift erlangt, andererseits aber zumindestens die Offerte der Bank auf Abschluß des Schuldversprechensvertrages dem Kontoinhaber zugehen muß (§ 130 BGB) bestehen Schwierigkeiten, die jeweiligen Schuldversprechensverträge konstruktiv zu begründen.

aa) Vertreter-Theorie

Teilweise wird vertreten, daß die Empfangsbank als Vertreterin des Kontoinhabers mit sich selbst im Zeitpunkt der Gutschrift den Schuldversprechensvertrag schließt[18]. Die dazu erforderliche Vollmacht der Bank wird in dem Girovertrag gesehen. § 181 BGB steht dieser Lehre nicht entgegen, da der Schuldversprechensvertrag als einseitig verpflichtender Vertrag dem Kontoinhaber lediglich einen rechtlichen Vorteil bringt.

bb) Antizipierte Offerte der Bank

Im Gegensatz dazu wird vertreten, die Bank gebe mit jeder Gutschrift eine Offerte auf Abschluß eines abstrakten Schuldversprechensvertrages ab. Der Kunde habe von vornherein auf den Zugang dieser Offerte verzichtet und im voraus bei Abschluß des Girovertrages die Annahme erklärt[19]. Dieser Lösungsvorschlag ist von vornherein abzulehnen, da er klar gegen den Wortlaut des § 130 BGB verstößt[20]. Denn das Vertragsangebot der Bank muß dem Kontoinhaber zugehen, um wirksam zu werden. Ein Verzicht auf den Zugang des Angebots ist nach dem BGB nicht zulässig, lediglich auf den Zugang der Annahme kann gem. § 151 BGB verzichtet werden.

Der Schuldversprechensvertrag könnte damit nicht mit der Gutschrift, sondern frühestens mit Zugang der Gutschriftsanzeige zustandekommen.

cc) Antizipierte Offerte des Kunden

Daher nehmen wiederum andere an, daß nicht die Bank, sondern der Gutschriftsempfänger bereits bei Abschluß des Girovertrages eine

---

18 Lehmann S. 817.

19 RGZ 141, 287 (289); Rospatt BankA 1933, 325; OLG Dresden JW 1933, 320 (327 ff.).

20 Bettermann ZHR 111, 135 (143); Kiehnscherf S. 36.

Vielzahl von Offerten abgibt, die die Bank mit jeder Gutschrift annimmt[21]. Dabei hat der Kunde im voraus gem. § 151 BGB auf den Zugang der Annahmeerklärung verzichtet, so daß der Schuldversprechensvertrag mit der Gutschrift wirksam wird.

Unabhängig davon, welcher der Theorien zum Individualvertrag man folgt, ist mit der Gutschriftsbuchung jeweils eine rechtsgeschäftliche Erklärung verbunden, nämlich entweder das Angebot auf Abschluß eines abstrakten Schuldversprechensvertrages oder die Annahme oder beides zugleich.

Für die Rechtsnatur der Stornierungsbuchung hat das zur Folge, daß mit der Stornierungsbuchung ebenfalls eine rechtsgeschäftliche Erklärung verbunden sein muß. Denn ein bloßer Buchungsakt „Stornierung“ kann die mit der Gutschriftsbuchung verbundene rechtsgeschäftliche Erklärung nicht beseitigen. Dies aber ist erforderlich, um entsprechend dem Zweck der Stornierung die Gutschrift insgesamt, d. h. bzgl. aller mit ihr verbundenen Wirkungen, rückgängig zu machen.

b) *Globalvertragslehre*

Gegen diese Lehre vom Individualvertrag wird eingewandt, daß der Wille der Bank, sich gegenüber dem Kunden abstrakt zu verpflichten, sich nur aus dem Girovertrag herleiten lasse. Daher könne auch nur der Girovertrag dahingehend ausgelegt werden, daß mit ihm zugleich ein abstrakter Schuldversprechensvertrag zwischen der Bank und dem Kunden zustandekomme[22]. Damit ist jedoch noch nicht geklärt, auf welche Weise der abstrakte Schuldversprechensvertrag über den jeweils gutgeschriebenen Betrag zustandekommt und welche Rolle die Gutschriftsbuchung dabei spielt. Obwohl die Auffassungen hierzu mangels eindeutiger Formulierung oft nur schwer zu erkennen sind, lassen sich doch im wesentlichen zwei unterschiedliche Lösungsvorschläge unterscheiden.

aa) Bedingungslehre

Die einen sehen die Gutschriftsbuchung als Eintritt einer aufschiebenden Bedingung i. S. d. § 158 BGB an[23]. Danach ist im Girovertrag global vereinbart, daß die Bank dem Kunden alle gutzuschreibenden Beträge abstrakt schulden will. Die Vereinbarung dieses abstrakten Schuldversprechensvertrages hängt von der aufschiebenden Bedingung

---

[21] Hildebrandt JW 1933, 2258; Ulmer SJZ 1948, 237 Anm. 3 a.

[22] Schlegelberger / Hefermehl Anh. § 365, Rdn. 59; Meyer-Cording S. 42; Schönle § 31 III 3 c Ziff. 2; Koller BB 1972, 387 (392).

[23] So ausdrücklich Schönle § 31 III 3 c Ziff. 2; Meyer-Cording S. 42; Helbig S. 68 ff. (75); Schoele S. 336; Wunschel NJW 1958, 1764; Nebelung NJW 1959, 1068; nicht eindeutig Kiehnscherf S. 39.

ab, daß die Bank zu Gunsten des Kunden eingegangene Beträge auf dessen Konto gutschreibt. Der Girovertrag enthält damit zugleich ein Bündel von aufschiebenden Bedingungen. Die Gutschriftsbuchung ist daher als bloßer Realakt anzusehen, da an diesen tatsächlichen Vorgang als Rechtsfolge das Wirksamwerden des im Girovertrag enthaltenen Schuldversprechensvertrages in der entsprechenden Höhe geknüpft ist.

Für die Rechtsnatur der Stornierungsbuchung bedeutet dies, daß auch die Stornierungsbuchung als bloßer Buchungsakt anzusehen ist. Die Stornierungsbuchung hat dabei nicht etwa die Bedeutung, daß sie den Bedingungseintritt rückgängig macht, da dies weder tatsächlich noch rechtlich möglich ist. Vielmehr bedeutet die Stornierungsbuchung die rein deklaratorische Anzeige an den Kontoinhaber, daß die stornierte Buchung keine solche war, die einen Bedingungseintritt zur Folge hatte[24]. Das beruht auf folgender Überlegung:

Wenn die Parteien im Girovertrag vereinbaren, daß mit der Gutschrift eine abstrakte Verpflichtung der Bank wirksam werden soll, dann soll sich diese Vereinbarung redlicherweise nur auf irrtums- und fehlerfreie Gutschriften beziehen.

Mit Vereinbarung der Stornoklausel haben die Parteien alle diejenigen Gutschriften aus dem global vereinbarten abstrakten Schuldversprechensvertrag ausgenommen, die unter den Anwendungsbereich dieser Klausel fallen. Die Stornierungsbuchung stellt mithin nur klar, daß es sich bei der stornierten Gutschriftsbuchung um eine solche handelte, die unter den Anwendungsbereich der Stornoklausel fiel[25] und damit keine abstrakte Vepflichtung der Bank auslöste.

bb) Lehre von der rechtsgeschäftlichen Gestaltungserklärung

Gegen die Einstufung der Gutschrift als bloße Bedingung und damit als Realakt wendet sich die neuere Lehre[26]. Am deutlichsten formuliert Canaris die Bedenken gegen die Bedingungslehre: Der Gutschriftsbuchung dürfte nach der Verkehrsauffassung und insb. nach dem Verständnis der Banken die Bedeutung eines Aktes zukommen, der seiner Sinnrichtung nach auf die Begründung eines Anspruchs gerichtet ist; „ein solcher Akt ist ein Rechtsgeschäft“[27].

Das mit der Gutschriftsbuchung verbundene Rechtsgeschäft soll eine ausfüllende Gestaltungserklärung sein. Der Girovertrag ist danach

---

[24] Vgl. Schönle § 32 III.

[25] Meyer-Cording S. 99; Kiehnscherf S. 122.

[26] Koller BB 1972, 687 (692); Canaris Anh. C zu § 357, Anm. 207; Putzo S. 60; Liesecke WM 1975, 214 (229); Schlegelberger / Hefermehl Anh. § 365, 59.

[27] Canaris Anh. C zu § 357, Anm. 207.

dahingehend auszulegen, daß er eine Rahmenvereinbarung enthält, nach der die Bank sich verpflichtet, den jeweils gutgeschriebenen Betrag abstrakt schulden zu wollen. Der Vertragsschluß bzgl. des abstrakten Schuldversprechensvertrages liegt damit bereits im Girovertrag. Mit der jeweiligen Gutschrift gibt die Bank eine Gestaltungserklärung ab, mit der sie den bisher nur generell vereinbarten abstrakten Schuldversprechensvertrag auf den jeweils gutzuschreibenden Betrag konkretisiert.

Auf den Zugang der Erklärung (§ 130, I 1 BGB) hat der Kontoinhaber von vornherein verzichtet (§ 151 BGB), so daß der konkrete Schuldversprechensvertrag bereits mit der Gutschrift und nicht erst bei Kenntniserlangung durch den Kunden zustandekommt. Zwar ist eine Gestaltungserklärung grds. eine empfangsbedürftige Willenserklärung, wie ein Vergleich mit §§ 263, 315 II BGB zeigt, und ist die Gestaltungserklärung auch keine Annahmeerklärung, für die § 151 BGB seinem Wortlaut nach allein eine Ausnahme bzgl. der Empfangsbedürftigkeit macht. Dennoch ist eine entsprechende Anwendung des Gedankens aus § 151 BGB hier gerechtfertigt. Sinn und Zweck des § 151 BGB ist es, einen Vertrag schon vor Kenntniserlangung des Antragenden von der Annahme durch die andere Vertragspartei wirksam werden zu lassen, wenn dies im Interesse des Antragenden und/oder des Antragsempfängers liegt[28].

Mit der Gestaltungserklärung verbessert sich die Stellung des Kontoinhabers als Erklärungsadressatem, da er anstelle des mit dem Dekkungsrisiko behafteten Herausgabeanspruchs (§§ 675, 667 BGB; Anspruch auf Gutschrift) die abstrakte Forderung gegen die Bank erwirbt (§ 780; Anspruch aus Gutschrift). Der Kontoinhaber ist an einem möglichst frühzeitigen Rechtserwerb interessiert, da er damit eine dem Bargeld angenäherte, gesicherte Forderung erhält. Auch die Bank ist an einem frühzeitigen Wirksamwerden des Vertrages interessiert, da mit Wirksamwerden der Gutschrift der Überweisungsauftrag seitens des Auftraggebers nicht mehr widerrufen werden kann[29], wodurch der Bank ggf. Zeit und Kosten erspart bleiben.

Damit kann ein Verzicht des Kontoinhabers auf den Zugang der Gestaltungserklärung angenommen werden. Die für § 151 BGB erforderliche äußerliche Erkennbarkeit der Willensbetätigung[30] liegt in der Durchführung der Gutschrift und in dem i. d. R. gleichzeitig erfolgenden Druck des Tagesauszuges[31]. Damit ist festgelegt, daß der kon-

---

28 Soergel / Lange / Hefermehl § 151, Rdz. 1; Staudinger / Dilcher § 151, Rdn. 4.

29 Schönle § 31 III 3 c 1.

30 Soergel / Lange / Hefermehl § 151, Rdn. 4 m. w. N.

31 Vgl. Liesecke WM 1975, 214 (229); Putzo S. 62; dagegen Polke S. 27 f.

krete abstrakte Schuldversprechensvertrag bzgl. der jeweiligen Gutschrift bereits mit Abgabe der Gestaltungserklärung wirksam wird[32] und nicht erst mit Zugang der Erklärung beim Kontoinhaber.

Ob dadurch, daß entsprechend dem Gedanken des § 151 BGB ein Zugang der Gestaltungserklärung entbehrlich ist, die Gestaltungserklärung ihren Charakter als Willenserklärung verliert und lediglich als Willensbetätigung anzusehen ist, wie teilweise[33] für die Annahmebestätigungen nach § 151 BGB vertreten wird, kann hier dahinstehen. Denn nach h. M. ist auch die Willensbetätigung den Regeln über Willenserklärungen unterworfen[34], so daß ein praktischer Unterschied nicht besteht.

Daraus, daß die Gutschriftsbuchung zugleich eine Gestaltungserklärung enthält, folgt für die Rechtsnatur der Stornierung, daß auch mit der Stornierung eine rechtsgeschäftliche Erklärung verbunden sein muß, um die Wirkungen der Gutschrift vollständig rückgängig machen zu können.

cc) Die Lehre Hefermehls

Gegen diese Lehre, nach der mit der Gutschriftsbuchung eine rechtsgeschäftliche Gestaltungserklärung verbunden ist, wendet sich Hefermehl[35]. Nach seiner Auffassung kann durch den Einsatz moderner Datenverarbeitungsanlagen bei der Durchführung des Zahlungsverkehrs nicht mehr angenommen werden, daß die Bank gerade im Zeitpunkt der Gutschrift den Willen habe, sich gegenüber dem Kunden abstrakt zu verpflichten. Dies sei nur bei manuellen Buchungsverfahren der Fall.

Zwar legt auch Hefermehl den Girovertrag dahingehend aus, daß er die globale (Rahmen-)vereinbarung eines abstrakten Schuldversprechensvertrages enthalte und daß der konkrete Vertrag durch eine rechtsgeschäftliche Gestaltungserklärung der Bank zustandekommt[36]. Im Gegensatz zur vorher aufgezeigten Meinung sieht Hefermehl jedoch die Gestaltungserklärung nicht in der Gutschriftsbuchung sondern in anderen betrieblichen Vorgängen der Bank:

Hefermehls Auffassung beruht auf dem Gedanken, daß der für die rechtsgestaltende Erklärung erforderliche Rechtsbindungswille der Bank eine Disposition voraussetzte, d. h. die Prüfung durch die Bank, ob

---

[32] So im Erg. Koller BB 1972, 687 (692); Putzo S. 62; Liesecke WM 75, 214 (229).

[33] Vgl. den Überblick bei Soergel / Lange / Hefermehl § 151, Rdn. 5.

[34] Flume § 35, II 3; Soergel / Lange / Hefermehl § 151, Rdn. 5.

[35] Hefermehl, Rechtsfragen des Überweisungsverkehrs, 390 ff.; Schlegelberger / Hefermehl Anh. § 365, Rdn. 61 ff.; ihm weitgehend folgend Polke S. 28 f.

[36] Schlegelberger / Hefermehl Anh. § 365, Rdn. 59.

die sachlichen Voraussetzungen für eine Gutschrift vorliegen. Diese Disposition erfolge aber bei Einsatz moderner EDV-Anlagen teilweise zeitlich vor und teilweise zeitlich nach der Gutschrift, so daß jedenfalls nicht die Gutschrift Ausdruck des Rechtsbindungswillens der Bank sei.

Bei Haus- und Filialüberweisungen erfolge bis zu einer bestimmten Höhe des Überweisungsbetrages die Disposition erst nach der Gutschrift, weil die eingehenden Überweisungsaufträge direkt in die EDV-Anlage eingegeben würden und die Disposition erst nach Durchführung der Belastungs- und Gutschriftsbuchung erfolge, nämlich wenn der Kontoführer des Auftraggeberkontos das Kontoblättchen mit der bereits ausgeführten Belastungsbuchung erhalte. Bis zur Vornahme der Disposition sei die Gutschrift auf dem Empfänger-Konto nur vorläufiger Natur, ein Rechtsbindungswille der Bank bestehe nicht[37].

Bei der überbetrieblichen (= Ketten-)Überweisung soll die Gutschrift der Auftraggeber-Bank (oder einer weiteren Zwischenbank) auf dem Konto der Empfangsbank ebenfalls nur vorläufigen Charakter besitzen, wenn die Auftraggeberbank ebenfalls ohne Vordisposition die Buchung durchgeführt hat. Folge soll sein, daß die Auftraggeberbank die Gutschrift zu Gunsten der Empfangsbank bis zur Vornahme der Nachdispostion voll zurückrufen können und daher auch die Gutschrift der Empfangsbank auf dem Konto des Empfängers solange nur vorläufigen Charakter haben soll.

In diesen Fällen der Haus- bzw. Filial- und Kettenüberweisung, in denen eine Nachdisposition stattfindet, soll der Rechtsbindungswille erst bei vorbehaltlosem Absenden des Tagesauszuges angenommen werden können[38].

Im Gegensatz dazu soll in den Fällen der Vordisposition, d. h. wenn der Überweisungsauftrag vor Durchführung der Buchung auf seine Richtigkeit überprüft wird, der Rechtsbindungswille in der Hingabe der Belege zur EDV-Anlage gesehen werden[39]. Eine Vordisposition finde bei denjenigen Hausüberweisungen statt, die einen bestimmten Überweisungsbetrag übersteigen, was von den internen Anweisungen der jeweiligen Bank abhängt.

Für die Rechtsnatur der Gutschrift hat die Ansicht Hefermehls zur Folge, daß die Gutschrift lediglich ein Buchungsakt ist, da die rechtsgestaltende Erklärung entweder bereits vorher mit Hingabe der Belege zur EDV oder nachher mit Versenden des Tagesauszuges anzunehmen

---

[37] Vgl. Schlegelberger / Hefermehl Anh. § 365, Rdn. 64.

[38] Vgl. Schlegelberger / Hefermehl Anh. § 365, Rdn. 67.

[39] Vgl. Schlegelberger / Hefermehl Anh. § 365, Rdn. 69 f.; insoweit abweichend Polke S. 34 f., der auch in diesen Fällen die Gestaltungserklärung im vorbehaltlosen Absenden der Tagesauszüge sehen will.

ist. Das wiederum hat für die Rechtsnatur der Stornierungsbuchung zwei theoretisch mögliche Konsequenzen: Die eine wäre, daß die Stornierung ein bloßer Buchungsakt bliebe. Das hätte jedoch zur Folge, daß für den Fall des Zustandekommens eines abstrakten Schuldversprechens die Gutschrift nicht rückgängig gemacht ist. Denn der gutgeschriebene Betrag wird von der Bank abstrakt geschuldet, nur die rechtsgestaltende Erklärung, die die abstrakte Verpflichtung begründet, war nicht mit der Gutschrift sondern mit einem anderen betrieblichen Vorgang verbunden. Daher erschiene es sachgerechter, mit der Stornierungsbuchung eine rechtsgeschäftliche Erklärung zu verbinden, mit der gleichzeitig auch die nicht in der Gutschrift enthaltene Gestaltungserklärung beseitigt wird.

c) Stellungnahme

Zuzustimmen ist der Auffassung, nach der der Girovertrag die Vereinbarung eines globalen abstrakten Schuldversprechens enthält, das durch eine mit der jeweiligen Gutschrift verbundene Gestaltungserklärung konkretisiert und wirksam wird[40].

Die Individualvertragslehre ist aus verschiedenen Gründen wenig überzeugend. Einmal erscheinen sowohl die Vertretertheorie als auch die Offertentheorie lebensfremd. Es ist weder anzunehmen, daß bei der Gutschrift einer der seltenen Fälle des Selbstkontrahierens vorliegt, noch ist es überzeugend, daß der Girovertrag ein ganzes Bündel von Offerten des Kunden auf Abschluß eines abstrakten Schuldversprechensvertrages enthält, zumal diese Offerten weder der Zeit noch der Höhe nach im voraus hinreichend bestimmt werden können.

Entscheidend aber spricht gegen die Individualvertragslehre, daß der Wille der Bank, sich gegenüber dem Kunden abstrakt zu verpflichten, nicht auf der jeweiligen Gutschrift beruht, sondern allein auf dem Girovertrag. In dem Girovertrag legen die Parteien fest, daß die Bank durch ihre späteren Gutschriften dem Empfänger gegenüber eine abstrakte Verbindlichkeit eingeht. Bei der einzelnen Gutschrift ist ein solcher Parteiwille nicht anzunehmen.

Dies wird deutlich an dem Beispiel, daß die Bank einen bei ihr für einen Nichtkunden eingehenden Betrag auf dem „Conto pro Diverse" (CpD)[41] gutschreibt. Nach h. M. erlangt der Nichtkunde durch diese Gutschrift keinen Anspruch auf den gutgeschriebenen Betrag[42]. Auch wenn die Bank zugunsten des Nichtkunden ohne dessen Einverständnis ein Konto eröffnet und diesem Konto den eingegangenen Betrag gut-

---

[40] Vgl. oben A I 2 b bb.

[41] Vgl. Schönle § 30 II 2 a 1.

[42] BGHZ 27, 241 (248); Nebelung NJW 1959, 1068 (1069); Meyer-Cording S. 24; Liesecke WM 1975, 214 (218).

schreibt, erlangt der Kunde (noch) keinen Anspruch aus der Gutschrift. Einen Anspruch erlangt der Kunde in beiden Fällen erst mit Zustandekommen eines Girovertrages. Aus der Sicht der Bank handelt es sich aber sowohl bei der Gutschrift auf dem CpD als auch bei der Gutschrift auf dem neu eröffneten Konto des Nichtkunden um den gleichen Vorgang wie bei der Gutschrift zu Gunsten eines Kunden. Daran wird deutlich, daß der Wille der Bank, sich mit der Gutschrift gegenüber dem Kunden abstrakt zu verpflichten, nur in dem Girovertrag liegen kann[43], so daß im Ergebnis den Anhängern der Globalvertragslehre zuzustimmen ist.

Jedoch wird man dem Wesen der Gutschrift nicht gerecht, wenn man mit den Anhängern der Bedingungslehre[44] die Gutschriftsbuchung als aufschiebende Bedingung des abstrakten Schuldversprechensvertrages ansieht. Denn die Gutschrift ist mehr als nur der Eintritt eines im Zeitpunkt des Abschlusses des Girovertrages noch ungewissen Ereignisses. Denn im Girovertrag wird die abstrakte Verpflichtung der Bank nur dem Grunde nach festgelegt, die Höhe der Verpflichtung und der zeitliche Beginn der Verpflichtung werden nicht bei Abschluß des Girovertrages, sondern erst mit der Gutschrift festgelegt. Auf eine solche Konstruktion, nämlich einen Rahmenvertrag, der noch der Konkretisierung bedarf, paßt die Rechtsfigur der Bedingung nicht. Eine aufschiebende Bedingung liegt regelmäßig nur dann vor, wenn der Inhalt des Vertrages bereits festliegt und lediglich das Wirksamwerden von dem Eintritt eines ungewissen Ereignisses abhängen soll. Bei der Gutschrift auf einem Girokonto wird dagegen der Inhalt des abstrakten Schuldversprechensvertrages durch die Gutschrift festgelegt. Die Gutschrift ist daher nicht als Bedingung sondern als rechtsgestaltende, nämlich den Rahmenvertrag ausfüllende Gestaltungserklärung anzusehen.

Ähnliche rechtliche Konstruktionen kennt das Gesetz bei der Wahlschuld (§§ 262, 315, 317 BGB) und beim Spezifikationshandelskauf (§ 375 HGB). Bei der Wahlschuld ist die Verpflichtung des Schuldners zunächst auf verschiedene Leistungen gerichtet, jedoch mit der Einschränkung, daß entweder nur die eine oder die andere Leistung zu erbringen ist; später bestimmt dann eine Partei durch Gestaltungserklärung, welche der Leistungen zu erbringen ist. Dagegen ist beim Spezifikationshandelskauf der Kaufgegenstand bereits im (Rahmen-) Kaufvertrag vereinbart, durch rechtsgeschäftliche Gestaltungserklärung werden lediglich einzelne noch offene Eigenschaften bestimmt und damit der (Rahmen-)Kaufvertrag konkretisiert[45].

[43] Canaris Anh. C nach § 357 HGB, Anm. 232; Schlegelberger / Hefermehl Anh. zu § 365, Rdn. 72.

[44] Vgl. oben A I 2 b aa.

[45] Zur Abgrenzung vgl. Schlegelberger / Hefermehl § 375, Rdn. 5.

Der durch die mit der Gutschrift verbundene ausfüllende Gestaltungserklärung konkretisierte abstrakte Schuldversprechensvertrag ist am ehesten mit dem Spezifikationshandelskauf vergleichbar. Auch hier ist der Gegenstand der Verpflichtung, das abstrakte Schuldversprechen, generell im voraus vereinbart, es ist lediglich eine Konkretisierung bzgl. einzelner Bestimmungen, nämlich Zeitpunkt und Höhe der Gutschrift erforderlich[46]. Der Unterschied zum Spezifikationshandelskauf liegt darin, daß der mit dem Girovertrag verbundene globale Schuldversprechensvertrag nicht nur bzgl. einer einmaligen Leistungspflicht der Konkretisierung durch eine Gestaltungserklärung bedarf, sondern daß eine Vielzahl von Leistungspflichten, nämlich alle Gutschriften, durch Gestaltungserklärung zu konkretisieren ist.

Die Lehre von der Gestaltungserklärung erscheint daher überzeugend. Darin, daß der Kunde auf den Zugang der Gestaltungserklärung entsprechend § 151 BGB konkludent verzichtet hat, liegt kein Verstoß gegen § 10 Ziff. 6 AGBG. Zwar könnte man den formularmäßigen Verzicht auf den Zugang einer Erklärung der formularmäßigen Fiktion des Zugangs gleichstellen und von daher § 10 Ziff. 6 AGBG entsprechend anwenden. Aber es fehlt an den Voraussetzungen des § 10 Ziff. 6 AGBG, da Erklärungen, die die Rechtsstellung des Kunden nicht nachteilig sondern positiv verändern — wie hier die Gestaltungserklärung — keine Erklärungen von besonderer Bedeutung i. S. d. § 10 Ziff. 6 AGBG sind[47].

Dagegen ist die Lehre von Hefermehl, wonach die Gestaltungserklärung nicht in der Gutschrift sondern in dem Absenden der Tagesauszüge oder in der Hingabe der Belege zur EDV-Anlage liegen soll, wenig überzeugend.

Zum einen scheint die Ansicht in sich nicht konsequent zu sein. Ausgangspunkt der Lehre Hefermehls ist es, daß ein für die Gestaltungserklärung erforderlicher Rechtsbindungswille der Bank nur dann angenommen werden könne, wenn zuvor die sachlichen Voraussetzungen für die Durchführung der Gutschrift geprüft wurden, was bei der Haus- und Filialüberweisung insb. bedeutet, daß die Deckung auf dem Auftraggeberkonto geprüft wurde. Weil dies bis zum Zeitpunkt der Gutschrift auf dem Empfängerkonto häufig[48] nicht der Fall sei, lehnt Hefermehl es ab, daß die Gestaltungserklärung mit der Gutschrift verbunden sei.

Konsequenterweise müßte dann beim Absenden der Tagesauszüge, d. i. der Vorgang, mit dem Hefermehl die Gestaltungserklärung ver-

---

[46] Vgl. dazu Koller BB 1972, 687 (692).

[47] Palandt / Heinrichs § 10 AGBG, Bem. 7.

[48] Bei Überweisungen bis zu einem Betrag von 500,— DM.

binden will, die Disposition stattgefunden haben und damit ein Rechtsbindungswille vorliegen. Dies braucht jedoch keinesweg der Fall zu sein. Auch Hefermehl verkennt nicht[49], daß bei der Filial- bzw. Hausüberweisung die Belastungsbuchung, die Gutschriftsbuchung und das Erstellen der dazugehörigen Tagesauszüge in ein und demselben maschinellen Buchungsgang erfolgen. Das bedeutet, daß das Kontoblättchen mit der Belastungsbuchung, mit dessen Hilfe der Kontoführer die Nachdisposition ausführt, in demselben Zeitpunkt vom Rechenzentrum an den Kontoführer weitergeleitet wird, in dem auch der Tagesauszug mit der Gutschriftsbuchung für den Empfänger an die Poststelle zum Versand gegeben wird. Daran zeigt sich, daß auch das Versenden des Tagesauszuges nicht zeitlich nach oder gar auf Grund der Nachdisposition erfolgt. Daher ist es nicht einleuchtend, warum nach Hefermehl im Zeitpunkt der Gutschriftsbuchung der für die Gestaltungserklärung erforderliche Rechtsbindungswille fehlen, während er beim Versenden der Tagesauszüge vorhanden sein soll.

Außerdem erscheint es unpraktikabel, die Gestaltungserklärung je nach unterschiedlichen Typen von Überweisungsaufträgen differenziert auf verschiedene Zeitpunkte (Hingabe zur EDV-Anlage, Versenden der Tagesauszüge) zu legen[50]. Denn für den Kunden als Empfänger der Gutschrift muß klar vorhersehbar und bestimmbar sein, ab wann er einen abstrakten Anspruch gegen die Bank hat. Denn erst von dem Zeitpunkt an hat er die erforderliche Sicherheit, die das Buchgeld dem Bargeld vergleichbar macht und erst von dem Zeitpunkt an ist seine Forderung gegen den Überweisungsauftraggeber erfüllt. Der Kontoinhaber wird daher auch erst nach Erwerb der abstrakten Forderung evtl. für die Forderung gegen den Überweisungsauftraggeber bestehende Sicherheiten freigeben. Es ist daher für den Kontoinhaber wichtig, daß er zuvor weiß, ab wann die abstrakte Verpflichtung der Bank entstanden ist. Dies ist ihm grds. nicht möglich, wenn der Zeitpunkt der Entstehung der abstrakten Verpflichtung je nach Überweisungstyp und interner Organisation seiner Bank verschieden ist. Nun mag man einwenden, daß der Kunde erst mit Erhalt des Tagesauszuges Kenntnis von der Gutschrift erlange und in diesem Zeitpunkt seine abstrakte Forderung auf jeden Fall bereits entstanden sei, so daß kein Interesse für den genauen Entstehungszeitpunkt mehr bestehe. Zwar mag dies für die Mehrzahl der Überweisungen zutreffen. In einer Vielzahl von Fällen — insb. bei großen Unternehmen, die fristgebundene größere Beträge erwarten — werden gutgeschriebene Beträge vor Eingang des Kontoauszuges telefonisch oder mündlich abgefragt. Dabei muß für den Empfänger darüber Gewißheit bestehen, ob seine abstrakte Forderung

---

[49] Schlegelberger / Hefermehl Anh. § 365, Rdn. 63.

[50] So auch Polke S. 28.

mit der Gutschrift bereits entstanden ist oder nicht. Dies ist — wie gesagt — jedoch nicht der Fall, wenn der Entstehungszeitpunkt der abstrakten Forderung vom Überweisungstyp und der internen Organisation der jeweiligen Bank abhängt. Vielmehr verlangt gerade der Zahlungsverkehr mit seinen massenhaft anfallenden Geschäftsvorgängen eine für alle Beteiligten überschaubare Typisierung der Geschehensabläufe. Für das Entstehen der abstrakten Verpflichtung der Bank heißt das, daß ein einheitlicher Entstehenszeitpunkt bestehen muß, der am geeignetsten mit der Gutschrift zusammenfällt.

Außerdem erscheint auch der Ausgangspunkt der Lehre Hefermehls keineswegs zwingend zu sein. Hefermehl will einen für die Gestaltungserklärung erforderlichen Rechtsbindungswillen der Bank erst dann bejahen, wenn eine Disposition stattgefunden hat. Dem Kontoführer, der die Disposition vornimmt, fehlt ebenso die Vertretungsmacht, die Bank abstrakt zu verpflichten, wie dem Personal an den Buchungsmaschinen, das den Buchungsvorgang und damit die Gutschriftsbuchung auslöst oder wie dem Personal, das die Kontoauszüge versendet. Der Rechtsbindungswille der Bank ist durch Auslegung zu ermitteln und kann von daher ebensogut in die Gutschriftsbuchung gelegt werden.

Hefermehl kann sich auch nicht darauf berufen, ein Rechtsbindungswille der Bank vor Durchführung der Disposition könne deshalb nicht angenommen werden, weil die Bank eine Gutschrift bis zur Disposition „stornieren“ dürfe. Nach ganz h. M. kann ein Überweisungsauftrag nach erfolgter Gutschrift weder widerrufen[51] noch storniert werden. Dies wissen die Banken im übrigen selbst genau. Denn nur so ist ihre Praxis zu verstehen, daß sie nur bei Überweisungen bis zu einer bestimmten Höhe (z. B. 500,— DM) den Überweisungsauftrag ohne vorherige Disposition durchführen. Die Beschränkung der Nachdisposition auf niedrige Überweisungsbeträge kann nur so ausgelegt werden, daß die Bank das Risiko, sich abstrakt zu verpflichten, nur bis zu einer bestimmten Überweisungshöhe eingehen will.

Entscheidend gegen den Lösungsvorschlag Hefermehls spricht die von den Banken aus Rationalisierungsgründen eingeführte Praxis, den Kunden auf Wunsch nicht mehr über die jeweils täglich anfallenden Buchungen einen sog. Tagesauszug zuzustellen, sondern nur noch einen sog. Monatsauszug zu erstellen, in dem alle Kontobewegungen eines Monats zusammengefaßt sind. Würde man der Auffassung Hefermehls folgen, dann würde die abstrakte Verpflichtung der Bank u. U. erst bis zu einem Monat nach Erteilung der Gutschrift wirksam. Dies hätte wiederum zur Folge, daß der Überweisungsauftrag auch noch bis zu diesem Zeitpunkt widerrufen werden könnte, da die Widerrufsmöglichkeit erst mit Wirksamwerden des abstrakten Schuldversprechens endet.

---

[51] Vgl. nur Schönle § 31 III 3 c 1.

Hier zeigt sich ganz deutlich, daß die abstrakte Verpflichtung der Bank nicht erst mit dem Zusenden des Auszuges entstehen kann; denn einmal widerspräche es dem rechtspolitischen Zweck des Buchgeldes[52], daß die Bank u. U. bis zu einem Monat den gutgeschriebenen Betrag nur vorläufig schuldet, d. h. die Forderung des Kunden mit allen Einreden und Einwendungen aus dem Deckungsverhältnis behaftet ist; zum anderen besteht kein sachlicher Grund, den Kunden, der einen Monatsauszug erhält, gegenüber dem Kunden mit Tagesauszug bzgl. des Zeitpunktes des Erwerbs der abstrakten Forderung schlechter zu stellen.

Alles in allem ist die Lehre Hefermehls daher abzulehnen.

Es bleibt dabei, daß die Gutschrift aus einer Überweisung eine rechtsgeschäftliche Gestaltungserklärung enthält, die den im Girovertrag lediglich global vereinbarten abstrakten Schuldversprechensvertrag ausfüllt und konkretisiert.

II. Rechtsnatur der Gutschrift aus einer Bareinzahlung

Kontogutschriften können nicht nur darauf beruhen, daß zu Gunsten des Kunden Überweisungen bei der Bank eingehen. Vielmehr kann die Bank zu Gunsten des Kontoinhabers auch Bareinzahlungen entgegennehmen. Diese Einzahlungen können entweder vom Kontoinhaber selbst (Einzahlungen auf eigenes Konto) oder von einem Schuldner des Kontoinhabers vorgenommen werden, der seiner Verpflichtung in der Weise nachkommt, daß er bei dem Institut, bei dem sein Gläubiger ein Girokonto unterhält, eine Bareinzahlung vornimmt und die Bank dem Gläubiger den eingezahlten Betrag gutschreibt. Im folgenden wird hier von dem Normalfall der Fremdeinzahlung zum Zweck der Forderungserfüllung ausgegangen.

Ausgangspunkt für die Beurteilung der Rechtsnatur dieser Art von Gutschriften ist, daß der Girovertrag eine Rahmenvereinbarung dergestalt enthält, daß die Bank sich verpflichtet, für den Kunden eingehende Beträge abstrakt schulden zu wollen, und daß diese Rahmenvereinbarung durch rechtsgestaltende Erklärung konkretisiert wird[53]. Insoweit gelten die Feststellungen für die Überweisungsgutschrift auch hier. Fraglich ist nur, in welchem betrieblichen Vorgang die rechtsgestaltende Erklärung zu sehen ist. Die rechtsgestaltende Erklärung könnte einmal in der Gutschriftsbuchung liegen, so daß ein Unterschied zur Überweisungsgutschrift insoweit nicht bestünde. Die rechtsgestaltende Erklärung könnte aber auch bereits in der Empfangnahme bzw. Quittierung des eingezahlten Geldes gesehen werden. Die Gutschrift

[52] Vgl. oben A I 1 b.

[53] Vgl. oben A I 2 b bb.

hätte dann nur deklaratorischen Charakter, da die abstrakte Forderung des Empfängers schon mit der Einzahlung entstanden ist.

1. Die Lösung der herrschenden Meinung

Bei der Gutschrift aus einer Überweisung nimmt man das Entstehen der abstrakten Verbindlichkeit deshalb erst im Zeitpunkt der Gutschrift an und nicht schon mit Gutschrift auf dem Nostrokonto, weil nach h. M. der Auftraggeber bzw. die von ihm beauftragte Bank den Überweisungsauftrag noch widerrufen[54] kann.

Im Verhältnis zwischen Bank und Kontoinhaber folgt daraus, daß die Bank sich nicht mehr auf Einwendungen und Einreden im Deckungsverhältnis zum Auftraggeber bzw. zur Auftraggeberbank berufen kann. Im Verhältnis zwischen dem Auftraggeber als Schuldner und dem Empfänger als Forderungsgläubiger hat das zur Folge, daß die zugrundliegende Forderung durch Erfüllung (§ 362, I BGB) erlischt[55].

Da teilweise vertreten wird, daß der Schuldner eine einmal vorgenommene Einzahlung nicht widerrufen kann[56], und da auch Einwendungen und Einreden der Bank aus dem Deckungsverhältnis zum einzahlenden Schuldner nicht ersichtlich sind, wird in Rspr. und Literatur teilweise vertreten, daß die abstrakte Verpflichtung der Bank schon mit Empfangnahme des eingezahlten Betrages entsteht[57]; da der Kontoinhaber mit der abstrakten Forderung eine dem Inhaber von Bargeld vergleichbare Rechtsposition erlangt, wäre damit auch die Valutaforderung bereits mit Empfang des Geldes seitens der Bank erfüllt. Die Gutschrift hätte danach lediglich deklarotische Bedeutung.

2. Kritik

Diese Meinung stößt aus verschiedenen Gesichtspunkten auf Bedenken.

a) Regelung des § 270 BGB

Zunächst steht die Regelung des § 270 BGB der Auffassung entgegen, daß bereits im Zeitpunkt der Einzahlung eine abstrakte Forderung des Kunden entsteht, die zur Erfüllung der Valutaschuld führt. Nach der Regelung des § 270 BGB sind Geldschulden Schickschulden, so daß zwar der Leistungsort beim Schuldner ist, der Leistungserfolg aber erst beim Gläubiger eintritt. Wenn auch § 270 BGB hier nicht direkt eingreift, da er nicht die Erfüllung einer Geldschuld auf dem Wege des bargeld-

[54] BGHZ 6, 121 (124); Schlegelberger / Hefermehl Anh. § 365, Rdn. 105, 25 ff.

[55] So die h. M.

[56] Schlegelberger / Hefermehl Anh. § 365, Rdn. 70.

[57] BGH NJW 1979, 1461 (1462); RGZ 105, 398 (399); Schlegelberger / Hefermehl Anh. § 365, Rdn. 70; Otto / Stierle WM 1978, 530 (538).

losen Zahlungsverkehrs sondern auf dem Wege der Bargeldübermittlung regelt, so ist der Gedanke aus § 270 doch hier entsprechend[58] anzuwenden. Denn wenn man die Erfüllung mit Buchgeld als echte Erfüllung i. S. d. § 362, I BGB[59] und nicht nur als Erfüllungssurrogat[60] (Leistung an Erfüllungs-Statt, § 364, I BGB) ansieht, dann ist es konsequent, § 270 für die Fälle der Erfüllung mit Buchgeld so zu verstehen, daß die Versendung nicht an den Wohnsitz des Gläubigers zu erfolgen hat, sondern auf dessen Bankkonto[61]. Danach soll der Leistungserfolg, d. h. das Erlöschen der Valutaschuld, erst eintreten, wenn der eingezahlte Betrag auf dem Konto gutgeschrieben ist. Da das Erlöschen der Valutaschuld eine unmittelbare Folge des Entstehens der abstrakten Verpflichtung der Bank ist, hieße das, daß auch die abstrakte Verpflichtung der Bank erst mit der Kontogutschrift und nicht schon bei Empfang des Geldes entstehen würde.

b) Verkehrsauffassung

Zwar trifft § 270 BGB nur eine Regelung für den Zweifelsfall, die jedoch in diesem Fall durch die tatsächlichen Gegebenheiten und die Verkehrsauffassung bestätigt wird. Faktisch erhält der Kontoinhaber erst mit der Gutschrift die Möglichkeit, über den eingezahlten Betrag zu verfügen; denn der Kunde wird regelmäßig erst mit der Gutschrift Kenntnis von dem zu seinen Gunsten eingegangenen Betrag erhalten, sei es daß er einen Kontoauszug über die Gutschrift erhält, sei es daß er sich vor Erhalt des Kontoauszuges in Erwartung des Eingangs nach der Einzahlung erkundigt. Der Umstand, daß der Kontoinhaber faktisch erst mit der Gutschrift über den eingezahlten Betrag verfügen kann, wird der Grund dafür sein, daß nach der Verkehrsauffassung auch erst mit der Gutschrift Buchgeld geschaffen wird[62]. Da Buchgeld rechtlich nichts anderes als die abstrakte Verpflichtung der Bank gegenüber dem Kunden ist, erscheint es richtig, die abstrakte Verpflichtung der Bank auch erst mit der Gutschrift wirksam werden zu lassen, insbesondere, weil die rechtsgestaltende Erklärung, die das abstrakte Schuldversprechen wirksam werden läßt, nicht ausdrücklich erklärt wird, sondern durch Auslegung nach der Verkehrssitte (§ 157 BGB) einem betrieblichen Vorgang zuzuordnen ist.

Ferner besteht dadurch, daß faktisch eine Verfügungsmöglichkeit erst vom Zeitpunkt der Gutschrift an besteht, auch kein Bedürfnis dafür,

---

58 Canaris Anh. C nach § 357, Anm. 242; Putzo S. 72.

59 BGHZ 53, 139 (142); BGH NJW 1974, 456 (458); Schlegelberger / Hefermehl Anh. § 365, Rdn. 105.

60 Canaris Anh. C nach § 357, Anm. 241.

61 Schönle § 32 I.

62 Canaris Anh. C nach § 357, Anm. 203 m. w. N.; Koller BB 1972, 687 (688).

eine abstrakte Verpflichtung der Bank bereits von der Empfangnahme des Geldes an wirksam werden zu lassen.

c) *Risikoverteilung*

Entscheidend gegen ein Wirksamwerden der abstrakten Verpflichtung bereits im Zeitpunkt der Einzahlung spricht, daß dadurch die Risikoverteilung unsachgerecht verschoben würde, die bei entsprechender Anwendung des § 270 BGB gegeben ist und die allein zu sachgerechten Ergebnissen führt.

Um die Verschiebung der Risikoverteilung deutlich zu machen, erscheint es erforderlich, zunächst die bei der Überweisung bestehende Risikoverteilung nach § 270 BGB zu verdeutlichen.

Bei der Überweisung ist die Valutaschuld erst mit der Gutschrift auf dem Empfängerkonto erfüllt. Das bedeutet, daß der Auftraggeber, der Schuldner, bis zu diesem Zeitpunkt das Verlust- und das Konkursrisiko trägt[63]. Das folgt unmittelbar daraus, daß Geldschulden nach dem hier entsprechend anzuwendenden § 270 BGB Schickschulden sind. Geht also der Überweisungsträger vor der Gutschrift auf dem Empfängerkonto verloren, dann muß der Schuldner erneut leisten. Das gleiche gilt, wenn vor der Gutschrift die Auftraggeber-, eine Zwischen- oder die Empfängerbank in Konkurs fällt.

Diese Risikoverteilung ist interessengerecht. Dem Schuldner (= Überweisungsauftraggeber) ist es zumutbar, das Risiko bis zum Zeitpunkt der Gutschrift zu tragen, da er sich vor Erteilung des Überweisungsauftrages dem drohenden Konkurs einer der beteiligten Banken durch Auswahl eines anderen Zahlungsweges entziehen kann und da er auch nach Abgabe des Überweisungsauftrages bis zum Zeitpunkt der Gutschrift nicht schutzlos ist; denn bis zum Zeitpunkt der Gutschrift kann der Auftraggeber den Überweisungsauftrag widerrufen und hat damit — evtl. über eine Zwischenbank — die Möglichkeit, den überwiesenen Betrag von einer Einbeziehung in den Konkurs zu bewahren[64]. Andererseits wäre der Empfänger schutzlos, wenn man ihn bereits vor der Gutschrift mit dem Konkursrisiko belasten würde. Denn dem Empfänger ist es vor Gutschrift regelmäßig nicht möglich, sich einem drohenden Konkurs seiner Bank durch Verfügung über den Betrag zu entziehen, da er regelmäßig erst mit der Gutschrift Kenntnis von dem Eingang erhält. Dies gilt um so mehr, als eine sich in Schwierigkeiten befindende Bank versuchen wird, die Gutschrift eines eingegangenen Betrages hinauszuzögern und eine Verfügung des Kontoinhabers vor der Gutschrift

---

[63] H. M.: Canaris Anh. C nach § 357, Anm. 242; Meyer-Cording S. 131; Schönle § 32 I; a. A.: Schütz AcP 160, 18 ff. (27).

[64] Canaris Anh. C nach § 357, Anm. 241.

zu verhindern, obwohl die Bank als Empfangsbeauftragte gem. §§ 675, 667 BGB auch schon vor Gutschrift zur Herausgabe verpflichtet ist.

Diese interessengerechte Risikoverteilung würde zu Lasten des Gläubigers und Kontoinhabers verschoben, wenn man im Fall der Bareinzahlung eine abstrakte Verpflichtung der Bank bereits im Zeitpunkt der Einzahlung wirksam werden ließe. Mit Wirksamwerden der abstrakten Verpflichtung ist im Valutaverhältnis ein Erlöschen der Verbindlichkeit des Schuldners und Überweisungsauftraggebers gegenüber dem Gläubiger und Gutschriftsempfänger verbunden, da der Gläubiger mit Wirksamwerden der abstrakten Verbindlichkeit Buchgeld erhält, das er als Erfüllung anerkannt hat.

Die Folge davon wäre, daß der Empfänger auch vom Zeitpunkt der Einzahlung an das Konkursrisiko seiner Bank tragen müßte[65]. Dadurch wäre der Empfänger jedoch schutzlos gestellt. Denn — wie bereits gesagt — wird der Empfänger regelmäßig vor Erteilung der Gutschrift gar keine Möglichkeit haben, Kenntnis von der erfolgten Einzahlung zu erlangen. Er hat daher auch nicht die Möglichkeit, sich einem drohenden Konkurs seiner Bank durch rechtzeitige Verfügung über den eingezahlten Betrag zu entziehen. Daher erscheint es interessengerecht, dem Kontoinhaber das Konkursrisiko für seine Bank erst von dem Zeitpunkt an aufzuerlegen, an dem für ihn die Möglichkeit besteht, Kenntnis von der Einzahlung zu erlangen; das ist der Zeitpunkt der Gutschrift. Daß der Schuldner, d. h. hier der Einzahlende, das Konkursrisiko nicht länger als bis zur Erfüllung der Valutaschuld tragen kann, folgt daraus, daß der Erfüllungszeitpunkt nicht der Zeitpunkt der Einzahlung, sondern der Zeitpunkt der Gutschrift sein muß. Da die Valutaschuld mit Entstehen der abstrakten Verpflichtung erlischt, folgt daraus weiter, daß die rechtsgestaltende Erklärung, die die abstrakte Verpflichtung wirksam werden läßt, nicht in der Entgegennahme der Einzahlung oder der Quittierung liegen kann, sondern in der Gutschrift.

Sozusagen als Äquivalent dafür, daß man dem Schuldner bei der Bareinzahlung ebenso wie bei der Überweisung das Konkursrisiko bis zum Zeitpunkt der Gutschrift aufbürdet, muß man ihm auch entgegen Hefermehl und Otto-Stierle[66] bis zu diesem Zeitpunkt ein Widerrufsrecht einräumen. Denn könnte der einzahlende Schuldner die Einzahlung nicht bis zum Zeitpunkt der Gutschrift widerrufen, dann wäre er schutzlos gegenüber der u. U. in Schwierigkeit befindlichen Bank, die die Gutschrift des eingezahlten Betrages bewußt — wenn auch zu Unrecht — hinauszögern könnte. Dem Schuldner ist es nur dann zumutbar, das Insolvenzrisiko für die vom Gläubiger ausgewählte Empfangsbank

---

[65] So Schlegelberger / Hefermehl Anh. § 365, Rdn. 70.

[66] Vgl. oben Fn. 57.

zu tragen, wenn ihm bis zum Zeitpunkt der Gutschrift die Möglichkeit des Widerrufs der Einzahlung gegeben ist.

3. Ergebnis

Im Ergebnis ist damit festzustellen, daß die Gutschrift aus einer Bareinzahlung ebenso wie die Gutschrift aus einer Überweisung die rechtsgestaltende Erklärung enthält, die das im Girovertrag global vereinbarte abstrakte Schuldversprechen wirksam werden läßt.

Dieses Ergebnis scheint auch unter rechtspolitischen Aspekten zutreffend zu sein: Würde man — wie teilweise vertreten — die Erfüllung der Valutaschuld und das Entstehen der abstrakten Verpflichtung im Fall der Bareinzahlung bereits im Zeitpunkt der Einzahlung annehmen, dann wäre der Schuldner, der seine Verbindlichkeit durch Bareinzahlung erfüllt, besser gestellt als derjenige, der seine Verbindlichkeit durch Überweisung erfüllt, da das Konkursrisiko im Fall der Bareinzahlung früher auf den Gläubiger überginge. Eine solche Schlechterstellung des Überweisenden wäre einmal sachlich nicht gerechtfertigt; zum anderen wäre sie auch rechtspolitisch verfehlt, da gerade die bargeldlose Zahlungsweise mittels Überweisung volkswirtschaftliche Vorteile mit sich bringt.

Darüber hinaus ist es i. S. einer möglichst großen Rechtsklarheit und Transparenz begrüßenswert, wenn im Rahmen des massenhaft durchgeführten Zahlungsverkehrs die Entstehenszeitpunkte für das Buchgeld und damit die Erfüllungszeitpunkte für die Valutaschulden zusammenfallen, was damit gewährleistet ist, daß sowohl bei der Bareinzahlung als auch bei der Überweisung der Zeitpunkt der Gutschrift der maßgebende ist.

III. Rechtsnatur der Gutschrift aus der Einziehung von Schecks und Wechseln

Als weitere Art von Kontogutschriften kommen diejenigen in Betracht, die darauf beruhen, daß die Bank die vom Kunden eingereichten Schecks und Wechsel zur Einziehung entgegennimmt und dem Kunden den Gegenwert gutschreibt. Die Banken wenden dabei zwei verschiedene Möglichkeiten der Gutschriftserteilung an[67]. Im Regelfall schreiben die Banken den Gegenwert des eingereichten Schecks bzw. Wechsels sofort, d. h. vor Erhalt des Gegenwertes, dem Konto des Scheckeinreichers gut, allerdings erfolgt die Gutschrift unter dem Vorbehalt der Einlösung des Papiers. Es handelt sich dann um eine sogenannte ‚Gutschrift Eingang vorbehalten‘[68]. Auch diese Gutschrift enthält eine rechtsgestal-

[67] Vgl. dazu Obst / Hintner S. 70.

[68] Ziff. 41 Abs. I AGB der Banken.

tende Erklärung, die allerdings entweder unter einem Widerrufsvorbehalt oder unter einer auflösenden Bedingung steht. Soweit ersichtlich ist diese Problematik bisher in Literatur und Rechtsprechung noch nicht erörtert worden. Es braucht im Rahmen dieser Arbeit auch nicht erörtert zu werden. Denn auf die Rechtsnatur der Gutschrift als rechtsgestaltende Erklärung hat es keinen Einfluß, ob die Erklärung unter einem Widerrufsvorbehalt oder unter einer aufschiebenden Bedingung steht. Wird das zum Einzug gegebene Papier nicht eingelöst und belastet die Bank des Einreichers die ‚Gutschrift Eingang vorbehalten' zurück, dann ist dies keine Stornierung nach Ziff. 4 Abs. 3 AGB der Banken, sondern eine Ausübung des Widerrufsvorbehaltes oder eine Anzeige, über den Eintritt der auflösenden Bedingung. Diese Rückbelastungsbefugnis ist speziell in Ziff. 42 Abs. 3 AGB der Banken geregelt.

Eine Anwendung der Stornoklausel gem. Ziff. 4 Abs. 3 AGB der Banken kommt bei dieser Art von Gutschriften nur unter den allgemeinen Voraussetzungen in Betracht[69].

Die zweite Möglichkeit, zum Einzug eingereichte Schecks oder Wechsel gutzuschreiben, ist diejenige, daß die Bank die Gutschrift erst nach Erhalt des Gegenwertes erteilt. Sie wendet diese Art nur dann an, wenn der Kunde wenig bekannt oder wenig vertrauenswürdig ist. Der Bank ist in diesen Fällen das Risiko zu groß, daß der Kunde über den unter Vorbehalt gutgeschriebenen Betrag verfügt, was ihm nicht verwehrt werden kann, und die Bank im Fall der Nichteinlösung Schwierigkeiten mit dem Wiedereintreiben des verfügten Betrages hat. Auch diese Gutschrift enthält die rechtsgestaltende Erklärung, die die global im Girovertrag von der Bank übernommene Verpflichtung, alle dem Kunden gutgeschriebenen Beträge dem Kunden abstrakt schulden zu wollen, wirksam werden läßt. Ein Unterschied zur Gutschrift aus einer Überweisung besteht insoweit nicht.

IV. Ergebnis zu A

Die Vorfrage zur Klärung der Rechtsnatur der Stornierungsbuchung, nämlich die Frage, welche Rechtsnatur die jeweilige Kontogutschrift hat, ist damit dahingehend zu beantworten, daß mit der Gutschrift eine rechtsgestaltende Erklärung verbunden ist, die den global im Girovertrag vereinbarten abstrakten Schuldversprechensvertrag auf den jeweils gutzuschreibenden Betrag konkretisiert und wirksam werden läßt.

---

[69] Vgl. dazu unten Teil 2.

B. Rechtsnatur der Stornierungsbuchung

Da die Gutschrift nicht nur einen Buchungsakt, sondern ein (bedingungsfreies) abstraktes Schuldversprechen i. S. d. § 780 BGB darstellt, muß auch mit der Stornierungsbuchung eine rechtsgeschäftliche Erklärung verbunden sein, wenn nicht der rechnerische Kontostand und die materielle Rechtslage auseinanderfallen sollen. Denn würde die Stornierungsbuchung keine rechtsgeschäftliche Erklärung enthalten, dann würde sich durch die Stornierungsbuchung lediglich zahlenmäßig der Kontostand ändern, dagegen würde nicht das dem zu ändernden Kontostand zu Grunde liegende abstrakte Schuldversprechen beseitigt. Der Zweck des Kontostandes, nämlich die Information für den Kunden und die Bank über die Höhe der materiellen Verpflichtung[1], würde damit verfehlt.

Dies scheinen Canaris und Hefermehl zu übersehen. Beide sind insoweit in Übereinstimmung mit der hier vertretenen Auffassung, als mit der Gutschrift eine rechtsgeschäftliche Gestaltungserklärung verbunden sein soll. Beide Autoren wollen jedoch mit der Stornierungsbuchung keine rechtsgeschäftliche Erklärung verbinden.

Nach Canaris[2] soll die Stornierungsbuchung „rein deklaratorischen Charakter" haben, sie soll also lediglich klarstellen, daß dem Kunden von Anfang an kein wirksamer Anspruch aus der Gutschrift zustand.

Damit setzt Canaris sich in Widerspruch zu seiner Meinung, daß die Bank mit der Gutschrift eine rechtsgestaltende Erklärung abgibt, die das abstrakte Schuldversprechen wirksam werden läßt. Denn auch wenn die Gutschrift auf einem Irrtum beruht, gibt die Bank eine wirksame rechtsgestaltende Erklärung ab, die ein abstraktes Schuldversprechen und damit einen Anspruch des Kunden aus der Gutschrift entstehen läßt; beides kann nicht durch einen bloßen Buchungsakt wieder aus der Welt geschafft werden.

Die Auffassung, daß die Stornierungsbuchung lediglich klarstellt, daß dem Kunden von vornherein kein Anspruch aus der Gutschrift zustand, erscheint nur unter der Voraussetzung der Bedingungslehre[3] folgerichtig: Nur wenn man annimmt, das abstrakte Schuldversprechen stehe unter der Bedingung, daß lediglich irrtumsfreie Gutschriften eine abstrakte Verpflichtung der Bank begründen, kann die Stornierungsbuchung lediglich klarstellenden Charakter haben. Diese Annahme wird aber von den Vertretern der Lehre von der Gestaltungserklärung, zu denen sich auch Canaris zählt, nicht in den Girovertrag hineininterpretiert.

[1] BGH WM 1972, 284.

[2] Canaris Anh. C nach § 357, Anm. 217.

[3] Vgl. oben A I 2 b aa.

Nicht ganz klar ist die Auffassung Hefermehls. Er formuliert, die Bank könne einseitig den Kontostand verändern, sie sei dabei nicht auf eine Anfechtung wegen Irrtums oder auf die Durchsetzung eines Bereicherungsanspruchs gegen den Empfänger oder auf die Aufrechnung mit einer Gegenforderung oder den Verzicht des Kunden auf die Rechte aus der Gutschrift angewiesen[4]. Da Hefermehl damit offensichtlich alle Möglichkeiten eines rechtsgeschäftlichen Charakters der Stornierung ausschließen will, kann man daraus folgern, daß auch er die Stornierung als rein deklaratorisch qualifiziert. Dies wäre jedoch — wie gesagt — nur folgerichtig, wenn man lediglich bei irrtumsfreien Gutschriften das Entstehen einer abstrakten Verpflichtung der Bank annähme. Nach der Lehre von der Gestaltungserklärung begründet auch die auf einem Irrtum beruhende Gestaltungserklärung ein abstraktes Schuldversprechen, so daß die Stornierung, mit der die abstrakte Verpflichtung beseitigt werden soll, ebenfalls eine rechtsgeschäftliche Erklärung enthalten muß.

Im folgenden gilt es, die verschiedenen vertretenen Ansichten zu der Frage, welche rechtsgeschäftliche Erklärung mit der Stornierung verbunden ist, aufzuzeigen und auf ihre Eignung zu untersuchen.

I. Stornierung als Aufrechnungserklärung

Das OLG Nürnberg[5] vertritt die Auffassung, daß im Fall der Stornierung das mit der Gutschrift verbundene abstrakte Schuldversprechen dadurch erlischt, daß die Bank gegen die Forderung des Kunden aus der Gutschrift mit „ihrer Forderung aus der stornierten Gutschrift aufrechnet“. Danach wird das mit der Gutschrift zustandegekommene abstrakte Schuldversprechen nicht beseitigt sondern erfüllt, nämlich durch Aufrechnung mit einer Gegenforderung. Voraussetzung für diese Lösung ist, daß durch eine versehentlich erteilte Gutschrift generell ein Anspruch der Bank gegen den Gutschriftsempfänger entsteht. Während das OLG Nürnberg einen solchen Anspruch offenbar stillschweigend unterstellt, vertritt Kümpel[6] die Auffassung, daß mit Vereinbarung der Stornoklausel zugleich ein girovertraglicher Rückzahlungsanspruch für die Bank geschaffen würde.

Dieser girovertragliche Rückzahlungsanspruch ist nicht zu verwechseln mit einem vom Verschulden des Kunden abhängigen Anspruch der Bank aus positiver Vertragsverletzung oder einem vom Verbleib der Bereicherung (§ 818, III BGB) abhängigen Bereicherungsanspruch der Bank.

---

[4] Schlegelberger / Hefermehl Anh. § 365, Rdn. 91.

[5] OLG Nürnberg WM 1977, 1336 (1337 f.).

[6] Kümpel WM 1976, Sonderbeilage 1, S. 15 Fn. 3; Kümpel WM 1977, 382.

Fraglich ist, worauf das Entstehen eines solchen girovertraglichen Rückzahlungsanspruchs gestützt werden kann. Zu Unrecht beruft sich Kümpel zur Stützung seiner Auffassung auf die Entscheidungen des BGH[7], des OLG München[8] und des LG Berlin[9].

Den beiden Entscheidungen des OLG München und des LG Berlin lagen Sachverhalte zu Grunde, in denen durch die Stornierung ein Debetsaldo entstand, weil der Kunde bereits über den gutgeschriebenen Betrag verfügt hatte. Sowohl das OLG München als auch das LG Berlin haben in diesem Zusammenhang lediglich einen girovertraglichen Anspruch der Bank auf Abdeckung des Debetsaldos bejaht[10]; dagegen war von einem generell, d. h. auch bei kreditorischem Konto, bestehenden girovertraglichen Rückzahlungsanspruch nicht die Rede.

Soweit Kümpel sich auf die Entscheidung des BGH beruft, verwechselt er den Anspruch aus positiver Vertragsverletzung, der eine schuldhafte Verletzung der für den Gutschriftsempfänger bestehenden Kontrollpflicht aus Ziff. 15 AGB-Banken voraussetzt, mit dem von ihm angenommenen generell bestehenden Berichtigungsanspruch. Der BGH hat lediglich erneut den Schadensersatzanspruch der Bank wegen „fahrlässiger Verletzung der nach dem Girovertrag von ihm (Kunden) zu verlangenden Sorgfalt“[11] festgestellt. Dagegen ist von einem generell bestehenden, d. h. von den Voraussetzungen des Schadensersatzanspruchs losgelöstem girovertraglichen Rückzahlungsanspruch an keiner Stelle die Rede.

Tatsächlich wäre die Annahme eines solchen Anspruchs eine Fiktion, die zudem überflüssig ist. — Der Wortlaut der Ziff. 4 Abs. III AGB-Banken spricht vom Rückgängigmachen von Buchungen. Dieser Wortlaut enthält nicht den geringsten Hinweis dafür, daß mit der Stornoklausel ein zusätzlicher Rückzahlungsanspruch geschaffen werden sollte. Eine solche Annahme erschiene allenfalls unter der Voraussetzung zulässig, daß das mit der Gutschrift zustande gekommene abstrakte Schuldversprechen anders nicht beseitigt werden kann. Dies ist jedoch nicht der Fall. Denn die Forderung des Kunden aus der Gutschrift kann auf einfachere Weise direkt vernichtet werden als durch Schaffen einer Gegenforderung, mit der dann gegen die Forderung des Kunden aus der Gutschrift aufgerechnet wird; erwähnt seien nur die unten sogleich zu erörternden Möglichkeiten des Widerrufs oder der Anfechtung. Die Auffassung, daß mit der Stornierungsbuchung generell ein girovertraglicher Rückzahlungsanspruch geschaffen werden soll, ist daher abzulehnen[12].

---

[7] BGH WM 1978, 998 ff.

[8] OLG München WM 1971, 264.

[9] LG Berlin WM 1979, 322.

[10] Vgl. dazu unten Teil 4 A II.

[11] BGH WM 1978, 998 (999).

Besteht aber kein genereller girovertraglicher Rückzahlungsanspruch, dann kann die Stornierung nicht eine Aufrechnungserklärung enthalten. Denn es besteht nicht notwendig eine Gegenforderung der Bank, da die Stornierung nach dem Wortlaut der Stornoklausel nicht notwendig von den Voraussetzungen eines Anspruchs der Bank aus positiver Vertragsverletzung oder aus ungerechtfertigter Bereicherung abhängt.

II. Stornierung als Durchsetzung eines Bereicherungsanspruchs

Möschel[13] vertritt die Auffassung, der Bank sei mit der Stornoklausel bei bestehendem Bereicherungsanspruch gegen den Empfänger eine einfache Rückabwicklungsmethode eingeräumt. Damit kann nur gemeint sein, daß das mit der Gutschrift zustande gekommene abstrakte Schuldversprechen dadurch vernichtet würde, daß die Bank einen ihr zustehenden Bereicherungsanspruch durchsetze.

Auch dieser Lösungsvorschlag erscheint nicht überzeugend. Einmal fehlt jeglicher Nachweis dafür, daß die Stornierungsbefugnis der Bank von einem bestehenden Bereicherungsanspruch abhängig sein soll. Aus dem Wortlaut der Stornoklausel kann dies nicht abgeleitet werden. Zum anderen kann ein Bereicherungsanspruch auf Kondiktion eines abstrakten Schuldversprechens nur in der Weise durchgesetzt werden, daß der Kunde seine Einwilligung erteilt und damit ein Aufhebungs- bzw. Erlaßvertrag zustande kommt[14]. Die erforderliche Einwilligung kann allenfalls gem. § 894 ZPO durch ein rechtskräftiges Urteil ersetzt werden, nicht aber durch eine Stornierungsbuchung der Bank. Zwar könnte man daran denken, der Gutschriftsempfänger habe konkludent im Girovertrag entsprechende Einwilligungen vorab erteilt. Ein Anhaltspunkt für einen solchen Parteiwillen besteht nicht, außerdem würde dem Kunden dadurch die Möglichkeit abgeschnitten, sich auf den Wegfall der Bereicherung berufen zu können[15]. Die Annahme eines solchen Parteiwillens wäre daher eine Fiktion.

III. Stornierung als Rücktrittserklärung

Möglich wäre ferner, daß mit der Stornoklausel ein vertragliches Rücktrittsrecht der Bank vereinbart wurde, so daß die Bank mit Vornahme der Stornierungsbuchung den Rücktritt von dem abstrakten Schuldversprechensvertrag erklärt. Mit der Stornierungsbuchung wäre dann die einseitige rechtsgestaltende Rücktrittserklärung verbunden,

---

[12] So im Ergebnis auch Otto / Stierle WM 1978, 530 (544); Otto BB 1978, 987 (990).

[13] Möschel JuS 1972, 297 (304 f.).

[14] BGH WM 1978, 998; Kümpel WM 1979, 378 (379).

[15] Putzo S. 110.

auf deren Zugang mit Vereinbarung der Stornoklausel verzichtet wurde (§ 151)[16]. Auch gegen diese rechtliche Einordnung bestehen durchgreifende Bedenken.

Dies ist zunächst einmal deswegen der Fall, weil der Schuldversprechensvertrag gem. § 780 BGB ein einseitig verpflichtender Vertrag ist. Denn das mit dem Rücktritt regelmäßig entstehende Rückgewährschuldverhältnis ist gerade typisch für die zweiseitig verpflichtenden Verträge, bei denen jede Partei die von ihr empfangene Leistung zurückzugewähren hat.

Nach der hier vertretenen Auffassung, nach der der Schuldversprechensvertrag als ein mit dem Girovertrag abgeschlossener Rahmenvertrag anzusehen ist und mit der Gutschrift eine diesen Rahmenvertrag ausfüllende rechtsgeschäftliche Gestaltungserklärung verbunden wird, ergeben sich weitere Bedenken gegen die Rücktrittslösung.

Es liegt auf der Hand, daß die Beseitigung des Schuldversprechensvertrages, der die konkrete zu stornierende Gutschrift betrifft, nicht durch Beseitigung der Rahmenvereinbarung im Girovertrag, sondern durch Beseitigung der mit der Gutschriftsbuchung verbundenen rechtsgestaltenden Erklärung erfolgen soll.

Das Rechtsinstitut des Rücktritts würde aber allenfalls auf den Schuldversprechensvertrag passen, nicht aber auf die einseitige Gestaltungserklärung. Denn einen Rücktritt von einseitigen Erklärungen gibt es nach der Systematik des BGB nicht.

Die Annahme, die Stornierungsbuchung enthalte eine Rücktrittserklärung, ist auch unter dem Gesichtspunkt problematisch, daß der mit der Gutschrift auf den jeweils gutgeschriebenen Betrag konkretisierte Schuldversprechensvertrag zugleich auch ein verfügender Vertrag ist. Denn Zweck des konkreten Schuldversprechensvertrages ist es, den Anspruch des Kunden *auf* Gutschrift, d. i. der Anspruch des Kunden auf Herausgabe dessen, was die Bank aus der jeweiligen Geschäftsbesorgung (Entgegennahme einer Überweisung, einer Bareinzahlung etc.) erlangt hat (§§ 675, 667 BGB)[17], zu erfüllen. D. h. mit Wirksamwerden des Schuldversprechensvertrages, durch das der Anspruch des Kunden *aus* Gutschrift entsteht, erlischt der Anspruch *auf* Gutschrift. Im Giroverkehr ist grds. zu unterstellen, daß die Vermutung des § 364, II BGB nicht eingreift, daß vielmehr eine echte Schuldumschaffung stattfindet. Denn im standardisierten und in derartigen Mengen abgewickelten Giroverkehr der Banken ist davon auszugehen, daß beide Parteien aus Gründen der Klarheit und Übersichtlichkeit nur noch den einen (und dazu abstrakten) Anspruch des Kunden *aus* der Gutschrift als existent

[16] Schaudwet S. 50.

[17] Schönle § 31 III 3 c.

ansehen. Ist aber der jeweilige Schuldversprechensvertrag auf eine unmittelbare Rechtsänderung gerichtet und damit ein verfügender Vertrag, dann kommt ein Rücktritt nicht in Betracht, da ein Rücktritt grds. nur vom verpflichtenden nicht aber auch vom verfügenden Vertrag möglich ist[18].

Die Funktion des Rücktritts übernimmt bei verfügenden Verträgen häufig die auflösende Bedingung (§ 158 BGB).

Die Stornierungsbuchung kann aber auch nicht als Eintritt einer mit Abschluß des Girovertrages vereinbarten auflösenden Bedingung anzusehen sein; denn damit müßte man in den Girovertrag, d. h. in die Stornoklausel der Ziff. 4, III AGB, hineininterpretieren, daß die Stornierungsbuchung für jeden nur denkbaren Anwendungsfall der Stornoklausel eine auflösende Bedingung der Gutschrift darstellen würde.

Aus diesen Gründen erscheint die Annahme nicht angebracht, mit der Stornierungsbuchung eine Rücktrittserklärung zu verbinden, um so das in der Gutschrift enthaltene abstrakte Schuldversprechen zu beseitigen.

IV. Stornierung als Widerrufserklärung

In Betracht käme aber, daß die Stornierungsbuchung einen Widerruf enthielte. Danach wäre mit der Stornoklausel im Girovertrag ein Widerrufsvorbehalt für irrtümlich erteilte Gutschriften vereinbart, so daß die Bank mit der Stornierungsbuchung die in der Gutschriftsbuchung enthaltene rechtsgeschäftliche Gestaltungserklärung widerriefe.

Eher beiläufig hat der zweite Zivilsenat des BGH[19] diese Lösung jüngst vertreten; denn abgesehen davon, daß eine Begründung für die Lösung in der Entscheidung nicht gegeben wird, hat der Senat nicht Stellung genommen zu einer Entscheidung des achten Zivilsenats[20] aus dem Jahre 1974, die eine Widerrufslösung ausschließt. Denn dort heißt es, bei dem Stornorecht handele es sich „um einen banktechnischen Vorgang zur Berichtigung interner Fehler, der als solcher keine Auswirkung auf die materielle Rechtslage“ habe. Entgegen Kümpel[21] wird man daher nicht sagen können, der BGH vertrete die Widerrufslösung. Aber auch in der Literatur wird die Widerrufslösung vertreten, und zwar zum Teil schon vor der jüngsten Entscheidung des Bundesgerichtshofes[22] und zum Teil in Anlehnung an diese Entscheidung[23].

---

[18] Palandt / Heinrichs Vor § 346, 1 c.

[19] BGH WM 1978, 998.

[20] BGH BB 1974, 1454 (1455).

[21] Kümpel WM 1979, 378.

[22] Trost / Schütz S. 12 Anm. 4 zu Ziff. 4; Baumbach / Duden Anh. I zu § 406, Anm. 26; wohl auch Liesecke WM 1975, 238 (240) „wie beim Widerrufsrecht“.

Anders als der Rücktritt paßt die Rechtsfigur des Widerrufs für die Rückgängigmachung einseitiger Rechtsgeschäfte, wie die hier rückgängigzumachende Gestaltungserklärung der Bank. Von daher bestehen also keine Bedenken gegen die Annahme, die Bank widerriefe mit der Stornierung die mit der Gutschriftsbuchung abgegebene Gestaltungserklärung.

Ebenso wird man nicht sagen können, die Widerrufslösung scheide deshalb aus, weil die Gestaltungserklärung eine Willenserklärung sei und Willenserklärungen nicht frei widerruflich seien[24]. Denn es geht hier nicht um die freie Widerruflichkeit von Willenserklärungen, sondern mit der Stornoklausel wäre ein Widerrufsvorbehalt vereinbart, unter dessen Voraussetzungen der Widerruf stünde.

Zweifel an der Widerrufslösung bestehen aber deswegen, weil ein Widerruf in der Regel „ex-nunc"-Wirkung hat[25], d. h. ein Rückgängigmachen für die Zukunft bedeutet, während die Stornierung das abstrakte Schuldversprechen gerade mit rückwirkender Kraft vernichten soll. Zwar ist die „ex-nunc"-Wirkung nicht notwendiges Merkmal des Widerrufs[26]; hat der Widerruf aber „ex-tunc"-Wirkung, dann hat er den Charakter eines Rücktrittsrechtes[27]. Damit treten dann die Bedenken wieder auf, daß ein Widerruf einer (auch) verfügenden Erklärung grundsätzlich nicht möglich ist.

Abgesehen davon wird im Gesetz und in der Rechtspraxis das Rechtsinstitut des Widerrufs nicht bei Irrtümern, Schreibfehlern, etc. — wie in Ziff. 4, III AGB-Banken als Voraussetzung für die Stornierung genannt — angewandt, sondern in Fällen, in denen bei Abschluß des Rechtsgeschäftes bereits eine Ungewißheit über das Zustandekommen des Geschäftes bestand. So spricht man in einem Vertrag von einem Widerrufsvorbehalt, wenn der Erklärende bereits bei Vertragsschluß einen Vorbehalt bzgl. des Gebundenseins an die Erklärung wollte. Insoweit ähnelt der Widerruf der auflösenden Bedingung. Der Unterschied besteht lediglich darin, daß bei Vereinbarung einer auflösenden Bedingung die Erklärung mit Bedingungseintritt automatisch unwirksam wird, während der Widerrufsvorbehalt durch Erklärung ausgeübt werden muß. Im gleichen Sinne zeigt ein Vergleich mit den gesetzlich vorgesehenen Widerrufsmöglichkeiten, daß ein Widerruf in der Regel nur dann möglich ist, wenn die Abgabe der Erklärungen noch nicht zu einem wirksamen Rechtsgeschäft geführt hat[28]. So kann

[23] Kümpel WM 1979, 378.

[24] Putzo S. 112.

[25] BGB / RGRK / Ballhaus Vor § 346, Rdn. 12; Staudinger / Kaduk § 346 Rdn. 21.

[26] Vgl. Palandt / Heinrichs Vor § 346, Bem. 1 b.

[27] Staudinger / Kaduk § 346, Rdn. 21.

der Stifter bis zur Erteilung der Genehmigung ebenso widerrufen (§ 81, II BGB), wie der Empfänger einer Erklärung, die wegen beschränkter Geschäftsfähigkeit (§ 109 BGB) oder fehlender Vertretungsmacht (§ 178 BGB) zunächst schwebend unwirksam ist. Gleiches gilt für den Widerruf bei der Auslobung (§ 658, I BGB) sowie bei der Anweisung (§ 790 BGB). Ganz anders liegt der Fall bei einer irrtümlichen Gutschrift und deren späterer Stornierung. Die Bank, die ihren Irrtum bei der Erteilung naturgemäß nicht kennt, will die Gutschrift ohne Vorbehalt abgeben und das abstrakte Schuldversprechen soll sofort wirksam sein. Erst später, wenn die Bank ihren Irrtum bemerkt, will sie von der zunächst vorbehaltlos gewollten Erklärung wieder los.

Aus diesem Vergleich ergibt sich, daß das im Girovertrag vereinbarte Stornorecht seinem Wesen nach etwas anderes ist als ein Widerrufsrecht, wie es üblicherweise in der Rechtspraxis und im BGB vorgesehen ist. Damit paßt die Rechtsfigur des Widerrufs nicht auf das Stornorecht. Diese Auffassung wird bestätigt, wenn man berücksichtigt, daß es sich bei der zu beseitigenden Erklärung um ein Gestaltungsrecht handelt und Gestaltungsrechte nach h. M. grundsätzlich nicht widerruflich sind[29].

V. Stornierung als Anfechtungserklärung

Damit ist schon die Überleitung dazu geschaffen, in der Vereinbarung der Stornoklausel zugleich die Schaffung eines Anfechtungsrechtes der Bank zu sehen. Das hätte zur Folge, daß die Bank mit der Stornierungsbuchung konkludent die Anfechtung der rechtsgeschäftlichen Gestaltungserklärung ausspricht.

1. Dogmatische Abgrenzung

Anders als der Widerruf hat die Anfechtung mit dem Rücktritt[30] die rückwirkende Kraft (= „ex-tunc"-Wirkung) gemeinsam (§ 142 BGB). Dagegen hat die Anfechtung mit dem Widerruf gemeinsam, daß sie für die Beseitigung einseitiger Rechtsgeschäfte paßt.

Für die Anfechtungslösung spricht weiterhin, daß nach der Systematik des BGB die Anfechtung immer dann angewandt wird, wenn der Mangel der Erklärung bzw. dem Vertrag von vornherein anhaftet[31], aber zunächst unerkannt blieb. Wie oben bereits angedeutet, ist dies

[28] Vgl. Polke S. 51; Brox S. 214.

[29] Vgl. MünchKomm / Keller § 263, Rdn. 1 m. w. N.

[30] Dabei kann der Streit, ob das Vertragsverhältnis mit rückwirkender Kraft ganz aufgehoben wird oder in ein Rückgewährverhältnis umgewandelt wird, dahinstehen; vgl. dazu Staudinger / Kaduk Vor § 346, Rdn. 19; Palandt / Heinrichs Vor § 346, Bem. 1 a und b jeweils m. w. N.

[31] Vgl. Staudinger / Kaduk Vor § 346, Rdn. 2.

beim Rücktritt bzw. Widerruf nicht der Fall, da hier ein bei Vertragsschluß vorbehaltenes Recht ausgeübt wird. Bei den in Ziff. 4, III AGB genannten Stornierungsvoraussetzungen, wie Irrtum und Schreibfehler, handelt es sich aber nicht um bei der Gutschrift und damit bei Zustandekommen des abstrakten Schuldversprechens vorbehaltene Rechte, sondern um Mängel, die dem zunächst vorbehaltlos erteilten abstrakten Schuldversprechen von Anfang anhafteten, aber erst nachträglich erkannt wurden. Nach der Systematik des BGB sind dies typische Anfechtungsfälle.

Danach erscheint die Annahme sachgerecht, daß die Bank mit der Stornierungsbuchung ein ihr konkludent mit der Stornoklausel eingeräumtes Anfechtungsrecht ausübt, um so die mit der Gutschriftsbuchung zwecks Konkretisierung des abstrakten Schuldversprechensvertrages abgegebene Gestaltungserklärung rückwirkend wieder zu beseitigen[32].

2. Folgerungen für den Anwendungsbereich

Fraglich ist, ob sich aus dieser Einstufung der mit der Stornierungsbuchung verbundenen rechtsgeschäftlichen Erklärung als Anfechtungserklärung bereits Folgerungen für den Anwendungsbereich der Stornoklausel ergeben.

a) Die Ansicht Putzos

Putzo[33] und ihm folgend auch Otto / Stierle[34] wollen daraus, daß das Rechtsinstitut der Anfechtung aus dogmatischen Gründen am geeignetesten für die Beseitigung der mit der Gutschriftsbuchung abgegebenen Gestaltungserklärung der Bank erscheint, den Schluß ziehen, daß damit der Anwendungsbereich der Stornoklausel grundsätzlich auf die Anfechtungstatbestände des BGB (§§ 119 I, 119 II, 123 BGB) begrenzt sei. Da von diesen drei Möglichkeiten grundsätzlich nur die des § 119 I BGB in Betracht komme, bestimmen diese Autoren den Anwendungsbereich der Stornoklausel danach, ob die Bank sich bei Erteilung der jeweils zu stornierenden Gutschrift in einem Inhalts- oder Erklärungsirrtum befunden hat.

Dieser Lösungsansatz hat erhebliche Konsequenzen. Denn einmal werden im Anwendungsbereich alle Motivirrtümer von der Stornierung ausgenommen, zum anderen gilt die Anfechtungsfrist des § 121 BGB und drittens ergibt sich auf der Rechtsfolgenseite, daß die Bank zum Schadensersatz nach § 122 BGB verpflichtet ist.

---

[32] So im Erg. Putzo S. 112; Otto / Stierle WM 1978, 530 (538).

[33] Putzo S. 112.

[34] Otto / Stierle WM 1978, 530 (538); im Erg. auch Kolbenschlag WM 1970, 174 (176).

Während Putzo für seine Schlußfolgerung von der Einordnung der Stornierung als Anfechtung auf eine solche nach § 119 I BGB keine Begründung gibt, vertreten Otto / Stierle[35] die Auffassung, die Kongruenz der Rechtsfolgen und der sich teilweise deckende Wortlaut der Stornoklausel und des § 119 I BGB rechtfertigen diesen Schluß.

b) Kritik

Die Auffassung von Putzo und Otto / Stierle stößt auf durchgreifende Bedenken. Zwar ähneln sich die in Ziff. 4, III AGB und § 119, I BGB gemachten Anfechtungsvoraussetzungen, aber dies allein rechtfertigt noch nicht die vorgenommene Schlußfolgerung.

Zunächst spricht gegen die Einordnung des Anfechtungsrechtes „Stornierung" als ein solches i. S. d. § 119, I, daß dann eine Stornoklausel nicht hätte Gegenstand der zwischen Bank und Kunden getroffenen Vereinbarungen hätte zu sein brauchen; denn das gesetzliche Anfechtungsrecht gem. § 119, I BGB steht der Bank auch ohne vertragliche Vereinbarung zu — ein Umstand, den die spezialisierten Rechtsabteilungen der Banken auch kennen. Die sich gegen dieses Argument wendende Auffassung von Möschel[36], nach der die Stornoklausel in den 30er Jahren nur deshalb vereinbart worden sei, weil damals über die Rechtsnatur der Stornoklausel große Unsicherheit geherrscht habe, erscheint wenig überzeugend. Gegen sie spricht, daß damals mit der Stornierungserklärung gar keine rechtsgeschäftliche Erklärung verbunden wurde, so daß es noch weniger eines Hinweises auf das gesetzliche Anfechtungsrecht bedurft hätte.

Entscheidend gegen die Einstufung des mit der Stornoklausel vereinbarten Anfechtungsrechtes als ein solches im Sinne des § 119 I BGB spricht, daß dieser Schluß nicht logisch zwingend ist und eine notwendige Wertung vorwegnimmt.

Brox[37] hat in seiner Habilitationsschrift überzeugend nachgewiesen, daß sich aus der Entscheidung des BGB für das System der Willenserklärung keine zwingende Lösung für die Frage ergibt, welche Irrtümer für eine Anfechtungsmöglichkeit beachtlich sind; auch lasse sich diese Frage nicht schlechthin für *die* Willenserklärung, d. h. für alle Willenserklärungen einheitlich beantworten. Dies ergibt sich aus folgendem Gedanken: Der Erklärende ist an eine irrtümlich abgegebene Erklärung nur deshalb gebunden, weil der Erklärungsempfänger, wenn er diesen Irrtum nicht kennt, in seinem Vertrauen auf die Gültigkeit

[35] Otto / Stierle WM 1978, 530 (538).

[36] Möschel JuS 1972, 297 (305).

[37] Brox S. 53 f.

der Erklärung geschützt werden muß[38]. Dieses Vertrauensinteresse ist aber bei den verschiedenen Willenserklärungen im unterschiedlichen Maße vorhanden und schutzwürdig[39]. Daher ist der Erklärende desto mehr an das irrtümlich Erklärte gebunden, d. h. sind die Anfechtungsvoraussetzungen enger, je größer und schutzwürdiger das Vertrauensinteresse des Erklärungsempfängers ist — und umgekehrt. Daher erklärt sich, daß bei der Anfechtung von letztwilligen Verfügungen gem. § 2078 BGB, bei denen das Vertrauensinteresse des Bedachten kaum schutzwürdig ist, auch jeder Irrtum bei der Willensbildung (= Motivirrtum) beachtlich ist, während bei der Anfechtung nach § 119 I BGB nur Inhalts- und Erklärungsirrtümer beachtlich sind.

Daraus ergibt sich folgende Konsequenz: Wenn sich — wie oben dargelegt — die Stornierung als ein vertraglich vereinbartes Anfechtungsrecht darstellt, dann ist damit noch keine Aussage über die Voraussetzungen dieses Anfechtungsrechtes möglich; denn logisch ergibt sich nicht zwingend, daß eine Irrtumsanfechtung nur bei bestimmten Irrtümern möglich ist. Gerade bei einem vertraglichen Anfechtungsrecht, das wegen des Prinzips der Vertragsfreiheit in besonderem Maße den Interessen der Vertragsparteien unterworfen ist, stellt sich die Frage, inwieweit das Interesse des Erklärenden daran, nicht an seine irrtümliche Erklärung gebunden zu sein und inwieweit das Vertrauensschutzinteresse des Erklärungsempfängers schutzwürdig ist. Die Voraussetzungen des Anfechtungsrechtes „Stornierung" können daher erst im Wege einer umfassenden Auslegung ermittelt werden, bei der das Interesse der Bank, nicht an eine irrtümliche Gutschrift gebunden zu sein, gegen das Vertrauensinteresse des Kunden abzuwägen ist. Erst wenn sich auf Grund dieser Auslegung ergäbe, daß eine Anwendung der Stornoklausel nur unter der Voraussetzung angemessen erscheint, daß die Bank sich bei der Erteilung der Gutschrift in einem Inhalts- oder Erklärungsirrtum befand, dann könnte man das der Bank mit der Stornoklausel eingeräumte Anfechtungsrecht als ein solches im Sinne des § 119 I BGB bezeichnen. Dagegen nimmt der Ansatz von Putzo und Otto / Stierle die Auslegung und damit die Interessenabwägung vorweg, da er von vornherein auf das Abgrenzungskriterium „Inhalts- bzw. Erklärungsirrtum" fixiert ist.

Im übrigen wird sich unten zeigen, daß bei sachgemäßer Auslegung der Interessen das Kriterium des Inhalts- und Erklärungsirrtums nicht zur Abgrenzung des Anfechtungsrechtes „Stornierung" geeignet ist.

---

[38] Staudinger / Dilcher Vorbem. zu §§ 116—144, Rdn. 29; Flume § 4.

[39] Brox S. 53 f.

3. Ergebnis

Als Zwischenergebnis ist damit festzuhalten, daß der Bank mit der Stornoklausel ein vertragliches Anfechtungsrecht eingeräumt ist, das die Bank mit der Stornierungsbuchung ausübt. Folge dieser Anfechtung ist, daß die mit der Gutschriftsbuchung verbundene Gestaltungserklärung als von Anfang an nichtig anzusehen ist (§ 142 BGB analog). Ein abstraktes Schuldversprechen bzgl. des irrtümlich gutgeschriebenen Betrages ist damit nicht zustandegekommen.

Die Stornierung ist deswegen dogmatisch als Anfechtungsrecht einzustufen, weil der mit der Stornierung verfolgte Zweck, nämlich die rückwirkende Beseitigung der Gestaltungserklärung wegen Irrtums, nach der Systematik des BGB typischerweise mittels einer Anfechtung verfolgt wird, während Rücktritt und Widerruf vom Gesetz unter anderen Voraussetzungen vorgesehen sind.

Diese rückwirkende Beseitigung der Gestaltungserklärung im Wege der Anfechtung zeigt, daß die Stornoklausel nicht die Konstruktion eines girovertraglichen Rückzahlungsanspruchs der Bank für die Rückabwicklung irrtümlicher Gutschriften verlangt, mit dem die Bank dann gegenüber dem Anspruch des Kunden aus der Gutschrift aufrechnet[40]. Das gleiche gilt hinsichtlich der Durchsetzung eines Bereicherungsanspruchs.

Dagegen ist jedenfalls nach der hier vertretenen Auffassung von der Gutschrift als rechtsgeschäftlicher Gestaltungserklärung die häufig[41] in der Literatur vorzufindende Formulierung unzutreffend, daß die Einräumung der Stornierungsbefugnis die Anfechtung erspare[42], da auch die irrtümliche Gutschrift eine Gestaltungserklärung enthält, die zunächst einen abstrakten Schuldversprechensvertrag bzgl. der irrtümlichen Gutschrift zustandekommen läßt. Über den Anwendungsbereich ist jedoch durch die Einstufung der Stornierung als Anfechtungsrecht noch nichts gesagt.

---

[40] Vgl. Kümpel WM 1979, 378.

[41] So schon Haupt S. 85/86.

[42] Insoweit nicht ganz zutreffend Otto / Stierle WM 1978, 530 (538) Fn. 165.

Teil 2

Entwicklung der Anfechtungsvoraussetzungen durch Auslegung

Nachdem die Rechtsnatur der Stornierung bestimmt ist und sich daraus der Anwendungsbereich der Stornoklausel noch nicht ermitteln läßt, gilt es nun diesen Anwendungsbereich näher einzugrenzen. Ziff. 4, III AGB-Banken sieht als Anfechtungsvoraussetzung vor, daß die Gutschrift „infolge eines Irrtums, eines Schreibfehlers oder aus anderen Gründen vorgenommen wurde, ohne daß ein entsprechender Auftrag vorliegt".

Der Inhalt dieser Erklärung ist durch Auslegung zu ermitteln. Dabei ist als Auslegungsmethode nicht die natürliche, sondern die normative Auslegung anzuwenden; denn es ist nicht nur der wirkliche Wille der Bank als derjeniger, aus deren Bereich die auszulegende Erklärung stammt, zu erforschen, da es nicht nur um das Interesse der Bank bzgl. des Nichtgebundenseins an eine irrtümlich mit der Gutschriftsbuchung abgegebene Gestaltungserklärung geht[1]. Vielmehr geht es ebenso um ein Interesse des Kunden, nämlich dessen Vertrauensinteresse an der Beständigkeit einer irrtümlichen Gutschrift, so daß normativ die objektive Bedeutung der Stornoklausel zu ermitteln ist[2], die sich nach der Verständnismöglichkeit des Empfängers der Erklärung richtet[3]. Dabei ist zu berücksichtigen, daß die zwischen der Bank und dem jeweiligen Kunden vereinbarte Stornoklausel nicht im Rahmen einer Individualabrede, sondern durch Einbeziehung der Allgemeinen Geschäftsbedingungen in den Girovertrag vereinbart wurde. Das hat zur Folge, daß bei der normativen Auslegung nicht auf die Verständnismöglichkeit des — gar nicht im einzelnen zu ermittelnden — jeweiligen Kunden, sondern auf die Verständnismöglichkeit eines durchschnittlichen Mitgliedes des in Betracht kommenden Kundenkreises abzustellen ist[4]. Denn als Bestandteil der Allgemeinen Geschäftsbedingungen ist die Stornoklausel einheitlich auszulegen[5]. Gegenstand der

---

[1] Vgl. Brox AT, Rdn. 127.

[2] Vgl. Brox AT, Rdn. 133.

[3] Vgl. Larenz AT § 19 II.

[4] Vgl. BGHZ 7, 365 (368); 17, 1 (3); 33, 216 (218).

[5] Larenz AT § 19 II.

Auslegung ist demnach, zu ermitteln, wie ein durchschnittlicher Bankkunde die von der Bank verwendete Formulierung auffassen durfte. Da die Auslegung nach § 157 BGB nach Treu und Glauben zu erfolgen hat, ist für die Verständnismöglichkeit des durchschnittlichen Bankkunden zu berücksichtigen, daß dieser sich in den Grenzen der zumutbaren Sorgfalt bemühen muß, den Willen der Bank zu erkennen[6]. Unter diesem Blickwinkel ist also ein Ausgleich zwischen dem von der Bank mit der Stornoklausel verfolgten Zweck des Nichtgebundenseins an irrtümlich erteilte Gutschriften und dem Vertrauensinteresse zu finden.

A. Wortlaut

Die Auslegung beginnt mit dem Wortlaut der Stornoklausel.

I. „Irrtum“

Als erste Voraussetzung nennt die Stornoklausel den Begriff „Irrtum“. Soweit ersichtlich wird der Begriff „Irrtum“ stets gleichgesetzt mit den Begriffen „Inhalts- und Erklärungsirrtum“ aus § 119 I BGB[7]. Irrtümer bei der Willensbildung, d. h. sog. Motivirrtümer, sollen dagegen nicht unter den Irrtumsbegriff der Stornoklausel fallen[8]. Lediglich Kümpel macht hier eine Ausnahme, der jedes Versehen der Bank als Irrtum ansieht[9].

Die Folge davon ist, daß zahlreiche Fälle irrtümlich erteilter Gutschriften von einer Stornierung ausgenommen sind. So liegt z. B. in dem Fall, daß die Bank die Gutschrift auf Grund eines gefälschten Überweisungsauftrages erteilt, kein Inhalts- oder Erklärungsirrtum der Bank vor, sondern ein Motivirrtum: Die Bank irrt darüber, daß ihr ein wirksamer Überweisungsauftrag erteilt wurde. Die mit der Gutschriftsbuchung abgegebene Gestaltungserklärung wollte die Bank in der vorliegenden Form abgeben und verband auch mit ihr den erklärten Sinn.

Zur Begründung für den Ausschluß der Motivirrtümer aus der Stornoklausel wird meist auf die Unklarheitenregel des § 5 AGBG[10] sowie auf das für Allgemeine Geschäftsbedingungen geltende Restrik-

---

[6] Larenz Methodenlehre, S. 286.

[7] BGH WM 1972, 283 (285); Schönle § 32 III; Otto / Stierle WM 1978, 530 (541); Putzo S. 112 ff.

[8] Vgl. nur Canaris Anh. C zu § 357, Anm. 217.

[9] Kümpel WM 1976, Sonderbeilage 1, S. 16.

[10] Für Giroverträge, die bereits vor Inkrafttreten des AGBG am 1. 4. 1977 abgeschlossen wurden und für die das AGBG gem. § 28, I AGBG nicht gilt, ist die Unklarheitenregel kraft Richterrechtes anwendbar, da sie bereits vor Inkrafttreten des AGBG als allg. Auslegungsregel für Allgemeine Geschäftsbedingungen galt; vgl. BGHZ 5, 115; 47, 216; 62, 89.

tionsprinzip[11] verwiesen[12]. Hinter dieser Auffassung dürfte aber zusätzlich stillschweigend die Vorstellung stehen, daß das BGB für die Unterscheidung zwischen beachtlichen und unbeachtlichen Irrtümern grundsätzlich zwischen Inhalts- und Erklärungsirrtümern einerseits und Motivirrtümern andererseits abgrenzt und daß diese Abgrenzung bei der Stornoklausel ebenfalls anzuwenden sei.

Beide Argumente erscheinen nicht überzeugend. Es wurde bereits oben[13] festgestellt, daß sich die Unterscheidung zwischen Inhalts- und Erklärungsirrtümern einerseits und Motivirrtümern andererseits nicht zwingend aus dem Gesetz oder aus der Entscheidung des Gesetzgebers für das System der Willenserklärung ergibt und daß die Abgrenzung zwischen beachtlichen und unbeachtlichen Irrtümern nicht für jede Willenserklärung einheitlich vorgenommen werden kann; denn das Vertrauen des Erklärungsempfängers auf die Gültigkeit der Erklärung, dessetwegen der Erklärende überhaupt an seine irrtümliche Erklärung gebunden ist, ist bei den einzelnen Willenserklärungen in unterschiedlichem Maße vorhanden und schutzwürdig. Daher muß gerade bei einem vertraglich eingeräumten Recht zur Irrtumsanfechtung der jeweilige Grad des Vertrauensschutzes des Empfängers ermittelt und daraufhin die Grenze zwischen beachtlichen und unbeachtlichen Irrtümern gezogen werden. Es kann nicht einfach das vom Gesetzgeber gewählte Abgrenzungskriterium auf das rechtsgeschäftliche Anfechtungsrecht „Stornierung" übertragen werden.

Eine Beschränkung der Irrtumsanfechtung nach der Stornoklausel auf Inhalts- und Erklärungsirrtümer ergibt sich auch nicht aus den Vorschriften des AGBG. Der Begriff „Irrtum" umfaßt vom Wortlaut her sowohl Inhalts- und Erklärungsirrtümer als auch Motivirrtümer. Denn entscheidend für die Bedeutung des Wortlauts sind die juristische Fachbedeutung und der allgemeine Sprachgebrauch[14]. Nach beiden ist der Begriff „Irrtum" ein Oberbegriff sowohl für Inhalts- und Erklärungsirrtümer einerseits als auch für Motivirrtümer andererseits. Hinsichtlich der juristischen Fachbedeutung ergibt sich das aus folgendem: Sowohl in § 119, I BGB als auch in § 2078, I BGB, den Hauptanwendungsfällen des Inhalts- und Erklärungsirrtums, hat der Gesetzgeber nicht den Begriff „Irrtum" ausreichen lassen, sondern hat jeweils den Irrtum durch Zusätze näher definiert. Nach juristischem Sprachgebrauch könnte mit dem Begriff „Irrtum" nur dann automatisch eine Einschränkung auf Inhalts- und Erklärungsirrtümer verbunden sein, wenn zumindest auch der Gesetzgeber oder die Rechtsprechung eine

---

[11] Vgl. Ulmer / Brandner / Hensen § 5, Rdn. 11 m. w. N.

[12] Putzo S. 112 ff.; Otto / Stierle WM 1978, 530 (541).

[13] Vgl. oben Teil 1 B V 2.

[14] BGHZ 5, 365 (367).

derartige Einschränkung vornähmen. Der Wortlaut allein ist daher mehrdeutig, da er sowohl Inhalts- und Erklärungsirrtümer als auch Motivirrtümer umfaßt. Dieser Umstand berechtigt jedoch noch nicht dazu, die Unklarheitenregel oder das Restriktionsprinzip in der Weise anzuwenden, daß die weitergehenden Motivirrtümer aus dem Anwendungsbereich der Stornoklausel ausgenommen werden. Das kann vielmehr erst dann erfolgen, wenn alle in Betracht kommenden Auslegungsmethoden ausgeschöpft sind und danach ein nicht behebbarer Zweifel bleibt[15]. Denn die allgemeinen Grundsätze der Vertragsauslegung gehen der Anwendung der Unklarheitenregel und des Restriktionsprinzips nach herrschender Meinung voraus[16], da § 5 AGBG nur eine Auslegungshilfe geben soll, wenn die allgemeinen Auslegungsregeln versagen[17]. Die allgemeinen Auslegungsregeln umfassen jedoch nicht nur die Interpretation des Wortlautes.

Damit muß festgestellt werden, daß der Wortlaut der Stornoklausel hinsichtlich des Irrtumsbegriffs mehrdeutig ist. Allein auf Grund des Wortlautes läßt sich nicht ermitteln, ob die Bank nur bei Vorliegen von Inhalts- und Erklärungsirrtümern oder auch bei Vorliegen von Motivirrtümern zur Stornierung befugt sein soll.

II. „Andere Gründe"

Ähnlich ist die Situation bei der Auslegung der Voraussetzung „andere Gründe". Auch hier sind nach dem Wortlaut mehrere Auslegungsmöglichkeiten gegeben[18]. Nach der einen Meinung soll sich aus der Verwendung des unbestimmten Zahlwortes „andere" anstatt des einschränkenden Partikels „vergleichbare" ergeben, daß die Voraussetzung extensiv zu verstehen sei[19]. Es soll auf den die fehlerhafte Gutschrift veranlassenden Grund für eine Stornierungsbefugnis nicht ankommen, sofern es nur an einem entsprechenden Auftrag fehlt.

Diese weite Auslegung wird überwiegend abgelehnt[20]. Entscheidendes Argument ist dabei, daß bei einer extensiven Auslegung die Homogenität der Stornoklausel verloren gehen soll. Die Stornoklausel würde in zwei völlig verschiedene Tatbestände zerteilt: Irrtümer und Schreibfehler einerseits und (alle) anderen Gründe andererseits. Dementsprechend hat der BGH die Stornoklausel einmal in der Weise interpretiert, daß eine Stornierung nur möglich sein soll bei Gutschriften, die „infolge

[15] BGH LM § 157 A Nr. 14; BGH NJW 1954, 1846.

[16] Palandt / Heinrichs § 5 AGBG, Anm. 4.

[17] Ulmer / Brandner / Hensen § 5, Rdn. 2; Löwe / Graf Westphalen / Trinkner § 5, Rdn. 2 ff.

[18] Vgl. Möschel JuS 1972, 297 (304).

[19] Kümpel Sonderbeilage 1 WM 1976 S. 16.

[20] Otto / Stierle WM 1978, 530 (541) m. w. N.

eines Irrtums, eines Schreibfehlers oder eines sonstigen Buchungsversehens erteilt werden"[21]. Beide Argumentationsrichtungen zeigen, daß der Wortlaut auch hier mehrdeutig ist, so daß andere Auslegungskriterien als die Wortlautinterpretation herangezogen werden müssen.

III. „Ohne daß ein entsprechender Auftrag vorliegt"

Den drei Voraussetzungen „Irrtum", „Schreibfehler" und „andere Gründe" ist der Halbsatz angehängt, „ohne daß ein entsprechender Auftrag vorliegt". Für die Anwendung der Stornoklausel wirft dieser Halbsatz zwei Fragen auf:

1. Bezugspunkt des Halbsatzes

Zunächst stellt sich die Frage, ob dieser Halbsatz sich auf alle drei Stornierungsvoraussetzungen bezieht, oder nur auf die letzte Voraussetzung „andere Gründe". Letzteres wäre anzunehmen, wenn andernfalls, d. h. bei Geltung des Halbsatzes auch für die Voraussetzungen „Irrtum" und „Schreibfehler", eine Tautologie vorläge. Eine solche Tautologie läge z. B. hinsichtlich der Voraussetzung „Irrtum" vor, wenn es immer bei Vorhandensein eines Irrtums zugleich an einem entsprechenden Auftrag fehlen würde. Dies ist jedoch nicht der Fall. Denn es gibt verschiedene Irrtümer seitens der Bank, bei denen ein entsprechender Auftrag vorliegt. Erwähnt sei nur der Fall, daß die Bank in dem Glauben an eine in Wirklichkeit nicht bestehende Deckung auf dem Auftraggeberkonto einen wirksamen Überweisungsauftrag ausführt. Es liegen einerseits ein Irrtum der Bank über die Deckung auf dem Auftraggeberkonto und andererseits ein entsprechender Auftrag vor. Da eine Tautologie somit nicht notwendig bestehen muß, kann nicht ausgeschlossen werden, daß der Halbsatz „ohne daß ein entsprechender Auftrag vorliegt" sich auf alle drei alternativen Voraussetzungen „Irrtum", „Schreibfehler" oder „andere Gründe" beziehen und diese Voraussetzungen jeweils einschränken soll.

2. „Entsprechender Auftrag"

Das zweite Problem im Rahmen der Auslegung des erwähnten Halbsatzes liegt in der Bedeutung des Begriffs „entsprechender Auftrag". Vom allgemeinen Sprachgebrauch her kann diese Formulierung zweierlei bedeuten[22]: Einmal könnte eine Stornierung schon dann ausgeschlossen sein, wenn äußerlich ein Auftrag für die zu stornierende Gutschrift existierte, der aber nicht notwendig rechtswirksam zu sein

---

[21] BGH WM 1972, 283 (285).

[22] Vgl. Putzo S. 111, der das Ergebnis jedoch offen läßt.

brauchte. Die Folge davon wäre, daß bei äußerlich zwar existenten aber rechtsunwirksamen Aufträgen eine Stornierung nicht möglich wäre, da ein „entsprechender Auftrag“ vorläge. So könnte z. B. bei einem gefälschten oder von Anfang an nichtigen Überweisungsauftrag eine Stornierung nicht erfolgen. Es läge zwar ein Irrtum der Bank über die Wirksamkeit des Auftrages vor, aber es fehlte an der weiteren (Negativ-)Voraussetzung „ohne daß ein entsprechender Auftrag vorliegt“. Eine Stornierung käme bei einer solchen Auslegung der Formulierung „entsprechender Auftrag“ nur in Betracht, wenn Gutschrift und Überweisungsauftrag äußerlich divergierten. Das wäre z. B. der Fall, wenn die Gutschrift bei einem anderen als dem auf dem Überweisungsformular angegebenen Empfänger vorgenommen würde oder die Bank anstatt der auf dem Überweisungsauftrag angegebenen 50,— DM irrtümlich 500,— DM gutschriebe.

Zum anderen könnte der Begriff „entsprechender Auftrag“ vom Sprachgebrauch her auch so aufgefaßt werden, daß eine Stornierung nur dann ausgeschlossen sein soll, wenn nicht nur ein äußerlich der Gutschrift entsprechender, sondern auch ein rechtswirksamer Überweisungsauftrag vorliegt[23]. Danach wäre auch in den Fälschungs- und Nichtigkeitsfällen eine Stornierung möglich. Denn die gutschreibende Bank irrt über das Vorliegen einer wirksamen Anweisung und ein entsprechender, d. h. wirksamer, Überweisungsauftrag fehlt. Der Wortlaut ist damit auch insoweit mehrdeutig, so daß eine Wortlautauslegung allein für die Ermittlung der Bedeutung des Begriffs „entsprechender Auftrag“ nicht ausreicht.

B. Ergänzende Auslegung

Demnach kann allein auf Grund des Wortlautes der Stornoklausel ihr Anwendungsbereich nicht festgestellt werden. Die Parteien haben dadurch, daß der Wortlaut objektiv mehrdeutig ist, den Anwendungsbereich nur unvollständig geregelt, so daß eine Regelungslücke besteht. Eine solche rechtsgeschäftliche Regelungslücke ist mittels einer ergänzenden Auslegung zu schließen[1]. Kriterium für diese Lückenausfüllung im Wege der ergänzenden Auslegung ist die konkrete Interessenlage der Parteien[2]. Maßgebend ist damit die Frage, was jede Partei als im Sinne eines gerechten Interessenausgleichs liegend und der

---

[23] So Ziff. 1 Abs. 3 AGB-Sparkassen.

[1] St. Rspr., vgl. nur BGHZ 9, 273 (277); der theoretische Streit, ob die ergänzende Auslegung noch als Auslegung qualifiziert werden kann, soll hier dahinstehen, vgl. Larenz AT § 29 I.

[2] MünchKomm / Mayer — Maly § 157, Rdn. 26.

anderen als zumutbar ansehen konnte[3], wobei das Gesetz als Maßstab für den gerechten Interessenausgleich das Prinzip von Treu und Glauben nennt[4] (§ 157 BGB).

Auf diese Weise wird ein sog. hypothetischer Parteiwille ermittelt, d. i. der Wille, den die Parteien gehabt hätten, wenn sie die Unvollständigkeit ihrer Regelung bedacht hätten[5]. Mit Hilfe dieses hypothetischen Willens wird die Regelungslücke ausgefüllt.

Im vorliegenden Fall sind zunächst die Interessen jeder Partei bei einer Stornierung seitens der Bank zu ermitteln und sodann gegeneinander abzuwägen. Da der Gutschriftsempfänger grundsätzlich kein Interesse an einer Stornierung einer auf seinem Konto erfolgten Gutschrift hat, muß die Darlegung der beiderseitigen Interessen in der Weise erfolgen, daß von den Interessen der Bank an der Stornierung ausgegangen und im Anschluß daran geprüft wird, ob durch eine solche entsprechend den Interessen der Bank praktizierte Stornierung schutzwürdige Interessen des Gutschriftsempfängers verletzt würden. Bei Bejahung einer solchen Verletzung ist dann der oben angesprochene Ausgleich zwischen den widerstreitenden Interessen herbeizuführen. Ist ein solcher Ausgleich gefunden und damit der Anwendungsbereich der Stornoklausel nach den Interessen der Parteien bestimmt, dann sind die so gewonnenen Anwendungsfälle unter den Wortlaut der Stornoklausel zu subsumieren. Damit kann dann der zunächst mehrdeutige Wortlaut eindeutig festgelegt werden.

Die Interessenermittlung und -abwägung soll anhand von Überweisungsgutschriften geklärt werden. Die Überweisung stellt den typischsten und häufigsten Grund für eine Gutschrift dar. Für andere Gutschriften, die in ihrer Rechtsnatur der der Überweisung entsprechen, gilt dann entsprechendes.

I. Interessen der Bank an der Stornierung

Ganz pauschal kann die Frage, wann die Bank ein Interesse an der Stornierung einer Überweisungsgutschrift hat, dahingehend beantwortet werden, daß ein solches Interesse immer dann bestehen wird, wenn die Bank für die erteilte Gutschrift von ihrem Auftraggeber keinen Gegenwert erhält. Denn die Bank nimmt allgemein im Zahlungsverkehr und speziell im Überweisungsverkehr die Rolle eines Mittlers ein, der regelmäßig kein eigenes Vermögen einsetzen will sondern lediglich Vermögenswerte vom Auftraggeber an den Empfän-

---

[3] BGHZ 9, 273 (277).

[4] Larenz Methodenlehre, S. 286.

[5] BGH LM Nr. 5 zu § 157 (D).

ger weiterleiten will[6]. Damit ist die Frage aufgeworfen, in welchen Fällen die Bank keinen Gegenwert für die dem Empfänger erteilte Gutschrift erhält. Bevor diese Frage beantwortet werden kann, muß zunächst die Vorfrage geklärt werden, wie die Bank sich technisch die Deckung für eine erteilte Gutschrift beschafft und wie die einzelnen Vorgänge rechtlich zu bewerten sind.

1. Deckungsbeschaffung durch die Bank

Wie und von wem die Bank den Gegenwert für eine erteilte Überweisungsgutschrift erhält, hängt davon ab, ob sie die einzige bei der Durchführung der Überweisung eingeschaltete Bank ist oder ob mehrere Banken als Zahlungsmittler bei dem gleichen Überweisungsauftrag eingeschaltet sind. Danach muß zwischen zwei Gruppen von Überweisungen unterschieden werden[7].

a) Haus- bzw. Filialüberweisung

Bei dieser Gruppe unterhalten sowohl der Auftraggeber als auch der Empfänger ein Girokonto bei derselben Bank. Der Unterschied zwischen der Haus- und Filialüberweisung besteht lediglich darin, daß bei der Hausüberweisung sowohl das Auftraggeber- als auch das Empfängerkonto bei einer buchungstechnisch selbständigen Filiale liegen, während bei der Filialüberweisung Auftraggeber- und Empfängerkonto bei verschiedenen buchungstechnisch selbständigen Filialen bestehen[8]. Da bei der Filialüberweisung die verschiedenen Filialen nur buchungstechnisch, nicht aber rechtlich selbständig sind, und somit zwischen den einzelnen Filialen bzgl. des Überweisungsauftrages keine Vertragsbeziehungen bestehen, braucht rechtlich zwischen der Haus- und Filialüberweisung nicht unterschieden zu werden[9].

Dadurch, daß sowohl Auftraggeber als auch Empfänger ihr Konto bei derselben Bank unterhalten, erfolgt die technische Durchführung in der Weise, daß die Bank das Konto des Auftraggebers belastet und das Konto des Empfängers erkennt. Während diese Buchungen bei der Hausüberweisung in demselben Buchungsakt erfolgen, ist bei der Filialüberweisung technisch ein Zwischenkonto dazwischengeschaltet, da die beteiligten Filialen buchungstechnisch selbständig sind. Dem kommt jedoch keine rechtliche Bedeutung zu, da es sich um Filialen derselben Bank handelt. Was sich rechtlich hinter der Belastungs-

---

[6] Vgl. Canaris Anh. C nach § 357, Anm. 150.

[7] Vgl. Schönle § 30 II 2 c.

[8] Wegen des Einsatzes überörtlicher Elektronischer Datenverarbeitungsanlagen kann es sich auch bei Einschaltung örtlich verschiedener Filialen um Hausüberweisungen handeln.

[9] Canaris § 357 Anh. C, Anm. 192.

buchung, mit der die Bank sich den Gegenwert für die Gutschrift verschafft, verbirgt, hängt von der Rechtsnatur des Überweisungsauftrages ab. Nach zutreffender Ansicht stellt der Überweisungsauftrag eine Weisung i. S. d. § 665 BGB dar[10], durch die die Bank zur Gutschrift des Überweisungsbetrages auf dem Konto des Empfängers verpflichtet wird. Das ist die Folge davon, daß der Girovertrag des Kunden mit der Bank nach h. M. ein Dienstvertrag ist, der eine Geschäftsbesorgung zum Gegenstand hat, so daß über § 675 BGB das Auftragsrecht zur Anwendung kommt[11]. Mit der durch die Erteilung des Überweisungsauftrages ausgesprochenen Weisung konkretisiert der Auftraggeber im Einzelfall die Dienstleistungspflicht der Bank aus dem Girovertrag. Aus der Qualifizierung des Überweisungsauftrages als Weisung i. S. d. §§ 675, 665 BGB folgt, daß sich die Ansprüche der beauftragten Bank auf Erhalt des Gegenwertes der Gutschrift ebenfalls nach Auftragsrecht richten. Je nachdem, ob die Bank den ihr erteilten Überweisungsauftrag bereits ausgeführt hat oder nicht, hat die Bank einen Anspruch auf Vorschuß gem. § 669 BGB oder einen Aufwendungsersatzanspruch gem. § 670 BGB. Da der Überweisungsauftrag von der Bank erst mit Erteilung der Gutschrift auf dem Empfängerkonto erfüllt ist[12], stellt die auf dem Konto des Auftraggebers vorgenommene Belastungsbuchung die Geltendmachung eines Anspruchs auf Vorschuß dar, solange die Gutschrift noch nicht erfolgt ist, während sie nach Erteilung der Gutschrift die Geltendmachung eines Anspruchs auf Aufwendungsersatz darstellt[13].

b) *Kettenüberweisung*

Im Prinzip bestehen bei den Fällen der sog. Kettenüberweisung keine Unterschiede. Zu beachten ist lediglich, daß das Konto des Auftraggebers und das des Empfängers bei rechtlich verschiedenen Kreditinstituten geführt werden. Stehen diese beiden Kreditinstitute untereinander in Kontoverbindung, dann beurteilen sich die Rechtsbeziehungen zwischen den beiden Kreditinstituten ebenso wie zwischen der Bank und einem Nichtbank-Kunden, d. h. es besteht auch zwischen

---

[10] BGHZ 10, 319 (322); BGH WM 1972, 308 (309); Schönle § 31 II 1; Canaris Anh. C nach § 357, Anm. 160; a. A. Kupisch WM 1979, Sonderbeilage 3, S. 14, der von einer Ermächtigung spricht.

[11] BGH NJW 1954, 190; Pikart WM 1955, 390; Hadding JZ 1977, 281; Meyer-Cording S. 10; Trost / Schütz S. 341; ausführlich Putzo S. 22 ff.

[12] Ganz h. M., vgl. nur Canaris Anh. C nach § 357, Anm. 241 m. w. N.; Putzo S. 71.

[13] BGHZ 4, 244 (248); Schönle § 31 III 2; Meyer-Cording S. 36; Ulmer SJZ 48, Sp. 246; Canaris Anh. C nach § 357, Anm. 166; a. A. Schlegelberger / Hefermehl Anh. § 365, Rdn. 42, der die Lastschrift als Gegenstand der Leistung selbst ansieht; a. A. die Forderungsverschiebungstheorie von Schoele S. 24 und Kiehnscherf S. 25 ff. u. 32 ff., die zu Recht von Kolbenschlag WM 1970, 174 (175) abgelehnt wird.

den beiden Kreditinstituten ein Girovertrag in Form eines Dienstvertrages mit Geschäftsbesorgungscharakter[14]. Damit stellt sich ein vom Auftraggeber an seine Bank (Auftraggeber-Bank) erteilter und von dieser an die Empfänger-Bank weitergeleiteter Überweisungsauftrag rechtlich so dar, daß der Auftraggeber eine Weisung gem. § 665 im Rahmen seines Girovertrages mit der Auftraggeber-Bank erteilt und diese eine Weisung gem. § 665 BGB im Rahmen ihres Girovertrages mit der Empfängerbank. Stehen die Auftraggeber-Bank und die Empfänger-Bank untereinander nicht in Kontoverbindung, sondern wikkeln den zwischen ihnen anfallenden Zahlungsverkehr über eine Zwischenbank ab, dann gilt folgendes: Grundsätzlich unterbricht die Einschaltung einer Zwischenbank das Vertragsverhältnis zwischen Auftraggeber-Bank und Empfänger-Bank, da die Zwischenbank als selbständiges Rechtssubjekt einen eigenen Girovertrag sowohl mit der Auftraggeber-Bank als auch mit der Empfänger-Bank abschließt[15]; lediglich bei Zwischenschaltung einer Landeszentralbank tritt diese nicht als Vertragspartei sondern als Botin auf[16], so daß es bei dem Girovertrag zwischen Auftraggeber-Bank und Empfänger-Bank bleibt[17]. Da die privaten Banken, um deren Stornoklausel es hier geht, ihren gesamten Zahlungsverkehr untereinander grundsätzlich über die jeweiligen Landeszentralbanken abwickeln[18], soll im folgenden von diesem Modell ausgegangen werden[19]. Für die eingangs gestellte Frage, auf welche Weise die gutschreibende (Empfänger-)Bank den Gegenwert für die erteilte Gutschrift erhält, bedeutet das folgendes: Die Empfänger-Bank steht in keiner Vertragsbeziehung zum Auftraggeber der Überweisung sondern lediglich zur Auftraggeber-Bank, gegenüber der sie auf Grund der im Rahmen des Girovertrages erteilten Weisung einen Anspruch auf Vorschuß (§ 669 BGB) bzw. einen Anspruch auf Aufwendungsersatz (§ 670 BGB) hat.

Im Ergebnis ist damit festzuhalten, daß die gutschreibende Bank sich den Gegenwert für die erteilte Gutschrift in der Weise verschafft, daß sie einen Aufwendungsersatzanspruch geltend macht. Schuldner dieses Anspruchs ist bei der Hausüberweisung der Auftraggeber der Überweisung selbst und bei der Kettenüberweisung die Auftraggeber-Bank als Auftraggeber der Empfänger-Bank.

---

14 BGH BB 1978, 556 (557); OLG Hamm DB 1978, 2311; Canaris Anh. C nach § 357, Anm. 193; Möschel JuS 1972, 297 (298); ausführlich Putzo S. 22 ff.

15 Canaris Anh. C nach § 357, Anm. 193.

16 Schlegelberger / Hefermehl Anh. § 365, Rdn. 49.

17 BGHZ 27, 241 (246); BGH WM 1962, 460.

18 Vgl. Hagenmüller S. 235 ff.; Pleyer / Battes DB 71, 1289.

19 Der Vollständigkeit halber sei erwähnt, daß die Sparkassen ihren Zahlungsverkehr über die Deutsche Girozentrale und die Genossenschaftsbanken über die Deutsche Genossenschaftskasse abwickeln.

2. Nichterlangung von Deckung

Vor diesem Hintergrund ist nun zu fragen, in welchen Fällen die Bank keinen Gegenwert für die erteilte Gutschrift erhält und somit ein Interesse an der Stornierung der Gutschrift hat.

a) Fehlen einer wirksamen Weisung

Die Bank wird für eine erteilte Gutschrift immer dann keinen Gegenwert erhalten, wenn sie keinen Aufwendungsersatzanspruch hat. Da Voraussetzung für das Entstehen eines Aufwendungsersatzanspruches eine wirksame Weisung gem. § 665 BGB ist, wird die Bank immer dann keinen Gegenwert für die erteilte Gutschrift erhalten, wenn der Gutschrift keine wirksame Weisung zu Grunde lag. Daß der Gutschrift keine wirksame Weisung zugrunde lag, kann zwei Ursachen haben:

aa) Fehlerhafte Ausführung eines fehlerfreien Überweisungsauftrages

Einmal kann die Fehlerquelle allein bei der gutschreibenden Bank liegen. Dazu zählen die Fälle der Zuvielüberweisung[20], der Gutschrift an einen falschen Empfänger[21] und die der Doppelbuchung[22]. Allen drei Fällen ist gemeinsam, daß eine wirksame Weisung an die gutschreibende Bank vorliegt, die die Bank jedoch nicht entsprechend der ihr erteilten Weisung ausführt. Im ersten Fall schreibt die Bank dem Empfänger irrtümlich mehr als angewiesen gut, z. B. anstatt der auf dem Überweisungsauftrag stehenden 500,— DM irrtümlich 5000,— DM. In den Fällen der Doppelbuchung schreibt die Bank den angewiesenen Betrag irrtümlich zweimal gut. In dem soeben zitierten Fall des BGH kam es deswegen zur Doppelbuchung, weil die Bank, nachdem sie die Gutschrift bereits auf Grund eine telegraphischen Avis' erteilt hatte, die schriftliche Bestätigung des Avis für einen erneuten Überweisungsauftrag hielt. Zu einer Gutschrift bei einem falschen Empfänger kann es kommen, wenn z. B. die Kontonummer des Begünstigten nicht richtig von dem Überweisungsformular in die Datenverarbeitungsanlage eingegeben wird. In allen Fällen liegt der Gutschrift in der erteilten Form keine wirksame Weisung zugrunde, so daß die Bank bzgl. der erteilten Gutschrift keinen Aufwendungsersatzanspruch hat und somit ein Interesse an der Stornierung der fehlerhaften Gutschrift besteht. Im Fall der Zuvielüberweisung fehlt es in Höhe des zuviel überwiesenen Betrages an einer Weisung des Auftraggebers (im Beispielsfall in Höhe von 4500,— DM), bei der Doppelbuchung fehlt es bzgl. der zweiten Gut-

---

[20] Vgl. BGHZ 50, 227 ff.

[21] Vgl. BGHZ 66, 372 ff.

[22] Vgl. BGH WM 1978, 998.

schrift an einer Weisung überhaupt und bei Gutschrift auf dem Konto eines falschen Empfängers fehlt es bzgl. des (falschen) Empfängers an einer Weisung.

bb) Fehlerfreie Ausführung eines fehlerhaften Überweisungsauftrages

Im Unterschied zu den soeben behandelten Fällen führt die Bank bei dieser Fallgruppe den Überweisungsauftrag so aus, wie er ihr erteilt worden ist, der Fehler liegt hier in dem Überweisungsauftrag selbst. Zu dieser Fallgruppe zählen die Fälle, in denen der Überweisungsauftrag gefälscht oder von einem Vertreter ohne Vertretungsmacht ausgefüllt ist, in denen der Überweisungsauftrag von Anfang an z. B. wegen Geschäftsunfähigkeit nichtig war oder in denen die Bank trotz rechtzeitigen Widerrufs[23] des Überweisungsauftrages Gutschrift erteilt hat. Auch in diesen Fällen liegt der erteilten Gutschrift keine wirksame Weisung zugrunde, die Voraussetzung für das Bestehen eines Aufwendungsersatzanspruchs der gutschreibenden Bank wäre.

Hat die Bank aber keinen Aufwendungsersatzanspruch, dann hat sie ein Interesse daran, die irrtümlich erteilte Gutschrift durch einfache Buchung rückgängig zu machen, d. h. zu stornieren.

b) Mangelnde Durchsetzbarkeit des Aufwendungsersatzanspruches

Neben den zuvor behandelten Fällen, in denen ein Aufwendungsersatzanspruch der Bank mangels einer der Gutschrift zugrundeliegenden wirksamen Weisung gar nicht entstanden ist, besteht ein Interesse der Bank an der Stornierung immer dann, wenn der Bank zwar materiell-rechtlich ein Aufwendungsersatzanspruch zusteht, sie diesen aber nicht durchsetzen kann. Hierzu zählen die Fälle, in denen auf dem Konto des Auftraggebers nicht mehr genügend Deckung vorhanden ist, oder der Saldo gem. § 829 I 1 ZPO gepfändet ist. Diese Fälle sind sowohl bei der Haus- als auch bei der Kettenüberweisung relevant. Ein bekanntes Beispiel aus der jüngeren Zeit ist der Zusammenbruch der Herstatt-Bank. Verschiedene Banken waren von der Herstatt-Bank auf Grund von Überweisungsaufträgen von Herstatt-Kunden angewiesen, zu Gunsten von eigenen Kunden Gutschriften zu erteilen, und führten auf Grund dieser Weisungen die Gutschriften aus. Der diesen Banken dadurch entstandene Aufwendungsersatzanspruch war jedoch nicht mehr durchsetzbar, weil die Bank zwischenzeitlich die Zahlungen eingestellt hatte[24]. Für diese Banken entstand damit das Interesse an einer Stornierung der erteilten Gutschriften.

---

[23] Nach h. M. kann der Überweisungsauftrag bis zur Erteilung der Gutschrift vom Auftraggeber widerrufen werden, vgl. Schönle § 32 II 2.

3. Ergebnis zu I.

Die eingangs pauschal getroffene Feststellung, daß die Bank immer dann ein Interesse an der Stornierung hat, wenn sie keine Deckung für die von ihr erteilte Gutschrift erhält, kann nun konkretisiert werden: Die Bank hat immer dann ein Interesse an der Stornierung einer Gutschrift, wenn ihr entweder mangels wirksamer Weisung kein Aufwendungsersatzanspruch zusteht, oder wenn ihr ein solcher Anspruch zwar zusteht, dieser aber im Einzelfall nicht durchsetzbar ist.

Damit ist zugleich die negative Abgrenzung möglich, daß die Bank immer dann kein Interesse an der Stornierung hat, wenn ihr ein wirksamer und durchsetzbarer Aufwendungsersatzanspruch zusteht. Da die Stornierung einer Gutschrift naturgemäß nur bei einer fehlerhaften Gutschrift in Betracht kommt, stellt sich damit die Frage, ob eine Gutschrift überhaupt fehlerhaft sein kann, wenn der gutschreibenden Bank ein wirksamer und durchsetzbarer Aufwendungsersatzanspruch zusteht. Das ist der Fall, wenn bei einer Kettenüberweisung der Überweisungsauftrag des Auftraggebers an die Auftraggeber-Bank unwirksam war, z. B. wegen Fälschung, die Auftraggeber-Bank die Empfänger-Bank aber wirksam angewiesen hat. Die Gutschrift zu Gunsten des Empfängers beruht in diesen Fällen letztlich auf einem unwirksamen Überweisungsauftrag, obwohl die Empfänger-Bank die Gutschrift auf Grund einer ihr wirksam von der Auftraggeber-Bank erteilten Weisung durchführte. Wegen der Wirksamkeit der Weisung der Auftraggeber-Bank an die Empfänger-Bank muß die wirtschaftliche Rückabwicklung der fehlerhaften Gutschrift auch im Verhältnis zwischen Auftraggeber-Bank und Empfänger erfolgen[25]. Da die Empfänger-Bank den Ausgleich für die erteilte Gutschrift durch Geltendmachung ihres Aufwendungsersatzanspruchs gegen die Auftraggeber-Bank erhält, hat sie regelmäßig kein Interesse an einer Stornierung. Sie hat auch kein Interesse, die Rückabwicklung der Gutschrift für die Auftraggeber-Bank durchzuführen; denn einmal ist dies mit Kosten und nicht unerheblichem organisatorischen Aufwand verbunden, da der stornierte Betrag zurücküberwiesen werden müßte; zum anderen ist die Empfänger-Bank bei der Durchführung der Überweisung nicht Erfüllungsgehilfe der Auftraggeber-Bank, sondern sie ist mit der Auftraggeber-Bank durch denselben Girovertrag verbunden wie mit dem Empfänger. Sie steht der Auftraggeber-Bank daher rechtlich nicht „näher" und hat daher kein Interesse durch eine Stornierung die Rückabwicklung der Gutschrift für die Auftraggeber-Bank vorzunehmen.

---

[24] Vgl. LG Frankfurt NJW 1976, 332.

[25] Schönle § 32 III; OLG Celle BB 1966, 1169.

Damit sind wegen fehlenden Interesses der Bank schon alle diejenigen Gutschriften von der Stornierung ausgenommen[26], bei denen die Fehlerhaftigkeit darauf beruht, daß im Verhältnis zwischen Auftraggeber und Auftraggeber-Bank keine wirksame Weisung vorlag, die Empfänger-Bank aber von der Auftraggeber-Bank wirksam angewiesen worden war. Schon vom Interesse der Bank kommt eine Stornierung nur dann in Betracht, wenn die Empfänger-Bank vom Auftraggeber nicht wirksam angewiesen war, wobei der Auftraggeber sowohl ein Nicht-Bank-Kunde (Hausüberweisung) als auch eine Bank sein kann (Kettenüberweisung).

II. Verletzung von Interessen des Kunden

Nach der Bestimmung des Interesses der Bank an der Stornierung stellt sich nun die Frage, ob schutzwürdige Interessen des Gutschriftsempfängers verletzt würden, wenn man der Bank immer dann die Stornierungsbefugnis zuerkennen würde, wenn sie von ihrem Auftraggeber mangels Bestehens oder mangels Durchsetzbarkeit des Aufwendungsersatzanspruchs keine Deckung für die erteilte Gutschrift erhält.

Diese Frage kann nur beantwortet werden, wenn man einen Vergleich anstellt zwischen der Lage, wie der Empfänger ohne eine Stornierungsbefugnis der Bank in den Fällen des fehlenden oder nicht durchsetzbaren Aufwendungsersatzanspruchs dastehen würde, mit der Situation, wie sie sich bei Bestehen der Stornierungsbefugnis darstellt. Bei bestehender Stornierungsbefugnis wird die erteilte Gutschrift rückgängig gemacht und zwar ohne Beteiligung bzw. Einwilligung des Kunden allein durch eine einseitige Gestaltungserklärung der Bank. Danach wären durch eine Stornierungsbefugnis Interessen des Kunden dann nicht verletzt, wenn der Empfänger in den genannten Fällen die erteilte Gutschrift auch ohne eine Stornierungsbefugnis der Bank, d. h. auf Grund materieller Gesetzesvorschriften, „herausgeben" müßte, und wenn zusätzlich dem Empfänger durch die Vorgehensweise der Bank, d. h. durch die einseitige Stornierung an Stelle der Geltendmachung und Durchsetzung materiell-rechtlicher Ansprüche, keine Nachteile entstehen würden. Unter diesen Voraussetzungen stünde der Empfänger bei bestehender Stornierungsbefugnis der Bank nicht anders da als ohne Stornierungsbefugnis der Bank. Die Stornierung wäre dann auch für den Empfänger die einfachste Rückabwicklungsmethode, da er sich um die Rückabwicklung der Gutschrift nicht zu kümmern brauchte. Wäre dagegen der Empfänger in den Fällen eines

[26] Im Erg. ebenso Schlegelberger / Hefermehl Anh. § 365, Rdn. 94; v. Caemmerer JZ 1962, 385 (387); Canaris Anh. C nach § 357, Anm. 217; Meyer-Cording S. 100; Kiehnscherf S. 114; Schönle § 32 III.

nicht bestehenden oder nicht durchsetzbaren Aufwendungsersatzanspruchs der Bank nicht zur „Herausgabe“ der Gutschrift verpflichtet oder würden ihm durch die einseitige Gestaltungsbefugnis der Bank Nachteile entstehen, dann wären durch die Stornierungsbefugnis Interessen des Kunden verletzt und es müßte eine Interessenabwägung zwischen den gegensätzlichen Interessen von Bank und Empfänger stattfinden.

1. Anspruch der Bank gegen den Empfänger auf Rückgängigmachung der Gutschrift

Damit ist zunächst die Frage zu beantworten, ob die Bank bei nicht bestehendem oder nicht durchsetzbarem Aufwendungsersatzanspruch stets einen Anspruch auf Rückgängigmachung der Gutschrift hat.

Eine Unterscheidung zwischen Haus- und Kettenüberweisung ist hier nicht mehr erforderlich. Denn wie oben festgestellt wurde[27], besteht in den Fällen der Kettenüberweisung, in denen der Fehler bei der Auftraggeber-Bank oder in der Weisung des Auftraggebers an diese liegt, die Auftraggeber-Bank aber die Empfänger-Bank wirksam angewiesen hat, ein wirksamer und durchsetzbarer Aufwendungsersatzanspruch der Empfänger-Bank gegenüber der Auftraggeber-Bank, so daß ein Anspruch auf Rückgängigmachung der Gutschrift im Verhältnis Empfänger-Bank zu Empfänger nicht in Betracht kommt. Die anderen Fälle der Kettenüberweisung, in denen der Fehler bei der Empfänger-Bank bzw. in der Weisung der Auftraggeber-Bank an die Empfänger-Bank begründet ist, sind den Fällen der Hausüberweisung gleichzusetzen, da zwischen Auftraggeber und gutschreibender Bank bei der Hausüberweisung der gleiche selbständige Girovertrag besteht wie zwischen Auftraggeber-Bank und Empfänger-Bank bei der Kettenüberweisung. Lediglich zum Zweck der vereinfachten Darstellung wird den folgenden Ausführungen der Typ der Hausüberweisung zugrunde gelegt; die Ergebnisse können aber auf die zuletzt genannten Fälle der Kettenüberweisung entsprechend übertragen werden.

Als Anspruchsgrundlage für einen Anspruch der Bank auf Rückgängigmachung der Gutschrift, die ohne wirksamen oder durchsetzbaren Aufwendungsersatzanspruch erteilt wurde, kommt primär ein Anspruch aus ungerechtfertigter Bereicherung in Betracht. Andere Anspruchsgrundlagen greifen entweder von den Voraussetzungen her nicht ein oder sind in ihren Voraussetzungen enger als der Kondiktionsanspruch. Es wurde bereits oben[28] dargelegt, daß durch den Girovertrag kein genereller vertraglicher Anspruch der Bank begründet wird, eine versehentlich erteilte Gutschrift rückgängig zu machen. Ein Anspruch

---

[27] Vgl. oben Teil 2 B I 3.

[28] Vgl. oben Teil 1 B I.

der Bank auf Rückgängigmachung der Gutschrift ergibt sich auch nicht aus dem Gesichtspunkt des Wegfalls der Geschäftsgrundlage[29]. Zwar hat es von Caemmerer[30] als Geschäftsgrundlage der Gutschrift angesehen, daß der Gutschrift überhaupt eine Anweisung zu Grunde liege. Aber auch v. Caemmerer will bei Fehlen einer Weisung die Rückabwicklung nach Bereicherungsrecht vornehmen. Das ergibt sich abgesehen von dem Fehlen der übrigen Voraussetzungen eines Wegfalls der Geschäftsgrundlage schon aus der Subsidiarität dieser Lehre im Vergleich zu den gesetzlichen Rechtsbehelfen und damit auch zu Bereicherungsansprüchen[31]. Auch ein Anspruch aus Geschäftsführung ohne Auftrag kommt nicht in Betracht, da die Bank mit der Gutschrift nicht ein Geschäft des Empfängers tätigen will und es damit regelmäßig am Fremdgeschäftsführungswillen fehlt. Übrig bliebe damit nur ein Anspruch aus positiver Forderungsverletzung. Die Pflichtverletzung des Kunden kann darin bestehen, daß der Kunde die Richtigkeit der Gutschrift nicht anhand des Kontoauszuges kontrolliert hat und daher die Bank so stellen muß, wie sie ohne Pflichtverletzung gestanden hätte. Ohne diese Pflichtverletzung hätte die Bank die Gutschrift auf Grund der Benachrichtigung des Kunden sogleich rückgängig gemacht. Ohne auf diesen Anspruch schon jetzt im einzelnen einzugehen — dies wird weiter unten[32] noch eingehend erfolgen —, ist festzustellen, daß der Anspruch aus positiver Vertragsverletzung ein Verschulden des Empfängers voraussetzt und daher von den Voraussetzungen her enger als der verschuldensunabhängige Bereicherungsanspruch ist.

Daher wird im folgenden primär geprüft, ob der Bank im Fall des fehlenden oder nicht durchsetzbaren Aufwendungsersatzanspruchs ein Bereicherungsanspruch auf Rückabwicklung der erteilten Gutschrift zusteht. Die Meinungen in Literatur und Rechtsprechung zur Frage des Bereicherungsausgleichs bei fehlerhaften Banküberweisungen sind unübersehbar. Es würde den Rahmen dieser Arbeit sprengen, wenn die Vielzahl der Meinungen hier dargestellt und erörtert werden sollte. Eine solche Erörterung ist aber auch nicht erforderlich, da von wenigen Ausnahmen bei einigen speziellen Fällen bzgl. des Ergebnisses Einigkeit besteht und dieses Ergebnis für die hier zu beantwortende Frage, ob durch eine Stornierung Interessen des Kunden deshalb verletzt sind, weil der Kunde ohne eine Stornierungsbefugnis der Bank nicht zur „Herausgabe“ der Gutschrift verpflichtet wäre, entscheidend ist. Ausgangspunkt für die Frage des Bereicherungsausgleichs ist die

29 Canaris Anh. C zu § 357, Anm. 218; offengel. BGHZ 50, 227 (229).

30 v. Caemmerer JZ 1962, 385 (387); im Anschluß an Graumann S. 83, Wilburg S. 114.

31 Medicus Rdn. 151; Esser / Schmidt AT 1, § 24 I 3.

32 Vgl. Teil 2 B III 2.

Unterscheidung zwischen Leistungs- und Eingriffskondition anhand des Leistungsbegriffs der neueren Bereicherungslehre, wonach eine Leistung die bewußte und bezweckte Mehrung fremden Vermögens ist[33], sowie die dieser Lehre zugrundeliegenden Wertungskriterien. Auf dieser Basis werden die Ergebnisse der h. M. dargestellt, sowie eine eigene Meinung entwickelt, die dann anhand der Ergebnisse und der Wertungskriterien der herrschenden Meinung überprüft wird.

Dabei soll auch hier die oben[34] gewählte Einteilung der Fallgruppen beibehalten werden, wobei jedoch die beiden Untergruppen der Fallgruppe „Fehlen einer wirksamen Anweisung“ als selbständige Fallgruppe behandelt werden.

a) Fehlerhafte Ausführung eines fehlerfreien Überweisungsauftrages

Zu dieser Gruppe zählen die Fälle der Zuvielüberweisung, der Gutschrift an einen falschen Empfänger und die der Doppelbuchung. Der Fehler liegt in allen drei Fällen bei der gutschreibenden Bank, da ihr vom Auftraggeber ein wirksamer Überweisungsauftrag erteilt wurde, den sie jedoch nicht entsprechend der Weisung ausführt. Nach ganz h. M. hat die Bank hier einen Kondiktionsanspruch gegen den Empfänger der Gutschrift[35], der sich auf Einwilligung in die Aufhebung des mit der Gutschriftsbuchung zustandegekommenen abstrakten Schuldversprechensvertrages richtet.

aa) Abgrenzung zwischen Leistungs- und Eingriffskondiktion

Fraglich ist nur, um welche Art von Kondiktion es sich hier handelt. Der BGH hat diese Frage in einer neueren Entscheidung ausdrücklich offengelassen[36]. Überwiegend wird vertreten, es handele sich bei der Kondiktion zwischen Bank und Empfänger um eine Eingriffskondiktion[37]. Dies wird damit begründet, daß die Bank mit der Gutschrift zu Gunsten des Empfängers lediglich eine Leistung gegenüber dem Auftraggeber erbringen wolle, da die Bank mit der Gutschrift eine vermeintliche Weisung des Auftraggebers ausführen wolle[38].

---

[33] Grundlegend: von Caemmerer Festschrift f. Rabel I, 333 ff.; seit BGHZ 58, 184 (188) st. Rspr. Dagegen: Wilhelm JuS 1973, 1 ff.; Kupisch WM 1979, Sonderbeilage 3.

[34] Vgl. oben Teil 2 B I 2.

[35] BGH WM 1976, 708 (709); OLG Düsseldorf WM 1975, 875; LG Bielefeld WM 1970, 1072; Canaris Anh. C § 357, Anm. 222; Möschel JuS 1972, 297 (303); Schwark WM 1970, 1334 (1335); von Caemmerer JZ 1962, 385 (387); Lorenz JuS 1968, 441 (447); Schönle § 32 III; Schlegelberger / Hefermehl Anh. § 365, Rdn. 82.

[36] BGHZ 66, 372 (376); vgl. auch BGHZ 66, 362 (366).

[37] Schwark WM 1970, 1334 (1335); Möschel JuS 1972, 297 (303); Medicus Rdn. 677.

Diese Begründung erscheint nicht überzeugend. Sieht man als Leistung i. S. d. Bereicherungsrechts eine bewußte und zweckgerichtete Mehrung fremden Vermögens an, dann liegt in einer (fehlerhaften) Gutschrift auch eine Leistung der Bank an den Empfänger vor. Denn die Bank hat bei der Ausführung eines Überweisungsauftrages eine Doppelstellung, da sie sowohl mit dem Auftraggeber als auch mit dem Empfänger durch einen Girovertrag verbunden ist. Mit Ausführung des Überweisungsauftrages erfüllt die Bank daher zwei Verpflichtungen: Einmal erfüllt sie die vom Auftraggeber im Rahmen dessen Girovertrages erteilte Weisung, zum anderen erfüllt sie die von ihr im Girovertrag mit dem Empfänger übernommene Pflicht zur Gutschrift eingehender Beträge, wobei kraft Vereinbarung mit der Gutschrift der Herausgabeanspruch des Empfängers gem. §§ 675, 667 BGB erfüllt werden soll. Damit liegt objektiv sowohl eine Leistung gegenüber dem Auftraggeber als auch gegenüber dem Empfänger vor. Diese objektiv gegebene Leistung ist auch subjektiv im Bewußtsein der Beteiligten. Die Bank will in dem Bewußtsein ihrer Doppelstellung bei Ausführung einer Überweisung beiden Vertragspflichten nachkommen und damit eine Leistung sowohl gegenüber dem Auftraggeber als auch gegenüber dem Empfänger erbringen[39]. Aus der Sicht des Empfängers liegt in der erteilten Gutschrift ebenfalls nicht allein eine Leistung des Auftraggebers. Denn der Empfänger weiß auf Grund des bestehenden Girovertrages, daß die Bank nur bei wirksamer Anweisung aus der Geschäftsbesorgung etwas erlangt hat und damit zur Gutschrift verpflichtet ist, so daß der Empfänger als Zweck der Gutschrift die Ausführung einer bestehenden Weisung erkennt[40].

Das übersehen diejenigen, die hier eine Eingriffskondiktion bejahen. Der Fehler beruht darauf, daß die sog. Anweisungsfälle und insb. die Fälle der Durchlieferung einfach auf die Fälle der Banküberweisung übertragen werden, ohne dabei die Besonderheiten der Banküberweisung zu berücksichtigen. Ein solcher typischer Anweisungsfall liegt vor, wenn der Gläubiger G seinen Schuldner S anweist, die geschuldete Leistung an D in seiner Funktion als Gläubiger des G zu erbringen[41]. Weder objektiv noch subjektiv liegt hier in der Bewirkung der geschuldeten Leistung, z. B. einer Lieferung, im Verhältnis zwischen S und D eine bewußte und gewollte Mehrung fremden Vermögens, da zwischen S und D keine Beziehungen zu bestehen brauchen. Vielmehr erbringt S mit der Lieferung an D im berei-

---

[38] Larenz § 68 III c 2.

[39] Canaris BB 1972, 774 (775); ders. Festschrift für Larenz, 799 (859); Schlegelberger / Hefermehl Anh. § 365, Rdn. 77.

[40] Heimann-Trosien JR 1974, 286 (287).

[41] Vgl. z. B. Medicus Rdn. 671.

cherungsrechtlichen Sinne ausschließlich eine Leistung an G, da er nur ihm gegenüber verpflichtet ist. Auch aus der Sicht des Empfängers D stellt sich die Lieferung nicht als Leistung des S, den er häufig nicht kennt und mit dem er nichts zu tun zu haben braucht, sondern als Leistung des G. dar. Ein solcher typischer Anweisungsfall liegt aber bei einer Banküberweisung nicht vor; denn objektiv ist die Bank auch gegenüber dem Empfänger verpflichtet, und subjektiv weiß und erkennt der Empfänger, daß die Bank nur bei bestehender Anweisung zur Gutschrift verpflichtet ist. Daher ist im Gegensatz zu den Anweisungsfällen bei einer Gutschrift auf Grund fehlender Weisung die Kondiktion zwischen Bank und Empfänger nicht als Eingriffs- sondern als Leistungskondiktion anzusehen[42]. Gegen dieses Ergebnis wendet sich mit wenig überzeugenden Argumenten Hefermehl[43]. Zwar vertritt auch er die Ansicht, daß bei Zugrundelegung eines zweckgerichteten Leistungsbegriffs eine Leistung der Bank auch gegenüber dem Empfänger vorliege. Nach seiner Auffassung ist dieser Leistungszweck jedoch sekundär und müsse hinter den primären Leistungszweck zurücktreten, der darin liege, daß die Bank die vermeintliche Weisung des Auftraggebers erfülle. Eine solche Rangordnung zwischen mehreren Leistungszwecken ist dem Bereicherungsrecht jedoch fremd und allein schon deshalb abzulehnen, weil es keine Abgrenzungskriterien für die Bestimmung einer solchen Rangordnung gibt.

bb) Vereinbarkeit mit Wertungskriterien

Abgesehen davon ist eine Unterscheidung zwischen primärem und sekundärem Leistungsbegriff auch überflüssig, weil die hier bejahte Leistungskondiktion nicht in Widerspruch zu den für den Bereicherungsausgleich im Drei-Personenverhältnis entwickelten Wertungskriterien steht, auf Grund derer in den typischen Anweisungsfällen eine Kondiktion zwischen Angewiesenem und Empfänger abgelehnt wird.

Ein wichtiges, beim Bereicherungsausgleich im Drei-Personenverhältnis zu beachtendes Wertungskriterium besteht darin, daß das Insolvenzrisiko angemessen verteilt wird[44]. Bei den typischen Anweisungsfällen wird eine Direktkondiktion zwischen dem angewiesenen S und dem Begünstigten D auch deshalb verneint und soll der Bereicherungsausgleich in den Leistungsverhältnissen zwischen S und G so-

[42] BGB / RGRK / Heimann-Trosien § 812, Rdn. 27 m. w. N., im Ergebnis ebenso, allerdings nicht auf der Basis des hier zugrunde gelegten Leistungsbegriffs Kupisch WM 1979, Sonderbeilage 1, S. 18.

[43] Schlegelberger / Hefermehl Anh. § 365 Rdn. 77; ähnlich Koppensteiner / Kramer S. 46.

[44] Vgl. zu den Wertungskriterien Medicus Rdn. 667; Canaris Festschrift für Larenz, 799 (802); Larenz § 68 III.

wie G und D stattfinden, weil S nicht das Insolvenzrisiko für D tragen soll, mit dem er keinerlei Beziehungen hat. Bei der Überweisung dagegen greift dieses Kriterium nicht ein, da die angewiesene Bank und der begünstigte Empfänger durch den Girovertrag verbunden sind und es daher nicht unbillig erscheint, wenn die Bank das Insolvenzrisiko für den Empfänger als ihren Vertragspartner trägt.

Als weiteres Wertungskriterium ist zu beachten, daß dem Empfänger einer Leistung die Einwendungen aus dem Kausalverhältnis zu seinem Partner erhalten bleiben sollen[45]. Bei den typischen Anweisungsfällen wird daher eine Kondiktion zwischen dem angewiesenen S und dem Begünstigten D abgelehnt, weil D dem S nicht die Einwendungen entgegenhalten kann, die er G entgegenhalten könnte (Zurückbehaltungsrecht, Aufrechnung); der begünstigte D soll also geschützt werden. In den Fällen der Zuviel-, der Doppelüberweisung bzw. der Überweisung an den falschen Empfänger erscheint der Empfänger nicht schutzwürdig. In aller Regel konnte der Empfänger in diesen Fällen mit der Gutschrift nicht rechnen[46] und hatte der Empfänger keine Forderung gegen den Auftraggeber in Höhe des zuviel oder doppelt gutgeschriebenen Betrages.

Damit erscheint es sach- und interessengerecht, wenn der Ausgleich des zuviel oder doppelt oder zu Gunsten eines falschen Empfängers gutgeschriebenen Betrages zwischen der Bank und dem Empfänger erfolgt. Umgekehrt wäre eine Abwicklung zwischen der Bank und dem „Auftraggeber" und dem „Auftraggeber" und dem Empfänger dogmatisch zweifelhaft und auch nicht interessengerecht. Dogmatisch nicht unproblematisch ist es bereits, einen Anspruch der Bank gegen den Auftraggeber zu konstruieren. Ein Aufwendungsersatzanspruch kommt nicht in Betracht, da in Höhe des zuviel oder doppelt oder zu Gunsten des falschen Empfängers gutgeschriebenen Betrages eine wirksame Weisung fehlt[47]. Damit käme nur ein Bereicherungsanspruch in Betracht, wobei jedoch die Bereicherung des Auftraggebers problematisch ist. Selbst wenn ausnahmsweise in Höhe des zuviel oder doppelt überwiesenen Betrages eine Verbindlichkeit des „Auftraggebers" gegenüber dem Empfänger bestehen würde, könnte in diesem (Valuta-)Verhältnis keine Erfüllung und damit keine Bereicherung des Empfängers eintreten, da auch die Anhänger der Theorie von der realen Leistungsbewirkung[48] trotz Eintritt des geschuldeten Erfolges immer dann eine

---

[45] Vgl. Medicus Rdn. 667; Larenz § 68 III.

[46] Larenz § 68 III c 2.

[47] Schlegelberger / Hefermehl Anh. § 365, Rdn. 82; Larenz § 68 III c 2.

[48] Im Gegensatz zur Vertragstheorie, nach der zum Eintritt der Erfüllung neben der Bewirkung der geschuldeten Leistung ein gesonderter Vertrag erforderlich ist, in dem sich Schuldner und Gläubiger über die Tilgung des Schuldverhältnisses einigen, läßt die Theorie von der realen Leistungsbewir-

Erfüllungswirkung verneinen[49], wenn der Schuldner den Eintritt des Erfolges nicht wenigstens veranlaßt hat[50]. Hier aber hat der Auftraggeber die Überweisung des zuviel oder doppelt oder zu Gunsten des falschen Empfängers vorgenommenen Betrages nicht veranlaßt, so daß im Verhältnis zum Empfänger keine Erfüllung eintreten konnte und der Auftraggeber auch nicht durch Befreiung von seiner Verbindlichkeit gegenüber dem Empfänger bereichert ist.

Eine Bereicherung des Auftraggebers könnte dann nur noch darin bestehen, daß der Auftraggeber einen Kondiktionsanspruch gegen den Empfänger erlangt hätte. Dies würde allerdings voraussetzen, daß man die fehlerhafte Gutschrift als eine Leistung des Auftraggebers an den Empfänger werten müßte. Dies würde aber dem Grundsatz widersprechen, daß nur derjenige als Leistender angesehen werden kann, der den eingetretenen Erfolg zumindest veranlaßt hat[51], was für den Auftraggeber bzgl. des zuviel oder doppelt oder zu Gunsten des falschen Empfängers gutgeschriebenen Betrages nicht zutrifft. Damit besteht schon kein Anspruch der Bank gegen den Auftraggeber, geschweige denn ein Anspruch des Auftraggebers gegen den Empfänger. Im übrigen wäre ein solcher Ausgleich auch nicht interessengerecht, weil dann der Auftraggeber das Insolvenzrisiko des Empfängers trüge, obwohl der Fehler, der zu der rückabzuwickelnden Gutschrift führte, allein bei der Bank lag.

Im Ergebnis bleibt es somit dabei, daß die Bank einen Kondiktionsanspruch gegen den Empfänger hat, der Empfänger also jedenfalls in den Fällen der Zuvielüberweisung, der Doppelüberweisung oder der Überweisung zu Gunsten eines falschen Empfängers zur „Herausgabe" der Gutschrift verpflichtet ist.

b) Fehlerfreie Ausführung eines fehlerhaften Überweisungsauftrages

Bei den im Rahmen dieser Fallgruppe zu behandelnden Fällen beruht die fehlerhafte Erteilung der Gutschrift nicht allein auf einem Versehen der Bank; vielmehr ist die Fehlerquelle eine Stufe früher angesiedelt, da die Bank die Gutschrift auf Grund eines ihr nicht wirksam erteilten Überweisungsauftrages vornimmt. Im Gegensatz zur obigen

---

kung zum Eintritt der Erfüllung das Bewirken der geschuldeten Leistung ausreichen, sofern eine Tilgungsbestimmung (Zweckbestimmung) vorliegt. Soergel / Schmidt Vor § 362 Bem. 5; MünchKomm / Heinrichs § 362 Rdn. 10; Beuthien S. 291; Larenz SAT § 26, I; BGB / RGRK / Weber § 362, Anm. 5; Putzo S. 160; zur Vertragstheorie: Weitnauer NJW 1974, 1729 f.; Erman / H. P. Westermann § 362, Rdz. 2.

[49] Nach der Vertragstheorie liegt ohnehin keine Erfüllung vor.

[50] Vgl. Putzo S. 166, 199; Beuthien S. 291; MünchKomm / Heinrichs a. a. O.

[51] Larenz § 68 III c.

Fallgruppe können die einzelnen Fälle dieser Gruppe nicht zusammengefaßt werden; denn sowohl bzgl. des Ergebnisses als auch bzgl. der Begründung gehen die Meinungen zum Teil stark auseinander, so daß eine differenzierende Betrachtungsweise erforderlich ist.

aa) Fälschungsfälle

Weitgehende Übereinstimmung bzgl. des Ergebnisses besteht in den sog. Fälschungsfällen, bei denen also der Überweisungsauftrag, auf Grund dessen die Bank die Gutschrift erteilt, gefälscht worden ist.

(1) Kondiktion zwischen Bank und Empfänger

Nach ganz herrschender Meinung hat die Bank hier einen Kondiktionsanspruch gegen den Empfänger[52]. Nach überwiegender Meinung handelt es sich auch hier um einen Anspruch aus Eingriffskondiktion, da eine Zweckbestimmung bei Erteilung der Gutschrift nur im Verhältnis zwischen Bank und vermeintlichem Auftraggeber, nicht aber gleichzeitig auch im Verhältnis zwischen Bank und Empfänger vorliege.

Dem kann auch hier nicht gefolgt werden. Denn auch bei der gefälschten Überweisung will die Bank nicht nur ihre vermeintlich gegenüber dem Auftraggeber bestehende Verpflichtung zur Durchführung der Überweisung, sondern zugleich auch ihre vermeintlich gegenüber dem Empfänger bestehende Pflicht zur Erteilung der Gutschrift erfüllen, so daß auch hier von einer Leistungskondiktion zwischen Bank und Empfänger auszugehen ist[53].

(2) Übereinstimmung mit den Wertungskriterien

Die Überprüfung des Ergebnisses ergibt, daß die dem Bereicherungsausgleich im Dreipersonenverhältnis zugrundeliegenden Wertungen nicht verletzt sind, daß aber umgekehrt eine Doppelkondiktion zu unbilligen Ergebnissen führen würde. Auch hier erscheint es nicht unbillig, daß die Bank das Insolvenzrisiko des Empfängers trägt, da sie dem Empfänger durch den Girovertrag verbunden ist und damit nicht der Grundsatz verletzt ist, daß jeder nur das Insolvenzrisiko seines Vertragspartners tragen soll, da er sich diesen selbst aussuchen konnte. Die Bank steht dem Auftraggeber nicht „näher“ als dem Empfänger. Zwar wird dem Empfänger dadurch, daß er Kondiktionsschuldner der Bank ist, die Möglichkeit genommen, Einwendungen, die er im Ver-

---

[52] Canaris Anh. C nach § 357, Anm. 222; ders. BB 1972, 774 (778); Soergel / Mühl § 812, Rdz. 61; Meyer-Cording S. 104; von Caemmerer JZ 1962, 385 (387); Schönle § 32 III; Schwark WM 1970, 1334 (1335); Möschel JuS 1972, 297 (302); Putzo S. 201; Medicus Rdn. 677; Schlegelberger / Hefermehl Anh. § 365, Rdn. 85; Koppensteiner / Kramer S. 46 ff.; Planck § 783, 4; Oertmann § 783, 4; a. A. Pfister JR 1969, 47 (49).

[53] BGB / RGRK / Heimann-Trosien § 812, Rdn. 27.

hältnis zum vermeintlichen Auftraggeber der Überweisung hatte, geltend zu machen. Aber der Empfänger erscheint insoweit nicht schutzwürdig. Denn es ist mehr als unwahrscheinlich, daß der Empfänger eines gefälschten Überweisungsauftrages gutgläubig ist und dazu noch z. B. ein Zurückbehaltungsrecht oder eine Aufrechnungsmöglichkeit gegenüber dem vermeintlichen Auftraggeber hat[54]. In aller Regel werden Fälschungen zu Gunsten des eigenen oder zumindest zu Gunsten des Kontos eines „Mitwissers“ vorgenommen. Dann aber ist der Empfänger nicht schutzwürdig.

Dagegen erschiene eine Rückabwicklung der fehlerhaften Gutschrift auf dem Wege zwischen der Bank und dem Auftraggeber einerseits und dem Auftraggeber und dem Empfänger andererseits nicht interessengerecht. Da die Bank mangels Bestehens einer wirksamen Weisung keinen Aufwendungsersatzanspruch gegen den vermeintlichen Auftraggeber hat, käme konstruktiv als Anspruch der Bank gegenüber dem Auftraggeber nur ein Bereicherungsanspruch in Betracht. Eine Bereicherung des Auftraggebers würde voraussetzen, daß man entweder für den seltenen Fall, daß tatsächlich eine Verbindlichkeit des vermeintlichen Auftraggebers gegenüber dem Empfänger bestand, in diesem (Valuta-)Verhältnis auf Grund der auf einem gefälschten Überweisungsauftrag beruhenden Gutschrift Erfüllung eintreten ließe, oder daß man mit der Erteilung der fehlerhaften Gutschrift eine Leistung des vermeintlichen Auftraggebers gegenüber dem Empfänger annähme[55], so daß die Bereicherung des Auftraggebers in der Erlangung eines Kondiktionsanspruchs gegen den Empfänger läge. Beides, sowohl der Eintritt der Erfüllung als auch das Vorliegen einer Leistung im Verhältnis zwischen Auftraggeber und Empfänger, scheitern jedoch daran, daß der vermeintliche Auftraggeber die Überweisung nicht veranlaßt hat, sie ihm also nicht zugerechnet werden kann. Daher scheidet eine Doppelkondiktion schon aus konstruktiven Gründen aus. Darüber hinaus wäre sie unbillig, da der Auftraggeber das Insolvenzrisiko für den Empfänger tragen müßte, obwohl er einer Täuschung erlegen war.

Damit erweist sich auch bei einer gefälschten Überweisung die Rückabwicklung zwischen Bank und Empfänger als sach- und interessengerechte Lösung.

bb) Vertreter ohne Vertretungsmacht

Das gleiche gilt bzgl. der Begründung und des Ergebnisses für die Fälle, in denen ein Vertreter ohne Vertretungsmacht den Überweisungsauftrag erteilt hat. Auch hier steht der Bank ein Kondiktionsanspruch

---

[54] Möschel JuS 1972, 297 (302); Meyer-Cording S. 103/4.

[55] So aber Pfister JR 1969, 47 (49).

gegen den Empfänger zu[56], wobei es sich nach der hier vertretenen Auffassung um eine Leistungskondiktion handelt.

Dem vermeintlichen Auftraggeber kann die Überweisung mangels Veranlassung nicht zugerechnet werden. Denn hätte der vermeintliche Auftraggeber die Überweisung veranlaßt, dann läge in den meisten Fällen wegen Eingreifens der Grundsätze der Duldungs- und Anscheinsvollmacht schon kein Handeln ohne Vertretungsmacht vor. Da eine Veranlassung seitens des vermeintlichen Auftraggebers fehlt, kommt eine andere Rückabwicklung als zwischen Bank und Empfänger nicht in Betracht; denn der vermeintliche Auftraggeber haftet weder auf Aufwendungsersatz, da es an einer wirksamen Weisung fehlt noch aus dem Gesichtspunkt der ungerechtfertigten Bereicherung, da ihm die Erteilung der Gutschrift weder als Erfüllungshandlung im Fall einer evtl. bestehenden Valutaverbindlichkeit gegenüber dem Empfänger noch als bereicherungsrechtliche Leistung zugerechnet werden kann.

cc) Anfängliche Nichtigkeit des Überweisungsauftrages

Im Gegensatz zu den bisher behandelten Fällen ist die Rückabwicklung einer Gutschrift, die auf Grund eines von Anfang an nichtigen Überweisungsauftrages erteilt wurde, umstritten. Zur Darstellung des Meinungsstandes und der hinter den Entscheidungen stehenden Wertungen soll von dem Beispiel ausgegangen werden, daß ein Geschäftsunfähiger seiner Bank einen Überweisungsauftrag erteilt, den die Bank irrtümlich ausführt.

(1) Meinungsstand

Teilweise wird hier eine Kondiktion zwischen der Bank und dem Empfänger verneint[57]. Putzo begründet dies in erster Linie damit, daß im Verhältnis zwischen Bank und Empfänger nur eine Eingriffskondiktion in Betracht komme, die jedoch hier ausgeschlossen sei, da im Verhältnis zwischen Auftraggeber und Empfänger eine Leistung vorliege. Dadurch sei eine zwischen Auftraggeber und Empfänger bestehende Valutaschuld erfüllt, so daß der Auftraggeber durch eine Leistung der Bank bereichert sei. Putzo sieht die Valutaschuld trotz nichtigen Überweisungsauftrags als erfüllt an, da es nach der Theorie von der realen Leistungsbewirkung zum Eintritt der Erfüllung nur darauf ankomme, daß die geschuldete Leistung bewirkt werde und daß die Bewirkung jedenfalls auf Veranlassung, d. h. auf Grund eines „natürlichen Leistungsbewußtseins“ erfolge, was im Falle der Geschäftsunfähigkeit im Unterschied zu den bisher behandelten Fällen des gefälschten bzw.

---

[56] Canaris Anh. C § 357, Anm. 222; Schlegelberger / Hefermehl Anh. § 365, Rdn. 87; Putzo S. 201.

[57] Möschel JuS 1972, 297 (301); Putzo S. 173 f.; Ulmer AcP 126, 129 (166).

von einem Vertreter ohne Vertretungsmacht ausgestellten Überweisungsauftrages der Fall sei.

Möschel lehnt eine Kondiktion zwischen Bank und Empfänger ab, da die Fehlerhaftigkeit der Gutschrift auf dem Überweisungsauftrag beruhe, und damit ein Risiko des Vertragspartners dieses Überweisungsauftrages, des Auftraggebers, sei, so daß auch in diesem Verhältnis die Rückabwicklung zu erfolgen habe.

Dagegen will die wohl herrschende Meinung der Bank nach Durchführung des nichtigen Überweisungsauftrages einen Bereicherungsanspruch gegen den Empfänger geben[58].

Während von Caemmerer davon spricht, daß das Bestehen einer gültigen Anweisung als „Geschäftsgrundlage" für die Erteilung der Gutschrift anzusehen sei, verweist Canaris[59] zur Begründung darauf, daß der Empfänger nicht schutzwürdig sei, da ein Mangel des eigenen Erwerbs vorliege.

Der herrschenden Meinung ist im Ergebnis zuzustimmen, wobei es sich jedoch im Gegensatz zu den meisten Autoren und in Übereinstimmung mit von Caemmerer und Heimann-Trosien um einen Anspruch aus Leistungskondiktion handelt. Zur Begründung, warum hier statt der Eingriffskondiktion eine Leistungskondiktion vorliegt, kann auf das oben Gesagte verwiesen werden[60].

(2) Vereinbarkeit mit den Wertungskriterien

Bei der Überprüfung der Frage, ob eine Kondiktion zwischen Bank und Empfänger mit den dem Bereicherungsausgleich im Dreipersonenverhältnis zugrundeliegenden Wertungskriterien vereinbar ist, stellt sich die Lage etwas anders dar als in den zuvor behandelten Fällen. Zwar ist auch hier nicht der Grundsatz verletzt, daß niemand das Insolvenzrisiko für jemanden tragen soll, den er sich nicht selbst als Vertragspartner ausgesucht hat, da Bank und Empfänger in Vertragsbeziehungen stehen. Anders als in den zuvor behandelten Fällen ist es jedoch hier fraglich, ob man nicht den Empfänger benachteiligt, wenn man ihm durch die Bejahung einer Kondiktion zwischen Bank und ihm die Möglichkeit nimmt, seine Einwendungen, die ihm gegenüber dem geschäftsunfähigen Auftraggeber zustanden, geltend zu machen. Dabei ist in erster Linie an Zurückbehaltungsrechte oder Aufrechnungsmöglichkeiten zu denken.

---

[58] RGZ 86, 343 (348); von Caemmerer JZ 1962, 385 (387); Canaris BB 1972, 774 (777); ders. Festschrift für Larenz, S. 801; Schlegelberger / Hefermehl Anh. § 365, Rdn. 89; Schwark WM 1970, 1134 (1135); Lorenz JuS 1968, 441 (448); BGB / RGRK / Heimann-Trosien § 812, Rdn. 27.

[59] Canaris Anh. C § 357, Anm. 222.

[60] Vgl. oben Teil 2 B II 1 a aa.

Im Gegensatz zu den Fälschungsfällen kann hier nicht ohne weiteres davon ausgegangen werden, daß diese Interessen des Empfängers nicht schutzwürdig sind, da es nicht unwahrscheinlich ist, daß der Empfänger gutgläubig ist und im Valutaverhältnis zwischen ihm und dem geschäftsunfähigen Auftraggeber eine Verbindlichkeit besteht. Diese Interessen des Empfängers sprechen also gegen die Zulässigkeit einer Kondiktion zwischen Bank und Empfänger.

Jedoch dürfen nicht einseitig die Interessen des Empfängers betrachtet werden. Vielmehr muß man sich fragen, ob im Fall einer anderen Rückabwicklung, d. h. bei einer Rückabwicklung zwischen der Bank und dem Auftraggeber einerseits und dem Auftraggeber und dem Empfänger andererseits, nicht Interessen des Auftraggebers verletzt werden, hinter die die Interessen des Empfängers zurücktreten müssen.

Da die Bank dem Auftraggeber wegen Unwirksamkeit der Weisung die erteilte Gutschrift nicht in Rechnung stellen kann[61], also keinen Aufwendungsersatzanspruch hat, kämen konstruktiv für eine solche Doppelrückabwicklung nur Bereicherungsansprüche in Betracht, wobei die Bereicherung des Auftraggebers nur in der Erfüllung einer Valutaverbindlichkeit gegenüber dem Empfänger (dann schiede eine weitere Kondiktion zwischen dem Auftraggeber und dem Empfänger aus) oder in der Erlangung eines Bereicherungsanspruchs gegen den Empfänger bestehen könnte. Beide Alternativen einer Bereicherung des Auftraggebers würden konstruktiv voraussetzen, daß dem geschäftsunfähigen Auftraggeber die auf Grund nichtigen Überweisungsauftrages erteilte Gutschrift zugerechnet werden kann, sei es als Erfüllungshandlung, sei es als Leistung im bereicherungsrechtlichen Sinn. Selbst wenn aber eine solche Rückabwicklung zwischen der Bank und demAuftraggeber möglich wäre, und dem geschäftsunfähigen Auftraggeber die Gutschrift zugerechnet werden könnte, dann würden dadurch Interessen des Auftraggebers verletzt. Denn möglicherweise hatte der geschäftsunfähige Auftraggeber noch ein Zurückbehaltungsrecht oder eine Aufrechnungsmöglichkeit gegenüber dem Empfänger oder war er nicht zur Vorleistung verpflichtet[62]. Hinzu käme, daß der Auftraggeber das Insolvenzrisiko des Empfängers zu tragen hätte.

Damit ergibt sich, daß bei Bejahung einer Kondiktion zwischen Bank und Empfänger Einwendungsmöglichkeiten des Empfängers abgeschnitten wären, während bei einer Kondiktion zwischen Bank und Auftraggeber Interessen des Auftraggebers verletzt würden, indem ihm das Gegenrechtsrisiko und das Insolvenzrisiko auferlegt wird. Die Abwägung zwischen beiden Alternativen muß hier zu Gunsten des

---

[61] So zu Recht Larenz § 68 III c 2; a. A. Möschel JuS 1972, 297 (301).

[62] Larenz § 68 III c 2; BGHZ 48, 70 ff., wo diese Argumente als beachtlich bezeichnet werden; vgl. auch Koppensteiner / Kramer S. 46 f.

Auftraggebers ausgehen; denn es ist ein anerkannter Grundsatz, daß die Interessen eines Geschäftsunfähigen den Verkehrs- bzw. Bestandsschutzinteressen anderer vorgehen.

Damit verstößt die oben bejahte Kondiktionsmöglichkeit der Bank gegenüber dem Empfänger nicht gegen allgemeine Wertungskriterien, da der Auftraggeber bzgl. seines Interesses, das Gegenrechtsrisiko bzw. das Insolvenzrisiko zu tragen, schutzwürdiger ist als der Empfänger.

Entsprechend dieser Wertung wird auch dogmatisch dem geschäftsunfähigen Auftraggeber die Gutschrift nicht zugerechnet. Entgegen Putzo tritt auch nach der Theorie von der realen Leistungsbewirkung keine Erfüllung ein, wenn zwischen dem geschäftsunfähigen Auftraggeber und dem Empfänger eine wirksame Verbindlichkeit bestand. Die Theorie von der realen Leistungsbewirkung besagt nur, daß neben der Leistungshandlung nicht noch ein gesonderter Erfüllungsvertrag erforderlich ist, so daß für den Fall, daß die Leistungshandlung in Form tatsächlicher Handlungen zu erbringen ist (z. B. Haareschneiden, Gartenarbeiten) auch ein Geschäftsunfähiger eine wirksam begründete Schuld erfüllen kann[63]. Ist dagegen die Leistungshandlung selbst rechtsgeschäftlicher Art (z. B. Übereignung), dann ist selbstverständlich auch nach der Theorie von der realen Leistungsbewirkung Geschäftsfähigkeit des Schuldners zum Eintritt der Erfüllung erforderlich[64]. Besteht die geschuldete Leistungshandlung in der Überweisung eines bestimmten Geldbetrages, dann ist diese Leistungshandlung aufgespalten in eine Handlung des Schuldners und eine Handlung der Bank. Dabei besteht die Handlung des Schuldners in der Beauftragung der Bank, d. h. in der Erteilung einer wirksamen Weisung i. S. d. § 665 BGB. Diese Leistungshandlung ist rechtsgeschäftlicher Natur, so daß Erfüllung der Schuld nur bei Geschäftsfähigkeit des Schuldners eintritt. Demgegenüber kann man nicht einwenden, der Eintritt der Erfüllung erfolge allein durch die Gutschrift der Bank und diese sei unabhängig von Willensmängeln des Auftraggebers[65]. Denn die Bank ist nur bei Vorliegen einer wirksamen Weisung seitens des Auftraggebers zur Gutschrift verpflichtet. Das heißt, bei Vorliegen eines wegen Geschäftsunfähigkeit nichtigen Überweisungsauftrages darf und braucht die Bank keine Gutschrift erteilen. Damit ist die Gutschrift und somit die Erfüllungshandlung doch abhängig von Willensmängeln des Auftraggebers. Es wäre ein kurioses Ergebnis, wenn man den Empfänger durch eine pflichtwidrige und irrtümliche Handlung privilegieren würde. Dies geschähe, wenn man den Eintritt der Erfüllung im Valutaverhältnis für den Fall bejahen würde, daß die Bank irrtümlich einen nichtigen Überweisungsauftrag ausführt,

[63] BGB / RGRK / Weber § 362, Rdn. 5; Soergel / Schmidt Vor § 362, Rdn. 5.

[64] BGB / RGRK / Weber § 362, Rdn. 5.

[65] So aber Möschel JuS 1972, 297 (302); Putzo S. 159.

während sie ohne den Irrtum auf Grund der Nichtigkeit des Überweisungsauftrages keine Gutschrift erteilt hätte.

Damit bewirkt eine trotz nichtigen Überweisungsauftrages erteilte Gutschrift keinen Eintritt der Erfüllung im Valutaverhältnis zwischen geschäftsunfähigem Auftraggeber und Empfänger. Dadurch ist der Empfänger im Vergleich zur Bargeldzahlung auch nicht schlechter gestellt, da auch die Bargeldzahlung eine rechtsgeschäftliche Erfüllungshandlung ist, so daß bei Geschäftsfähigkeit des Schuldners keine Erfüllung eintritt.

Damit kann die Gutschrift dem geschäftsunfähigen Auftraggeber jedenfalls nicht unter dem Aspekt zugerechnet werden, daß eine ggf. im Valutaverhältnis zwischen dem geschäftsunfähigen Auftraggeber und dem Empfänger bestehende Verbindlichkeit durch die Gutschrift erfüllt ist. Nach zutreffender Ansicht der herrschenden Meinung kann die Gutschrift der Bank dem geschäftsunfähigen Auftraggeber auch nicht als seine Leistung gegenüber dem Empfänger zugerechnet werden. Denn der Auftraggeber könnte nur dann als Leistender anzusehen sein, wenn er die Gutschrift veranlaßt hat; da diese Veranlassung als rechtsgeschäftsähnliche Handlung angesehen wird[66], kann dem geschäftsunfähigen Auftraggeber der Umstand, daß er den nichtigen Überweisungsauftrag erteilt hat, nicht als Veranlassung zugerechnet werden. Damit liegt in der Gutschrift durch die Bank keine Leistung des Auftraggebers gegenüber dem Empfänger, so daß der Auftraggeber nicht durch einen Kondiktionsanspruch gegen den Empfänger bereichert ist, und auch insoweit eine Zurechnung der Gutschrift entfällt[67]. Damit verstößt die Bejahung einer Kondiktion zwischen Bank und Empfänger weder gegen die Wertungskriterien noch gegen die dogmatischen Grundsätze des Bereicherungsrechtes.

Das Ergebnis, d. h. die Möglichkeit der Bank, bei nichtigem Überweisungsauftrag direkt beim Empfänger zu kondizieren, wird bestätigt durch die Regelung in Ziff. 23 AGB. Danach trägt der Kunde den Schaden, der daraus entsteht, daß die Bank von einem eintretenden Mangel in der Geschäftsfähigkeit des Kunden keine Kenntnis erlangt. Mit dieser wirksamen[68] Klausel verschafft die Bank sich eine Anspruchsgrundlage, derer es nicht bedurft hätte, wenn auf Grund der beim Auftraggeber eingetretenen Bereicherung, sei es durch Erfüllung einer Schuld im Valutaverhältnis, sei es durch Erlangung eines Bereicherungsanspruchs

---

[66] Vgl. Canaris BB 1972, 774 (777) („Fehlen einer wirksamen Zweckbestimmung“).

[67] So im Erg. Larenz § 68 III c 2; Canaris Festschrift für Larenz, S. 824 ff.; Koppensteiner / Kramer S. 47 ff.; Wilhelm AcP 175, 304 (316).

[68] BGHZ 52, 61 (63); BGH NJW 1974, 1001.

gegen den Empfänger, bereits ein Bereicherungsanspruch der Bank gegen den Auftraggeber bestünde.

dd) Übersehener Widerruf

Umstritten ist die bereicherungsrechtliche Rückabwicklung auch in den Fällen des übersehenen Widerrufs. Hier hat der Auftraggeber von seinem Recht Gebrauch gemacht, den der Bank erteilten Überweisungsauftrag bis zur Gutschrift widerrufen zu können[69]. Die Bank hat den Widerruf jedoch übersehen und dem Empfänger die Gutschrift erteilt. Zusammen mit dieser Gruppe können die Fälle behandelt werden, in denen der Auftraggeber den anfänglich wirksamen Überweisungsauftrag vor Erteilung der Gutschrift angefochten hat. Denn im Ergebnis ist es gleichgültig, ob der Überweisungsauftrag widerrufen oder angefochten wird, da in beiden Fällen zunächst ein wirksamer Überweisungsauftrag vorlag, der jedoch mit ex-tunc-Wirkung wieder entfällt. In der Praxis spielen die Fälle der Anfechtung des Überweisungsauftrages vor Gutschriftserteilung keine Rolle, da die Widerrufsmöglichkeit im Gegensatz zur Anfechtung nicht an Voraussetzungen gebunden ist und daher praktikabler ist.

(1) Meinungsstand

Teilweise wird eine Kondiktion zwischen Bank und Empfänger abgelehnt[70]. Auch der BGH hat in einer Entscheidung, die allerdings nicht den Fall des übersehenen Widerrufs eines Überweisungsauftrages, sondern den der übersehenen Schecksperre betraf, die Möglichkeit einer Direktkondiktion verneint[71]. Der BGH beruft sich darauf, daß durch den einmal wirksam erteilten Überweisungsauftrag die Leistungsbeziehungen endgültig festgelegt seien. Danach wolle die Bank bei Erteilung der Gutschrift lediglich eine Leistung gegenüber dem Auftraggeber erbringen. Daran ändere ein Widerruf nichts. Außerdem fordere auch das Interesse der Allgemeinheit am ungehinderten Ablauf des bargeldlosen Zahlungsverkehrs, daß die Bank eine Gutschrift, die sie trotz rechtzeitigen Widerrufs erteilt habe, nicht vom Empfänger kondizieren könne[72].

Diese Entscheidung des BGH wird von der herrschenden Meinung jedenfalls für den Fall des übersehenen Überweisungswiderrufs abgelehnt[73]. Den Kritikern des BGH ist zuzustimmen. Zwar ist es richtig,

---

[69] BGHZ 6, 121 (124); Schönle § 32 II 2.

[70] Möschel JuS 1972, 297 (301); Schoele S. 335; Schwark WM 1970, 1334 (1335); von Caemmerer JZ 1962, 385 (387); Putzo S. 176 ff.

[71] BGHZ 61, 289 (293).

[72] BGHZ 61, 289 (294).

[73] Heimann-Trosien JR 1974, 293 f. (Urteilsanmerkung); Wilhelm AcP 175, 304 ff.; OLG Düsseldorf NJW 1974, 1001/1826 m. Anm. Struss; Canaris Anh. C.

daß der Widerruf an den ursprünglich, d. h. bis zum Widerruf, bestehenden Leistungsverhältnissen nichts ändert. Aber der BGH verkennt, daß zwischen Bank und Empfänger ein Girovertrag besteht, auf Grund dessen die Bank bis zum Widerruf verpflichtet war, dem Empfänger Gutschrift zu erteilen. Daher ist es nicht richtig, wenn der BGH einseitig auf das Giroverhältnis zwischen Bank und Auftraggeber abstellt und nur diesen Girovertrag für die Festlegung der Leistungsbeziehungen heranzieht, um aufgetretene Fehler in diesem Verhältnis zwischen Bank und Auftraggeber rückabzuwickeln. Aus der Doppelstellung der Bank ergibt sich, daß das Übersehen des Widerrufs sowohl ein Fehler im Hinblick auf das Giroverhältnis zum Auftraggeber ist — die Bank durfte wegen des rechtzeitigen Widerrufs die Überweisung nicht ausführen — als auch ein Fehler in bezug auf das Giroverhältnis mit dem Empfänger, denn die Bank hat wegen des Widerrufs nichts erlangt (§§ 667, 675 BGB), so daß ein Anspruch des Empfängers auf Gutschrift nicht bestand. Da der Empfänger als Zweck der Gutschrift regelmäßig auch die Ausführung einer bestehenden Weisung ansieht[74], ist hier ein Anspruch der Bank gegen den Empfänger aus Leistungskondiktion zu bejahen.

(2) Vereinbarkeit mit den Wertungskriterien

Auch hier ist das Ergebnis daraufhin zu überprüfen, ob nicht die dem Bereicherungsausgleich im Dreipersonenverhältnis zu Grunde liegenden Wertungskriterien verletzt sind. Dabei ist in erster Linie zu beachten, daß der Empfänger mit dem Gegenrechtsrisiko belastet wird. Durch die Kondiktionsmöglichkeit der Bank gegenüber dem Empfänger wird diesem die Möglichkeit genommen, ihm ggf. aus einem Schuldverhältnis mit dem Auftraggeber zustehende Einwendungen geltend zu machen, was bei Anwendung der Doppelkondiktion zwischen Bank und Auftraggeber einerseits und Auftraggeber und Empfänger andererseits möglich wäre. Damit ist der Grundsatz, wonach niemandem Einwendungen gegenüber seinem jeweiligen Vertragspartner abgeschnitten werden sollen, verletzt.

Auf der anderen Seite würden bei Anwendung der Doppelkondiktion Interessen des Auftraggebers verletzt. Würde man ihn einer Kondiktion der Bank aussetzen und ihn damit auf eine Kondiktion gegen den Empfänger verweisen bzw. bei bestehender Valutaverbindlichkeit durch die Gutschrift einen Eintritt der Erfüllung annehmen, dann wären dem Auftraggeber die Möglichkeiten, gegenüber der Forderung des Empfängers Einreden oder Einwendungen geltend zu machen, abgeschnitten;

---

§ 357, Anm. 224; Schlegelberger / Hefermehl Anh. § 365, Rdn. 88; Larenz § 68 III c 2; die beiden letzten differenzierend zwischen übersehenem Überweisungswiderruf und übersehener Schecksperre.

[74] Heimann-Trosien JR 1974, 293 (294).

diese Gegenrechte werden regelmäßig der Grund für den Widerruf des anfänglich erteilten Überweisungsauftrages gewesen sein.

Im Rahmen der Wertung muß zwischen diesen Interessen abgewogen werden. Die Abwägung ist hier schwieriger als in den zuvor behandelten Fällen der Geschäftsunfähigkeit des Auftraggebers, wo die Interessen des Empfängers hinter die Interessen des geschäftsunfähigen Auftraggebers zurückzutreten hatten; denn in den Fällen des übersehenen Widerrufs eines Überweisungsauftrages ist weder der Empfänger noch der Auftraggeber in besonderem Maße schutzwürdig (wie oben der geschäftsunfähige Auftraggeber). Dennoch ist auch hier den Interessen des Auftraggebers der Vorrang zu geben. Denn aus der Sicht des Empfängers stellt sich der Fall des übersehenen Widerrufs nicht anders dar, als die Fälle der Fälschung oder des von Anfang an nichtigen Überweisungsauftrages. Der Empfänger weiß nicht, ob der Überweisungsauftrag von Anfang an unwirksam war oder ob er erst durch einen späteren Widerruf wieder entfallen ist. Daher wird zu Recht darauf hingewiesen[75], daß Wertungswidersprüche bestünden, wenn man der Bank einmal die direkte Kondiktion gestatten, hier eine solche aber ablehnen würde. Als Bankkunde weiß der Empfänger auch, daß die Bank einen Widerruf vor der Gutschriftserteilung zu beachten hat, so daß er nicht darin schutzwürdig ist, durch den in dem Übersehen des Widerrufs liegenden Irrtum der Bank einen Vorteil zu erlangen. Ein solcher Vorteil bestünde aber, wenn der Empfänger bei einer Inanspruchnahme durch den Auftraggeber diesem Einwendungen entgegenhalten könnte.

Daneben hat Canaris[76] auf einen weiteren Umstand hingewiesen, der es rechtfertigt, dem Empfänger das Gegenrechtsrisiko zuzuweisen und ihn einer Kondiktion der Bank auszusetzen.

Bei einem Vergleich mit der Übereignung von Sachgeld stellt sich heraus, daß hier das Konkursrisiko anders verteilt ist, als es bei Bejahung der Doppelkondiktion der Fall wäre. Im Fall der Übereignung von Sachgeld würde ein rechtzeitiger, d. h. vor der Übereignung erfolgter Widerruf, der z. B. in der Entziehung der dem übereignenden Stellvertreter zunächst erteilten Vertretungsmacht liegen kann, die Übereignung unwirksam machen und dem Auftraggeber ein Aussonderungsrecht gem. § 23, II KO geben, und zwar auch noch nach Vermengung des Geldes, da § 947, II BGB bei der Vermischung von Geld nicht eingreift[77]. Bei Bejahung der Doppelkondiktion bliebe dem Auftraggeber dagegen nur die Konkursquote. Dieses Ergebnis, daß das

---

[75] Heimann-Trosien JR 1974, 293 (294); Schlegelberger / Hefermehl Anh. § 365, Rdn. 88.

[76] Canaris Anh. C nach § 357, Anm. 224.

[77] Baur § 53 a III 2 b.

Geld trotz rechtzeitigem Widerruf in die Konkursmasse des Empfängers fällt, läßt sich dadurch vermeiden, daß die Bank einen Kondiktionsanspruch gegen den Empfänger hat, mit dem sie gegen den Anspruch des Empfängers aus der Gutschrift aufrechnen kann; denn mangels Eingreifen der Ausnahmebestimmungen des § 55 KO ist eine Aufrechnung seitens der Bank zulässig[78]. Da kein Grund besteht, den Empfänger von Buchgeld besser zu stellen als den Empfänger von Sachgeld, spricht auch dieser Gesichtspunkt für eine direkte Kondiktion zwischen Bank und Empfänger.

Tatsächlich müssen auch die Anhänger der Doppelkondiktion anerkennen[79], daß die konstruktiven Begründungen für einen Kondiktionsanspruch zwischen Bank und Auftraggeber zweifelhaft sind, da eine Bereicherung des Auftraggebers schwer festzustellen ist. Wie oben dargelegt[80] kann auch nach der Theorie von der realen Leistungsbewirkung eine Erfüllung der im Valutaverhältnis zwischen Auftraggeber und Empfänger bestehenden Schuld nur dann eintreten, wenn die Bewirkung des geschuldeten Erfolges — hier die Erteilung der Gutschrift — vom Auftraggeber veranlaßt wurde. Nach Erklärung des Widerrufs liegt eine solche Veranlassung aber nicht mehr vor. Denn die Gutschrift erfolgt ebenso wie in den Fällen der Doppelüberweisung oder der Fälschung entgegen den Willen und ohne Wissen des Auftraggebers. Daher wäre es widersprüchlich, im Fall des übersehenen Widerrufs eine Erfüllung im Valutaverhältnis anzunehmen[81]. Diese Auffassung, daß bei übersehenem Widerruf eine Erfüllung der Valutaschuld nicht eintritt, ist im Ergebnis vom BGH bestätigt worden. Der BGH hat in bezug auf eine Schuldtilgung festgestellt, daß die Erfüllung nicht eintrete, wenn der Schuldner dies durch „negative Willenserklärung“ ausdrücklich ausschließe[82].

Aus den gleichen Gründen kann dem Auftraggeber die entgegen seinem Widerruf erteilte Gutschrift auch nicht als seine Leistung im Verhältnis zum Empfänger zugerechnet werden[83], so daß der Auftraggeber auch nicht durch Erlangung eines Bereicherungsanspruchs gegen den Empfänger im Verhältnis zur Bank bereichert ist.

Damit bleibt es auch nach Überprüfung der Wertungskriterien und der konstruktiven Alternativen bei der Kondiktion zwischen Bank und Empfänger.

---

[78] Vgl. Palandt / Heinrichs § 387, Bem. 7.

[79] Vgl. Putzo S. 177, der von „nicht unbeträchtlichen Schwierigkeiten“ spricht.

[80] Vgl. oben Teil 2 B II 1 b aa.

[81] a. A. Putzo S. 163.

[82] BGH NJW 1972, 1750.

[83] Larenz § 68 III c 2.

Als Zwischenergebnis ist damit festzuhalten, daß die Bank sowohl bei den einzelnen Fällen der fehlerhaften Ausführung eines fehlerfreien Überweisungsauftrages als auch bei denen der fehlerfreien Ausführung eines fehlerhaften Überweisungsauftrages, d. h. in allen Fällen, in denen der Bank kein Aufwendungsersatzanspruch gegen ihren Auftraggeber zusteht, einen Bereicherungsanspruch gegen den Empfänger hat, wobei es sich nach der hier vertretenen Auffassung um eine Leistungskondiktion handelt.

c) Mangelnde Durchsetzbarkeit des Aufwendungsersatzanspruchs

Nachdem die Frage, ob die Bank bei Fehlen eines wirksamen Überweisungsauftrages einen Anspruch gegen den Empfänger auf Rückgängigmachung der Gutschrift hat, bejaht worden ist, bleibt die weitere Frage zu beantworten, ob das gleiche gilt, wenn zwar ein wirksamer Überweisungsauftrag vorliegt und damit ein Aufwendungsersatzanspruch entstanden ist, dieser aber nicht durchsetzbar ist; denn die Bank hat auch bei nicht durchsetzbarem Aufwendungsersatzanspruch ein Interesse an der Stornierung, dem für den Fall, daß der Empfänger nicht zur Herausgabe der Gutschrift verpflichtet ist, ein Interesse des Empfängers entgegenstehen könnte.

Ein solcher Fall des nicht durchsetzbaren Aufwendungsersatzanspruchs liegt insbesondere dann vor, wenn auf dem Konto des Auftraggebers keine Deckung mehr besteht, der Saldo des Kontos gepfändet (§ 829, I ZPO)[84] ist, eine Vermögenssperre über das Vermögen des Auftraggebers verhängt wurde[85] oder der Auftraggeber in Konkurs gefallen ist; in allen Fällen kann die Bank ihren Aufwendungsersatzanspruch nicht mit einem Anspruch des Auftraggebers aus vorangegangenen Gutschriften verrechnen.

Im Ergebnis besteht Einigkeit, daß die Bank in diesen Fällen keinen Anspruch gegen den Empfänger auf Rückgängigmachung der Gutschrift hat[86]. Aus wertender Sicht ist dies damit zu begründen, daß die Bank das Risiko im Deckungsverhältnis zu ihrem Auftraggeber trage, und dieses Risiko nicht auf den Empfänger abwälzen könne[87]. Schwieriger ist die dogmatische Begründung. Dabei ist zu unterscheiden zwischen der Meinung, die ein Leistungsverhältnis zwischen Bank und Empfän-

---

[84] Vgl. OLG Celle BB 1969, 1169.

[85] Vgl. BGH WM 1955, 1473 (1476).

[86] Möschel JuS 1972, 297 (301); Schwark WM 1970, 1334 (1335); v. Caemmerer JZ 1962, 385 (387); Meyer-Cording S. 48; Ulmer SJZ 1948, 238; Canaris Anh. C nach § 357, Anm. 211; Schlegelberger / Hefermehl Anh. § 365, Rdn. 76.

[87] Schlegelberger / Hefermehl Anh. § 365, Rdn. 76; Möschel JuS 1972, 297 (301).

ger verneint und der hier vertretenen Auffassung[88], nach der zwischen Bank und Empfänger eine bereicherungsrechtliche Leistungsbeziehung vorliegt.

aa) Ansatz der herrschenden Meinung

Erstere Meinung, nach der zwischen Bank und Empfänger nur eine Eingriffskondiktion in Betracht käme, schließt die Eingriffskondiktion mit Hilfe des Subsidiaritätsgrundsatzes aus. Nach dem von der Rechtsprechung angewandten Subsidiaritätsgrundsatz haftet der Bereicherte immer dann nicht aus dem Gesichtspunkt der Eingriffskondiktion, wenn er den Gegenstand der Bereicherung durch eine Leistung erlangt hat[89]. Nach dieser Meinung liegen in dem Vorgang der Gutschrift zwei bereicherungsrechtliche Leistungen, nämlich eine Leistung der Bank gegenüber dem Auftraggeber und eine Leistung des Auftraggebers gegenüber dem Empfänger, so daß der Empfänger die Gutschrift durch Leistung erlangt hat. Ob der Subsidiaritätsgrundsatz überhaupt[90] oder zumindest in der vorliegenden Form[91] die Konkurrenzprobleme zwischen Leistungs- und Eingriffskondiktion zu lösen vermag, kann im Rahmen dieser Arbeit nicht vertieft werden. Insoweit muß die Darstellung des Lösungsansatzes ausreichen.

bb) Eigener Lösungsansatz

Auf der Grundlage des hier befürworteten Leistungsverhältnisses zwischen Bank und Empfänger ist ebenfalls ein Kondiktionsanspruch der Bank gegenüber dem Empfänger nicht gegeben. Zwar hat der Empfänger die Gutschrift durch eine Leistung der Bank erlangt, da die Bank die Gutschrift zur Erfüllung ihrer aus dem Girovertrag resultierenden Verbindlichkeit zur Herausgabe des aus der Geschäftsbesorgung Erlangten (§§ 667, 675 BGB; Anspruch auf Gutschrift) erteilt[92] und damit das Vermögen des Empfängers bewußt und gewollt vermehrt hat. Aber für diese Leistung war auch ein Rechtsgrund vorhanden. Denn es bestand trotz der fehlenden Durchsetzbarkeit des Aufwendungsersatzanspruchs der Bank gegen ihren Auftraggeber ein Anspruch des Kunden auf Gutschrift, der durch die Gutschrift erfüllt wurde und damit den Rechtsgrund für die Gutschrift bildete.

---

[88] Vgl. dazu oben Teil 2 B II 1 a aa.

[89] Grundlegend BGHZ 40, 277 (278); Larenz § 68 III m. w. N.

[90] Kritisch H. P. Westermann JuS 1972, 18 ff.

[91] Einschränkend Esser § 104; Erman / Hefermehl § 951, Rdn. 3 b, die eine Eingriffskondiktion nur zwischen Entreichertem und Bereicherten ausschließen wollen, wenn der Entreicherte an den Bereicherten geleistet hat, wonach hier die Eingriffskondiktion nicht ausgeschlossen wäre.

[92] Vgl. oben Teil 2 B I 1.

Der Anspruch des Kunden auf Gutschrift ist rechtlich der Anspruch des Kunden auf Herausgabe des Erlangten gem. §§ 667, 675 BGB. Da das von der Bank Erlangte ein Aufwendungsersatzanspruch gegen ihren Auftraggeber ist und der Anspruch aus §§ 667, 675 BGB im Fall der Erlangung einer Forderung durch den Beauftragten normalerweise auf die Abtretung der erlangten Forderung gerichtet ist[93], könnte man daran denken, die Bank sei lediglich zur Abtretung des Aufwendungsersatzanspruchs verpflichtet. Dies wäre jedoch insoweit unzutreffend, als die Form der Herausgabeverpflichtung der Bank durch den Girovertrag in der Weise modifiziert[94] ist, daß die Bank das Erlangte nach Sinn und Zweck des Girovertrages in Form der Gutschrift herauszugeben hat[95]. Dies haben die Parteien in Ziff. 4 Abs. 1 AGB-Banken noch einmal ausdrücklich festgelegt.

Ein Anspruch des Kunden auf Gutschrift setzt aber voraus, daß die Bank Deckung erlangt hat, da die Bank grundsätzlich nur bei bestehender Deckung zur Durchführung des Überweisungsauftrages verpflichtet ist[96]. Die Frage, wann die Bank Deckung für die Ausführung eines Überweisungsauftrages erlangt hat, ist umstritten. Die h. M. geht dabei davon aus, daß der Überweisungswert immer dann so zugeflossen ist, daß der Begünstigte aus dem Girovertrag einen Anspruch auf Gutschrift hat, wenn die Bank die Belastungsbuchung vorgenommen hat[97], sei es auf dem Konto des Überweisungsauftraggebers im Fall der Hausüberweisung, sei es auf dem bei ihr geführten (Loro-)Konto der Auftraggeber-Bank im Fall der Kettenüberweisung (bzw. der Erkennung des Nostro-Kontos, wenn die Empfangs-Bank ein Konto bei der Auftraggeber-Bank führt). Wenn trotz der Belastungsbuchung der Überweisungswert für die Bank z. B. wegen fehlender Deckung nicht realisierbar ist, dann soll die Bank danach von diesem Zeitpunkt an das Risiko der Realisierbarkeit tragen, da die Bank ihre Mittlerrolle im Zahlungsverkehr mit wirtschaftlichem Eigeninteresse verfolgt.

Damit hängt das Entstehen des Anspruchs auf Gutschrift und damit das Bestehen eines Rechtsgrundes für die erteilte Gutschrift von der Belastungsbuchung der Bank ab. Spätestens im Zeitpunkt der Gutschrift aber nimmt die Bank die Belastungsbuchung vor. Bei der Haus- und dem Fall der Kettenüberweisung, bei dem das Lorokonto der Auftraggeber-Bank belastet wird, nimmt die Bank die Belastungs- und

---

93 Palandt / Thomas § 667, Anm. 4 b.

94 Canaris Anh. C nach § 357, Anm. 198.

95 Schlegelberger / Hefermehl Anh. § 365, Rdn. 53.

96 Canaris Anh. C nach § 357, Anm. 199; Meyer-Cording S. 53 u. 75.

97 Schoele S. 214; Meyer-Cording S. 53; Canaris Anh. C nach § 357, Anm. 199; LG Frankfurt NJW 1976, 332 m. w. N.; Schlegelberger / Hefermehl Anh. § 365, Rdn. 53.

die Gutschriftsbuchung in einem Buchungsakt vor. In dem Fall der Kettenüberweisung, bei dem die Auftraggeber-Bank das bei ihr geführte Nostrokonto der Empfänger-Bank erkennt, wird die Empfänger-Bank erst auf die von der Auftraggeber-Bank erteilte Gutschrift hin tätig, so daß die Empfänger-Bank schon vor der Erteilung der Gutschrift an den Kunden Deckung im obigen Sinne erlangt hat.

An diesem Ergebnis ändert sich auch dann nichts, wenn zufällig durch die innerbetriebliche Organisation einer Bank die logischen Buchungsabläufe unterbrochen sind und die Gutschrift ausnahmsweise zeitlich vor der Belastungsbuchung erfolgt. Das kann z. B. dann der Fall sein, wenn auf Grund des Einsatzes von EDV-Anlagen der Buchungsablauf so organisiert ist, daß die Buchungen in alphabetischer Reihenfolge der Kontoinhaber vorgenommen werden und der Name des Empfängers im Alphabet vor dem des Auftraggebers liegt. Der natürliche Buchungssatz, der aus der Belastungsbuchung beim Auftraggeber und der Erkennung des Empfängerkontos besteht, wird dann unterbrochen und die Buchung beim Empfänger zeitlich vorrangig vorgenommen. Wie Schwark[98] zutreffend festgestellt hat, können solche organisatorischen Zufälligkeiten keinen Einfluß auf das Bestehen eines Rechtsgrundes haben. Der in der Buchung zum Ausdruck kommende Wille der Bank zur Durchführung des Überweisungsauftrages muß dann entscheidend dafür sein, daß rechtlich gesehen die Belastung stets vor oder gleichzeitig mit der Gutschrift erfolgt, da dies dem logischen Buchungsablauf entspricht.

Daran zeigt sich, daß die Bank spätestens im Zeitpunkt der Gutschrift Deckung erlangt, so daß der Anspruch des Kunden auf Gutschrift entsteht und damit ein Rechtsgrund für die Gutschrift vorliegt.

Damit scheitert in den Fällen der mangelnden Durchsetzbarkeit des Aufwendungsersatzanspruchs die Kondiktion zwischen Bank und Empfänger nach der hier vertretenen Auffassung nicht an der (umstrittenen) Subsidiarität zwischen Leistungs- und Eingriffskondiktion, sondern an dem Fehlen eines Rechtsgrundes.

d) Ergebnis zu 1)

Damit kann die eingangs[99] aufgeworfene Frage, ob die Bank in allen Fällen des mangels wirksamer Weisung nicht bestehenden oder des nicht durchsetzbaren Aufwendungsersatzanspruches auf Grund gesetzlicher Vorschriften einen Anspruch gegen den Kunden auf Rückgängigmachung der Gutschrift hat, beantwortet werden. Es hat sich gezeigt, daß die Bank einerseits bei Fehlen eines wirksamen Überweisungsauf-

---

[98] Schwark WM 1970, 174 (175).

[99] Vgl. oben Teil 2 B II 1.

trages und damit bei Nichtbestehen eines Aufwendungsersatzanspruchs stets einen Kondiktionsanspruch gegen den Gutschriftsempfänger hat, daß sie andererseits aber in den Fällen, in denen zwar ein wirksamer Überweisungsauftrag und damit ein Aufwendungsersatzanspruch besteht, dieser aber gegenüber dem Auftraggeber nicht durchsetzbar ist, keinen Kondiktionsanspruch gegen den Empfänger auf Rückgängigmachung der Gutschrift hat.

Um aus diesem Ergebnis Konsequenzen ziehen zu können, muß man sich noch einmal den Ausgangspunkt vergegenwärtigen, auf Grund dessen die soeben beantwortete Frage aufgeworfen wurde. Ausgangspunkt war gewesen, daß die Bank sowohl bei nicht bestehendem als auch bei zwar bestehendem aber nicht durchsetzbarem Aufwendungsersatzanspruch ein Interesse an der Stornierung hat. Einer unter diesen Voraussetzungen gegebenen Stornierungsbefugnis der Bank stünden Interessen des Kunden nicht entgegen, wenn der Kunde ohnehin, d. h. auf Grund Gesetzes, zur „Herausgabe" der Gutschrift verpflichtet wäre und wenn zusätzlich durch die Eigenart der Stornierung, bei der es sich um eine (einseitige) Anfechtungserklärung der Bank handelt, der Empfänger nicht schlechter gestellt wäre als bei der auf Grund Gesetzes bestehenden Herausgabepflicht.

Betrachtet man die unter 1. beantwortete Frage vor diesem Hintergrund, dann zeigt sich folgendes: Wäre die Bank in den Fällen, in denen ihr zwar auf Grund eines wirksamen Überweisungsauftrages ein Aufwendungsersatzanspruch gegen den Auftraggeber zusteht, dieser aber (z. B. mangels Deckung) nicht durchsetzbar ist, zur Stornierung befugt, dann wären Interessen des Empfängers verletzt, da der Empfänger in diesen Fällen kraft Gesetzes nicht zur „Herausgabe" der Gutschrift verpflichtet ist. Damit stehen sich in diesen Fällen die Interessen der Bank und die des Kunden gegenüber, so daß eine Abwägung zwischen den widerstreitenden Interessen erfolgen muß.

Anders ist es dagegen in den Fällen, in denen der erteilten Gutschrift kein wirksamer Überweisungsauftrag zugrunde lag, und damit ein Aufwendungsersatzanspruch der Bank gegen ihren Auftraggeber gar nicht erst entstanden war. In diesen Fällen steht der Bank ein (Bereicherungs-)Anspruch auf Rückgängigmachung der Gutschrift zu, so daß der Gutschriftsempfänger auch ohne eine Stornierungsbefugnis der Bank zur Herausgabe der Gutschrift verpflichtet ist. Insoweit wären also hier durch eine Stornierungsbefugnis der Bank Interessen des Empfängers nicht verletzt.

2. Nachteile für den Empfänger durch Rückabwicklung in Form der Stornierung

Damit ist noch nicht gesagt, daß in den Fällen, in denen mangels wirksamen Überweisungsauftrages ein Aufwendungsersatzanspruch der Bank gegenüber dem „Auftraggeber" nicht entstanden und der Empfänger somit zur „Herausgabe" der Gutschrift verpflichtet ist, einer Stornierung seitens der Bank keine Interessen des Kunden entgegenstehen. Vielmehr müßten zusätzlich dadurch, daß die Bank zur Rückgängigmachung der Gutschrift nicht mittels Durchsetzung des Bereicherungsanspruchs sondern in Form der Stornierung vorgeht, für den Kunden keine Nachteile verbunden sein. Dabei sollen zunächst die inhaltlichen Unterschiede zwischen beiden Rückabwicklungsmethoden dargestellt werden. Auf Grund derer soll dann die Frage beantwortet werden, welche praktischen Auswirkungen es für den Empfänger der Gutschrift hat, wenn die Bank die Rückabwicklung der Gutschrift einmal in Form der Durchsetzung eines Bereicherungsanspruchs und einmal in Form der Stornierung betreibt, und ob damit Nachteile für den Kunden verbunden sind.

a) Inhaltliche Unterschiede

Will die Bank die Gutschrift mit Hilfe eines Bereicherungsanspruchs rückgängig machen, dann muß sie außergerichtlich oder gerichtlich die Einwilligung des Empfängers einholen. Denn mit der Gutschriftsbuchung ist ein Schuldversprechensvertrag zwischen Bank und Empfänger zustandegekommen, der im Fall des Bereicherungsausgleichs nur durch eine einverständliche Aufhebung rückgängig gemacht werden kann. Der an sich auf Herausgabe gerichtete Kondiktionsanspruch ist daher im vorliegenden Fall, bei dem Gegenstand der Bereicherung ein abstraktes Schuldversprechen ist, auf Einwilligung in die Aufhebung des Schuldversprechensvertrages gerichtet[100]. Mit der Erteilung der Einwilligung seitens des Empfängers, die im Fall der gerichtlichen Geltendmachung des Kondiktionsanspruchs durch ein rechtskräftiges Urteil ersetzt wird (§ 894 ZPO), ist das der Gutschrift zugrundeliegende abstrakte Schuldversprechen aufgehoben. Die Rückbuchung der Bank auf dem Konto hat dann lediglich deklaratorischen Charakter, d. h. mit ihr wird nur noch rechnerisch der Kontostand der materiellen Rechtslage angepaßt, da die Verpflichtung der Bank bereits durch die Einwilligung beseitigt worden ist. Es zeigt sich also, daß für die Rückgängigmachung der Gutschrift mit Hilfe eines Bereicherungsanspruchs stets die Einwilligung des Empfängers erforderlich ist.

Anders ist es dagegen bei einer Rückgängigmachung im Wege der Stornierung. Da mit der Stornierungsbuchung eine Anfechtungserklä-

[100] Vgl. BGH WM 1978, 998; Kümpel WM 1979, 378 (379).

rung der rechtsgestaltenden Erklärung verbunden ist, mit der der generell im Girovertrag vereinbarte abstrakte Schuldversprechensvertrag auf den gutzuschreibenden Betrag konkretisiert wird, bedarf es zur Beseitigung des abstrakten Schuldversprechensvertrages keiner Mitwirkung des Empfängers. Denn durch die einseitige Anfechtungserklärung der Bank ist die abstrakte Verpflichtung der Bank beseitigt und sind somit die Wirkungen der Gutschrift aufgehoben. Daher wird die Stornierungsbefugnis auch als „Selbsthilferecht“[101] oder als „besondere Zugriffsform“[102] bezeichnet. Der inhaltliche Unterschied zwischen den beiden Rückabwicklungsmodalitäten besteht also darin, daß bei der Durchsetzung des Bereicherungsanspruchs eine Einwilligung des Empfängers erforderlich ist, während bei der Stornierung die einseitige Anfechtung für die Beseitigung der Gutschrift ausreicht.

Dieser inhaltliche Unterschied hat keine besonderen praktischen Auswirkungen, wenn der Kunde die Unrichtigkeit der Gutschriftsbuchung einsieht und mit einer Rückbuchung einverstanden ist. Insbesondere hat der Kunde keine Nachteile. Es ist im Gegenteil sogar bequemer für den Kunden, wenn die Bank die Gutschrift durch einseitige Anfechtung beseitigt als wenn der Kunde dazu noch seine Einwilligung erteilen müßte.

Außerdem wird hier ein soeben bereits angeklungener Vorteil der Stornierung deutlich: Beim Gebrauchmachen von der Stornierungsbefugnis stimmen die materielle Rechtslage und der rechnerische Kontostand stets überein, wodurch entsprechend dem Zweck des Tagessaldos sowohl für die Bank als auch für den Kunden jederzeit Klarheit bzgl. der Dispositionsmöglichkeiten besteht. Denn beim Gebrauchmachen von der Stornierungsbefugnis ist mit der Stornierungsbuchung, die den rechnerischen Kontostand verändert, zugleich die Anfechtungserklärung verbunden, die die materielle Rechtslage verändert. Dagegen stimmen im Fall der im Rahmen der Durchsetzung des Bereicherungsanspruchs erforderlichen Einholung der Einwilligung des Kontoinhabers die materielle Rechtslage und der rechnerische Kontostand vom Zeitpunkt der Abgabe der Einwilligungserklärung (bzw. der Rechtskraft des Urteils) bis zur Durchführung der Rückbuchung nicht überein.

Dagegen könnte es in den Fällen, in denen der Empfänger mit einer Rückgängigmachung der Gutschrift nicht einverstanden ist, durchaus praktische Auswirkungen und Nachteile für den Empfänger haben je nach dem, ob die Bank für die Beseitigung der Gutschrift die Einwilligung des Kunden benötigt oder einseitig anfechten kann.

---

[101] Liesecke WM 1975, 238 (240).
[102] Kümpel WM 1978, 378.

b) Nachteil durch Vertauschen der Parteirollen im Prozeß

Ein Nachteil könnte darin bestehen, daß bei Durchsetzung des Bereicherungsanspruchs die Bank die Initiative ergreifen und klagen müßte, während bei der Stornierung dies dem Kunden zufiele, und sich dadurch die Darlegungs- und Beweislast verschieben könnte.

aa) Vertauschung der Parteirollen durch die Stornierung

Zunächst sei aufgezeigt, wie die Parteirollen im Fall der Durchsetzung des Bereicherungsanspruchs und im Fall der Stornierung verteilt sind.

(1) Grundsatz

Die These, daß einmal die Bank und einmal der Kunde die Initiative ergreifen und Klage erheben müßte, soll am Beispiel eines kreditorischen Kontos verdeutlicht werden. Ist die Bank für die Rückgängigmachung der Gutschrift auf die Durchsetzung ihres Bereicherungsanspruchs angewiesen, dann wird sie bei entsprechender Weigerung des Kunden die Initiative ergreifen und Klage auf Einwilligung in die Aufhebung des mit der Gutschriftsbuchung zustandegekommenen abstrakten Schuldversprechensvertrages erheben. Zwar steht dem Anspruch des Kunden aus der Gutschrift die Einrede aus § 821 BGB entgegen, so daß die Bank dem Kunden, der über die irrtümliche Gutschrift verfügen will, die Verfügung durch Geltendmachung der Einrede der ungerechtfertigten Bereicherung aus § 821 BGB verweigern könnte[103] und daraufhin der Kunde Klage erheben müßte. Aber diese Möglichkeit, dem Kunden die Einrede aus § 821 BGB entgegenzuhalten, besteht nur theoretisch nicht aber praktisch. Denn die Bank prüft vor Kontoverfügungen des Kunden grundsätzlich nur, ob rein rechnerisch entsprechende Deckung auf dem Konto vorhanden ist, nicht aber, ob dieses rechnerische Guthaben auch tatsächlich einen materiell-rechtlichen Anspruch des Kunden verkörpert. D. h. mit anderen Worten, die Bank als Schuldnerin des abstrakten Schuldversprechens „Gutschrift“ prüft bei einer Inanspruchnahme nur formal das Vorliegen dieses abstrakten Schuldversprechens, nicht aber auch materiell-rechtlich, ob das formal vorliegende abstrakte Schuldversprechen frei von Einwendungen und Einreden ist. Daher wird die Bank, wenn sie nicht stornieren darf, die Initiative ergreifen und Klage auf Einwilligung erheben, um die Gutschrift möglichst schnell beseitigen und eine Verfügung des Kunden über die einredebehaftete Gutschrift verhindern zu können.

Anders ist es dagegen, wenn die Bank zur Stornierung befugt ist. Da sie hier auch bei Widerspruch des Kunden einseitig die Gutschrift

[103] Vgl. BGH WM 1978, 998 (999).

durch Anfechtung beseitigen kann, muß hier der Kunde die Initiative ergreifen und Ansprüche aus der seines Erachtens zu Unrecht stornierten Gutschrift einklagen. An diesem Beispiel des kreditorischen Kontos[104] zeigt sich, daß es durchaus praktische Auswirkungen hat, ob die Bank für den Fall, daß der Kunde der Rückgängigmachung der Gutschrift widerspricht, auf die Durchsetzung eines Bereicherungsanspruchs angewiesen ist oder stornieren kann.

(2) Änderung der Situation durch Einstellen des Bereicherungsanspruchs ins Kontokorrent

Bei den vorstehenden Überlegungen wurde davon ausgegangen, daß die mittels Durchsetzung des Bereicherungsanspruchs zu beseitigende Gutschrift solange im jeweiligen Tagessaldo des Girokontos enthalten ist, bis der Kunde die Einwilligung in die Aufhebung des abstrakten Schuldversprechensvertrages erteilt hat oder diese Einwilligung durch ein rechtskräftiges Urteil ersetzt worden ist.

In einem neueren Aufsatz hat Kümpel[105] die Auffassung vertreten, die Bank könne ihren Bereicherungsanspruch schon vor der Einwilligung als Belastungsbuchung auf dem Girokonto geltend machen. Eine solche Möglichkeit der Bank hätte für die hier zu untersuchende Frage, welche praktischen Auswirkungen es für den Kunden hat, ob die Bank eine unrichtige Gutschrift mittels Durchsetzung eines Bereicherungsanspruchs oder mittels Stornierung beseitigen kann, weitreichende Konsequenzen.

Denn das im obigen Beispiel des kreditorischen Kontos gewonnene Ergebnis, daß bei Rückgängigmachung der Gutschrift mittels Bereicherungsanspruch die Bank und bei Rückgängigmachung im Wege der Stornierung der Kunde Klage erheben müßte, verlöre seine Gültigkeit. Mit der Möglichkeit, den Bereicherungsanspruch schon vor der Einwilligung des Kunden als Belastungsbuchung auf dem Girokonto zu buchen, entfiele der Grund, warum die Bank im Fall des Vorgehens mittels Durchsetzung des Bereicherungsanspruchs die Initiative ergreifen und Klage auf Einwilligung erheben würde. Denn durch die Belastung des Girokontos mit dem Bereicherungsanspruch ist die Lage

[104] Dagegen bestehen diese praktischen Auswirkungen bei debitorischem Konto nicht. Ist z. B. der Debetsaldo in Höhe von 1800 DM durch eine unrichtige Gutschrift auf 1200 DM vermindert, dann wird die Bank sowohl dann klagen, wenn sie auf die Durchsetzung des Bereicherungsanspruchs angewiesen ist, als auch dann, wenn sie stornieren kann. Im ersteren Fall wird sie auf Einwilligung klagen, um den Kunden zur Rückzahlung des nach Einwilligung wieder erhöhten Debetsaldos zu verpflichten. Im letzteren Fall wird sie in aller Regel klagen müssen, weil der Kunde freiwillig nur den verminderten Debetsaldo von 1200 DM zurückzahlen wird und gegenüber dem weitergehenden Rückzahlungsanspruch der Bank die Unrichtigkeit der Stornierung der Gutschrift einwenden wird.

[105] Kümpel WM 1979, 378 (386).

formal gesehen dieselbe wie im Fall der Stornierung. Durch die Einstellung der Belastungsbuchung wird der Tagessaldo formal ebenso vermindert wie im Fall der Stornierung. Ein Unterschied bestünde lediglich hinsichtlich der rechtlichen Bedeutung der jeweiligen Belastungsbuchung: Während die Belastungsbuchung „Stornierung" die mit der Gutschrift verbundene abstrakte Verpflichtung im Wege der Anfechtung beseitigt, wird durch die Belastungsbuchung, mit der der Bereicherungsanspruch geltend gemacht werden soll, ein neuer selbständiger Anspruch im Kontokorrent eingestellt. Dieser rechtliche Unterschied wirkt sich aber praktisch nicht aus. Denn da der formale Tagessaldo die Entscheidungsgrundlage dafür ist, ob sie eine Verfügung ausführt oder nicht, kann der Kunde auch dann nicht mehr über die unrichtige Gutschrift verfügen, wenn die Bank den von ihr geltend gemachten Bereicherungsanspruch bereits vor einer Einwilligung des Kunden als Belastung auf dem Girokonto bucht. Damit müßte der Kunde also auch dann Klage erheben, wenn die Bank auf die Einholung seiner Einwilligung in die Aufhebung der Gutschrift angewiesen wäre; er hätte also durch eine Stornierungsbefugnis der Bank insoweit keine Nachteile.

Fraglich ist aber, ob es zulässig ist, daß die Bank ihren Bereicherungsanspruch schon als Belastung auf dem Girokonto bucht, bevor die Einwilligung des Kunden in die Aufhebung des mit der Gutschrift verbundenen abstrakten Schuldversprechensvertrages vorliegt.

Kümpel[106] hält diese Möglichkeit deshalb für zulässig, weil es die einzige Möglichkeit für die Bank sei, ihre Einredemöglichkeit gegenüber dem Auszahlungsanspruch des Kunden buchungsmäßig zu erfassen. Diese Argumentation ist insoweit zutreffend, als die Bank für den Fall, daß die unrichtige Gutschrift ohne korrespondierende Belastungsbuchung bis zum Vorliegen der Einwilligung im Tagessaldo enthalten ist, zwar theoretisch die Einrede der ungerechtfertigten Bereicherung geltend machen kann, praktisch diese Möglichkeit jedoch nicht besteht, da die Bank bei einem Auszahlungsverlangen nur formal das Vorhandensein von Deckung prüft, nicht aber auch, ob hinter einem formalen Kontoguthaben auch ein einredefreier Anspruch des Kunden steht.

Die Zulässigkeit der Belastung des Girokontos mit dem Bereicherungsanspruch könnte jedoch zweifelhaft sein, weil das Girokonto gem. Ziff. 2 Abs. II AGB-Banken ein Kontokorrent i. S. d. § 355 HGB ist[107]. Danach ist Voraussetzung für die Zulässigkeit der Einstellung des Bereicherungsanspruchs ins Kontokorrent, daß der Anspruch kontokorrentfähig und kontokorrentzugehörig ist.

---

[106] Kümpel WM 1979, 378 (386).

[107] Vgl. RGZ 135, 139 (140); Meyer-Cording S. 38; Canaris Anh. C nach § 357, Anm. 158; Liesecke WM 1975, 214 (218).

Zweifel bestehen schon, ob der Bereicherungsanspruch kontokorrentfähig ist. Denn nach herrschender Meinung[108] setzt die Kontokorrentfähigkeit voraus, daß der betreffende Anspruch auf Geld gerichtet ist[109]. Das ergibt sich daraus, daß der Zweck des Kontokorrents die Verrechnung ist und eine Verrechnung nur bei gleichartigen Ansprüchen möglich erscheint. Da der Bereicherungsanspruch hier ausnahmsweise nicht auf Geld, sondern auf Einwilligung in die Aufhebung des mit der Gutschrift verbundenen abstrakten Schuldversprechensvertrages gerichtet ist, muß seine Kontokorrentfähigkeit mit der herrschenden Meinung verneint werden.

Kontokorrentzugehörig[110] könnte der auf Einwilligung gerichtete Bereicherungsanspruch nur dann sein, wenn er nach dem Willen der Parteien von der Kontokorrentabrede miterfaßt sein sollte[111]. Der Bank könnte der Wille bzgl. der Einbeziehung dieses Bereicherungsanspruchs in die Kontokorrentabrede deshalb fehlen, weil sie dadurch gegen die Grundsätze ordnungsgemäßer Buchführung verstoßen könnte, zu deren Einhaltung sie gem. § 38 i. V. m. § 1, II Ziff. 4 HGB verpflichtet ist. Die Bank benutzt das Girokonto der einzelnen Kunden zugleich als Buchungsposten für die Erstellung der eigenen Bilanz. Die Summe der Salden der kreditorischen Girokonten aller Kunden ergibt den Passivposten „Sichteinlagen" in der Bankbilanz. Wenn also der Saldo der einzelnen Kundenkonten als Buchungsposten in die Bankbilanz eingeht, dann sind bei den einzelnen Buchungen auf dem Kundenkonto auch die Regeln ordnungsgemäßer Buchführung einzuhalten. Danach darf der Bereicherungsanspruch nicht als Belastung auf dem Girokonto gebucht werden. Denn eine solche Belastung käme — wie oben dargelegt — wirtschaftlich der Ausbuchung der mit der unrichtigen Gutschrift verbundenen abstrakten Verpflichtung der Bank gleich. Eine solche Ausbuchung aber widerspräche dem in der Buchführung geltenden „Vorsichtsprinzip", nach dem Wertansätze eher ungünstig vorge-

---

[108] Nach der früher häufig vertretenen (Göppert ZHR 102, 161 (162); ders. ZHR 103, 318 (320); Baumbach / Duden §§ 355—357, Anm. 4 A) Auffassung, wonach nur solche Ansprüche kontokorrentfähig sind, die nach den Grundsätzen ordnungsgemäßer Buchführung gebucht werden können, ist der Bereicherungsanspruch ohnehin nicht kontokorrentfähig, da der Bereicherungsanspruch ein gesetzliches Schuldverhältnis nicht aber einen buchungsfähigen Geschäftsvorfall widerspiegelt.

[109] Schlegelberger / Hefermehl § 355, Rdn. 19; Gierke S. 495; Lehmann S. 143; Düringer / Hachenburg / Breit § 355, Anm. 28 a. A. Canaris § 355, Anm. 37.

[110] An Stelle des Begriffs Kontokorrentzugehörigkeit (Canaris § 355, Anm. 41) wird auch der Begriff — -pflichtigkeit (Baumbach / Duden §§ 355—357, Anm. 4 B) und der Begriff -gebundenheit (Schlegelberger / Hefermehl § 355, Rdn. 21) benutzt.

[111] RGZ 136, 179 (181); Canaris § 355, Anm. 41; Schlegelberger / Hefermehl § 355, Rdn. 21.

nommen werden müssen[112]. Verbindlichkeiten sind danach stets solange zu passivieren, wie eine Inanspruchnahme möglich ist[113]. Solange bis eine Einwilligung des Kunden in die Aufhebung des abstrakten Schuldversprechensvertrages nicht vorliegt, kann eine Inanspruchnahme der Bank aus der Gutschrift nicht ausgeschlossen werden. Dies gilt insbesondere auch deshalb, weil der Kunde sich gegenüber dem Anspruch der Bank möglicherweise auf die Einrede des Wegfalls der Bereicherung berufen kann. Die Einstellung des Bereicherungsanspruchs vor einer Einwilligung des Kunden würde daher den Grundsätzen ordnungsgemäßer Buchführung widersprechen. Daraus folgt, daß ein Wille der Bank auf Einbeziehung des Bereicherungsanspruchs in die Kontokorrentabrede nicht angenommen werden kann, so daß der Bereicherungsanspruch nicht kontokorrentzugehörig ist.

(3) Zwischenergebnis

Entgegen Kümpel kann die Bank daher nicht ihren Bereicherungsanspruch auf Einwilligung des Kunden in die Aufhebung des abstrakten Schuldversprechensvertrages ins Kontokorrent einstellen. Damit bleibt es bei dem oben[114] aufgezeigten Grundsatz, daß für den Kunden ein Unterschied besteht, je nachdem ob die Bank die Rückgängigmachung einer Gutschrift mittels Durchsetzung eines Bereicherungsanspruchs oder mittels einer Stornierung betreibt. Bei kreditorischem Konto wird im ersteren Fall die Bank die Initiative ergreifen und Klage auf Einwilligung erheben, da sie zwar theoretisch aber nicht praktisch die Möglichkeit hat, bei einem Auszahlungsbegehren des Kunden die ihr zustehende Einrede der ungerechtfertigten Bereicherung geltend zu machen. Dagegen wird im zweiten Fall der Kunde die Initiative ergreifen und Klage erheben müssen, um die Ansprüche aus der seiner Auffassung nach zu Unrecht stornierten Gutschrift geltend zu machen.

bb) Umkehr der Darlegungs- und Beweislast

Fraglich ist, ob sich durch diese Vertauschung der Parteirollen die Darlegungs- und Beweislast ändert. In der Literatur wird teilweise eingewandt[115], daß sich durch eine der Bank eingeräumte Stornierungsbefugnis das Prozeßrisiko zu Lasten des Gutschriftsempfängers verschöbe, da er auf Wiedergutschrift klagen müsse und die Beweislast trüge.

Der vielschichtige Begriff des Prozeßrisikos wird hier unter dem Gesichtspunkt der Darlegungs- und Beweislast gesehen, d. h. es wird

[112] Großfeld S. 37.
[113] Großfeld S. 181.
[114] Vgl. oben Teil 2 B II 2 b aa.
[115] Otto / Stierle WM 1978, 530 (543).

auf das Risiko abgestellt, daß derjenige, der die Beweislast trägt, die Nachteile aus der Beweislosigkeit tragen muß[116]. Ein Verschieben der Beweislast zu Lasten des Kunden im Fall der Stornierung setzt voraus, daß ohne Stornierung die Bank die Darlegungs- und Beweislast für die Tatsachen trüge, die im Fall der Stornierung der Gutschriftsempfänger darlegen und beweisen müßte.

Für den Fall, daß die Bank nicht stornieren darf, sondern auf Einwilligung des Kontoinhabers in die Aufhebung des mit der Gutschrift verbundenen abstrakten Schuldversprechensvertrages klagen muß, hat die Bank darzulegen und zu beweisen, daß die Voraussetzungen eines Kondiktionsanspruchs vorliegen[117]; die Bank trägt also die Darlegungs- und Beweislast dafür, daß die Gutschrift ohne Rechtsgrund erfolgt ist, d. h., daß ein wirksamer Überweisungsauftrag und damit ein Aufwendungsersatzanspruch nicht besteht. Dies ergibt sich daraus, daß es sich insoweit um anspruchsbegründende Voraussetzungen handelt[118].

Zweifelhaft ist, ob sich diese Darlegungs- und Beweislastverteilung umkehrt, wenn der Bank die Stornierungsbefugnis zuerkannt wird. Würde man annehmen, daß der Kunde, der nach einer Stornierung seitens der Bank die Initiative ergreifen und Klage erheben wird, um Ansprüche aus der seines Erachtens zu Unrecht stornierten Gutschrift geltend zu machen[119], auf Wiedergutschrift klagen wird, dann ergäbe sich in der Tat eine Umkehr der Darlegungs- und Beweislast. Denn jetzt müßte der Kunde darlegen und beweisen, daß ein abstraktes Schuldversprechen vorgelegen hat und daß es zu Unrecht durch Stornierung beseitigt wurde; der Kunde müßte also das Fehlen des Rechtsgrundes für die Gutschrift beweisen.

Es ist aber gerade nicht davon auszugehen, daß der Kunde nach einer Stornierung auf Wiedergutschrift klagen wird. Denn nach seiner Auffassung ist das mit der ursprünglichen Gutschrift zustandegekommene abstrakte Schuldversprechen nicht erloschen, da die Voraussetzungen für eine mit der Stornierungsbuchung erklärte Anfechtung nicht vorlagen. Für ihn hat die Stornierungsbuchung lediglich deklaratorischen Charakter, da die beabsichtigte Anfechtung unwirksam ist. Der Kunde wird daher aus der „stornierten" Gutschrift klagen. Die mit der Stornierungsbuchung erklärte Anfechtung ist gegenüber diesem Anspruch eine rechtsvernichtende Einwendung, für die die beklagte Bank die Darlegungs- und Beweislast trägt; denn grundsätzlich trägt derjenige, der die Anfechtung geltend macht, auch die Beweislast[120].

116 Rosenberg / Schwab § 118, I 2.

117 BGH WM 1975, 556 f.; BGH WM 1978, 998.

118 Vgl. Rosenberg / Schwab § 118 III 2.

119 So Otto / Stierle WM 1978, 530 (543).

120 Palandt / Heinrichs § 119, Bem. 6.

Damit dreht sich durch die Einräumung der Stornierungsbefugnis die Beweislastverteilung nicht um. Denn weiterhin trägt die Bank die Darlegungs- und Beweislast dafür, daß die Gutschrift ohne Rechtsgrund erfolgt ist.

Daß der Kunde nicht auf Wiedergutschrift, sondern aus der stornierten Gutschrift klagt, zeigt sich auch, wenn man das in der Gutschrift enthaltene abstrakte Schuldversprechen einmal losgelöst von einer Gebundenheit an das Girokonto betrachtet. Der Gläubiger eines solchen „normalen" abstrakten Schuldversprechens wird nach einer vom Schuldner erklärten Anfechtung nicht auf Abgabe eines neuen abstrakten Schuldversprechens klagen, da er damit ja stillschweigend die Anfechtung als wirksam anerkennen würde; vielmehr wird er aus dem „angefochtenen" Schuldversprechen klagen, da er die Anfechtung für unwirksam hält. Aus den gleichen Gründen wird der Gutschriftsempfänger nicht auf Wiedergutschrift sondern aus der stornierten Gutschrift klagen.

Im Ergebnis zeigt sich damit, daß durch ein Vorgehen der Bank im Wege der Stornierung sich nicht die Darlegungs- und Beweislast zu Lasten des Kunden verschiebt. Bei debitorischem Konto verschieben sich noch nicht einmal die Parteirollen. Bei kreditorischem Konto verschieben sich zwar die Parteirollen, aber dennoch verschiebt sich dadurch nicht die Darlegungs- und Beweislast zu Lasten des Empfängers. Der Empfänger trägt damit nach einer Stornierung seitens der Bank kein erhöhtes Prozeßrisiko; er hat damit jedenfalls nicht bzgl. des Prozeßrisikos einen Nachteil, wenn die Bank anstatt der Geltendmachung eines Bereicherungsanspruchs eine Stornierung vornimmt.

c) Nachteile durch Verlust von Einreden

Die Stornierung könnte im Vergleich zur Durchsetzung eines Bereicherungsanspruchs für den Kunden deshalb nachteilig sein, weil ihm durch die Stornierung Gegenrechte gegenüber der Rückgängigmachung der Gutschrift abgeschnitten sein könnten. Dabei kommen nur solche Gegenrechte in Betracht, die speziell gegenüber einem Bereicherungsanspruch bestehen; ein solches Gegenrecht ist die Einrede des Wegfalls der Bereicherung gem. § 818 III BGB. Gegenüber einem Anspruch der Bank auf Einwilligung in die Aufhebung des abstrakten Schuldversprechens aus § 812 BGB kann der Kunde sich bei Vorliegen der Voraussetzungen auf einen Wegfall der Bereicherung berufen, während ihm diese Möglichkeit unabhängig vom Vorliegen der Voraussetzungen schon dem Grunde nach verwehrt ist, wenn die Bank gegenüber seinem Anspruch aus der Gutschrift die Anfechtung des mit der Gutschrift verbundenen abstrakten Schuldversprechens einwendet. Wenn es daher nicht grundsätzlich ausgeschlossen erscheint, daß die Voraussetzungen des § 818 III BGB im Fall einer irrtümlich erteilten Gutschrift vorliegen können, dann brächte eine der Bank eingeräumte Stornierungsbefugnis für den Kunden Nachteile mit sich, womit dem Interesse der Bank an der Stornierung Interessen des Kunden entgegenstünden.

Es könnte deshalb grundsätzlich an den Voraussetzungen des § 818 III fehlen, weil die Gutschrift als das erlangte „etwas" im Zeitpunkt der Einwilligung regelmäßig noch vorhanden ist. Unzweifelhaft ist dies der Fall, wenn der Kunde noch nicht über den irrtümlich gutgeschriebenen Betrag verfügt hat. Aber auch mit einer Verfügung des Kunden geht die Gutschrift nicht unter und ist damit regelmäßig noch vorhanden. Denn die mit der Gutschrift begründete Forderung des Kunden aus dem abstrakten Schuldversprechen kann wegen des Kontokorrentcharakters des Girokontos nicht selbständig geltend gemacht werden[121]. Wenn der Kunde daher über den irrtümlich gutgeschriebenen Betrag z. B. mittels Barabhebung oder Überweisung verfügt, dann erfüllt die Bank mit Durchführung des entsprechenden Auftrages nicht den Anspruch des Kunden aus der Gutschrift, sondern sie stellt mit der Belastungsbuchung einen ihr aus dem Kundenauftrag entstandenen Aufwendungsersatzanspruch gem. §§ 675, 665, 670 BGB ins Kontokorrent ein[122], der dann bei Saldierung des Kontos mit dem Anspruch des Kunden aus der Gutschrift verrechnet wird[123]. Damit ist sowohl vor als auch nach einer Verfügung des Kunden über den irrtümlich gutgeschriebenen Betrag die Gutschrift, d. h. der Anspruch des Kunden aus dem abstrakten Schuldversprechen, noch vorhanden.

Dies schließt jedoch einen Wegfall der Bereicherung nicht grundsätzlich aus. Denn die Frage, ob ein Wegfall der Bereicherung vorliegt, muß nach wirtschaftlicher Betrachtungsweise beantwortet werden[124], so daß ein Wegfall der Bereicherung auch dann gegeben sein kann, wenn das erlangte „etwas" noch vorhanden ist, der Empfänger aber im Hinblick auf das Erlangte andere Vermögensnachteile erlitten hat[125]. Für den Fall der Gutschrift ergibt sich daraus folgendes: Hat der Kunde noch nicht über die Gutschrift verfügt, dann kann ein Wegfall der Bereicherung gleichwohl dennoch vorliegen, wenn der Kunde Verbindlichkeiten eingegangen ist, die er mit dem gutgeschriebenen Betrag tilgen wollte. Hat der Kunde über den gutgeschriebenen Betrag bereits

---

[121] Schlegelberger / Hefermehl § 355, Rdn. 32 m. w N.

[122] H. M. Schönle § 31 III 2; a. A. Pünder S. 85.

[123] Canaris § 357 Anh. C, Anm. 167 m. w. N.

[124] Palandt / Thomas § 818, Bem. 6 A m. w. N.

[125] Staudinger / Seufert § 818, Rdn. 35. Dabei besteht der praktisch wenig bedeutsame Streit, ob der Vermögensnachteil im Vertrauen auf die Beständigkeit der vermeintlichen Vermögensverschiebung gemacht sein muß, oder ob adäquate Kausalität ausreicht. Vgl. zum Streitstand auch Soergel / Mühl § 818, Rdn. 33.

verfügt, dann kann der Wegfall der Bereicherung darin bestehen, daß der Kunde einem Aufwendungsersatzanspruch der Bank ausgesetzt ist. Daran zeigt sich, daß ein Wegfall der Bereicherung nicht dadurch grundsätzlich ausgeschlossen ist, daß die Gutschrift bis zur Einwilligung in die Aufhebung grundsätzlich noch existiert.

Andere Gründe, die einen Wegfall der Bereicherung von vornherein ausschließen könnten, sind nicht ersichtlich.

Damit erscheint die Möglichkeit nicht grundsätzlich ausgeschlossen, daß der Kunde sich gegenüber einem Anspruch der Bank auf Einwilligung in die Aufhebung des mit der Gutschrift verbundenen abstrakten Schuldversprechens auf einen Wegfall der Bereicherung berufen kann. Da dem Kunden diese Einredemöglichkeit bei einem Vorgehen der Bank in Form der Stornierung grundsätzlich abgeschnitten ist, kann es für den Kunden nachteilig sein, wenn die Bank die unrichtige Gutschrift nicht mittels Durchsetzung eines Bereicherungsanspruchs sondern mittels einer Stornierung rückgängig machen will.

d) Ergebnis zu 2)

Damit kann nun die oben[126] aufgeworfene Frage beantwortet werden, ob dann, wenn der Kunde ohnehin zur „Herausgabe“ der unrichtigen Gutschrift verpflichtet ist, für den Kunden aus dem Vorgehen der Bank in Form der Stornierung Nachteile entstehen. Es hat sich gezeigt, daß durch die Stornierung dem Kunden zwar kein erhöhtes Prozeßrisiko im Vergleich zur Durchsetzung eines Bereicherungsanspruchs aufgebürdet, daß ihm aber durch die Stornierung unabhängig vom Vorliegen der Voraussetzungen die Möglichkeit genommen wird, sich auf die Einrede des Wegfalls der Bereicherung berufen zu können. Damit kann sich eine der Bank für die Fälle, daß ihr gegenüber dem Auftraggeber kein Aufwendungsersatzanspruch zusteht, eingeräumte Stornierungsbefugnis nachteilig für den Kunden auswirken, so daß eine Stornierung seitens der Bank seinen Interessen widerspricht.

3. Ergebnis zu II.

Die gewonnenen Zwischenergebnisse lassen nun eine Beantwortung der Frage[127] zu, ob Interessen des Kunden entgegenstehen, wenn man der Bank entsprechend ihren Interessen eine Stornierungsbefugnis zuerkennen würde. Die Frage ist für beide Fallgruppen, bei denen die Bank ein Interesse an der Stornierung hat, zu bejahen.

Beruht das Interesse der Bank an der Stornierung darauf, daß sie einen ihr zustehenden Aufwendungsersatzanspruch gegenüber ihrem

[126] Vgl. oben Teil 2 B II 2.

[127] Vgl. oben Teil 2 B II.

Auftraggeber nicht durchsetzen kann, dann ist das Interesse des Kunden verletzt, nicht auf Rückgängigmachung der Gutschrift in Anspruch genommen zu werden; denn der Bank steht in diesen Fällen des gegenüber dem Auftraggeber zwar bestehenden aber nicht durchsetzbaren Aufwendungsersatzanspruchs kein Anspruch gegen den Gutschriftsempfänger auf Rückgängigmachung der Gutschrift zu[128].

Besteht das Interesse der Bank an der Stornierung darin, daß ihr ein Aufwendungsersatzanspruch gegenüber dem Auftraggeber materiell-rechtlich gar nicht zusteht, dann ist das Interesse des Kunden verletzt, sich bei Vorliegen der Voraussetzungen auf einen Wegfall der Bereicherung berufen zu können.

Damit stehen sich die Interessen von Bank und Kunden entgegen, so daß zwischen beiden abzuwägen ist.

III. Abwägung der Interessen

Ziel der Abwägung muß ein gerechter Interessenausgleich sein. Dabei ist als Maßstab für das, was als gerecht anzusehen ist, nicht ein gesetzgeberisch generalisierender Maßstab anzuwenden, sondern ein individualisierender[129]. D.h. es ist zu fragen, wie die Bank und ein durchschnittlicher Bankkunde[130] den Interessenausgleich redlicherweise geregelt haben würden, wenn sie eine Regelung getroffen haben würden[131]. Dazu sind als Entscheidungsgrundlage insbesondere die Wertvorstellungen mitheranzuziehen, die aus anderen Vorschriften der Allgemeinen Geschäftsbedingungen hervorgehen. Mit Hilfe derer können dann die Wertungen der Parteien zu Ende gedacht werden[132].

1. Mangelnde Durchsetzbarkeit des Aufwendungsersatzanspruchs

Eindeutig ist das Ergebnis der Abwägung in dem Fall, daß der Bank nach der Gutschrift zwar materiell-rechtlich ein Aufwendungsersatzanspruch gegenüber ihrem Auftraggeber zusteht, dieser aber (wegen fehlender Deckung, Vermögenssperre, Pfändung des Kontoguthabens etc.) nicht durchsetzbar ist. Bei der Abwägung zwischen dem Interesse der Bank an der Stornierung und dem Interesse des Kunden, nicht in Anspruch genommen zu werden, geht es letztlich um die Frage, wer das Risiko für die Bonität des Auftraggebers der Überweisung zu tragen hat. Dieses Risiko hat allein die Bank als Vertragspartner des Auf-

---

[128] Vgl. oben Teil 2 B II 1 c.

[129] MünchKomm / Mayer-Maly § 157 Rdn. 41.

[130] Vgl. oben Teil 2 B.

[131] BGH LM Nr. 5 zu § 157.

[132] Larenz AT § 29 S. 479.

traggebers zu tragen; die Bank kann dieses Risiko nicht dadurch auf den Empfänger abwälzen, daß sie die Gutschrift storniert. Dafür besteht auch nach den anderen Regelungen in den Allgemeinen Geschäftsbedingungen keinerlei Anhaltspunkt. Im übrigen würde eine Stornierungsbefugnis gegen das allgemeine Prinzip des BGB verstoßen, wonach jeder das Bonitätsrisiko für seinen Vertragspartner zu tragen hat[133]. Zwar sind sowohl der Auftraggeber als auch der Empfänger Vertragspartner der Bank, aber das sich bei mangelnder Durchsetzbarkeit eines bestehenden Aufwendungsersatzanspruchs realisierende Bonitätsrisiko beruht auf dem Verhältnis zwischen Bank und Auftraggeber. Außerdem würde eine Stornierungsbefugnis der Bank dem Zweck des Buchgeldes widersprechen; nach Erteilung der Gutschrift soll das Buchgeld dem Bargeld möglichst gleichstehen[134], d. h. es sollen Einwendungen seitens der gutschreibenden Bank aus ihrem Deckungsverhältnis zum Auftraggeber nicht mehr möglich sein[135]. Danach ist das Interesse der Bank an einer Stornierung hier nicht schutzwürdig[136], das Interesse des Empfängers an der Nichtinanspruchnahme hat Vorrang.

Damit kann die Frage auf sich beruhen, ob eine Stornierungsbefugnis der Bank in den Fällen der mangelnden Durchsetzbarkeit des Aufwendungsersatzanspruchs überhaupt mit § 9 II Ziff. 1 AGBG vereinbar wäre; denn eine solche Stornierungsbefugnis würde insofern von der gesetzlichen Regelung abweichen, als der Empfänger kraft Gesetzes nicht verpflichtet wäre, in die Aufhebung der Gutschrift einzuwilligen[137].

2. Nichtbestehen eines Aufwendungsersatzanspruchs

Nicht so eindeutig ist die Abwägung zwischen dem Interesse der Bank an der Stornierung und dem Interesse des Kunden, sich bei Vorliegen der Voraussetzungen auf einen Wegfall der Bereicherung berufen zu können. Da bei bestehender Stornierungsbefugnis eine Geltendmachung des Wegfalls der Bereicherung ausgeschlossen wäre, geht es bei dieser Abwägung letztlich um die Frage, wer das Risiko für den Wegfall der Bereicherung aus einer irrtümlich erteilten Gutschrift zu tragen hat.

Weder im Girovertrag noch in den Allgemeinen Geschäftsbedingungen ist diese Frage ausdrücklich geregelt. Mangels einer ausdrücklichen vertraglichen Regelung könnte man daran denken, daß die Parteien

---

133 Motive II, 871 ff.; v. Caemmerer Ges. Schriften I, 246.

134 Vgl. oben Teil 1 A I 1 b.

135 Vgl. Canaris § 357 Anh. C, Anm. 211.

136 So die h. M., vgl. nur Schlegelberger / Hefermehl Anh. § 365, Rdn. 93; a. A. BGHZ 26, 185 (195).

137 Vgl. oben Teil 2 B II 1 c.

stillschweigend die gesetzliche Regelung vereinbaren wollten[138]. Nach der gesetzlichen Risikoverteilung müßte der Kunde das Risiko für den Wegfall der Bereicherung nur dann tragen, wenn er die Unrichtigkeit der Gutschrift positiv kannte (§ 819 I BGB). Sowohl bei Gutgläubigkeit als auch bei fahrlässiger Unkenntnis von der Unrichtigkeit der Gutschrift wäre der Kunde dagegen privilegiert[139], so daß die Bank nach der gesetzlichen Regelung das Risiko des Wegfalls der Bereicherung zu tragen hätte.

Daß die Parteien diese gesetzliche Risikoverteilung vereinbart hätten, wenn sie eine ausdrückliche Regelung dieser Frage getroffen hätten, kann jedoch endgültig nur dann angenommen werden, wenn nicht aus dem Gesamtwerk der vertraglichen Regelungen hervorgeht, daß die Parteien etwas anderes gewollt haben[140]. Eine solche, sich aus dem Vertragswerk ergebende Regelung ginge der gesetzlichen vor, da das Ergebnis der ergänzenden Auslegung sonst in Widerspruch zu dem tatsächlichen Parteiwillen geraten würde. Dies muß insbesondere dann gelten, wenn die gesetzliche Vorschrift, von der abgewichen werden soll, dispositiv ist, was bei der Vorschrift des § 818 III BGB der Fall ist[141].

Es stellt sich daher die Frage, ob andere Bestimmungen in den Allgemeinen Geschäftsbedingungen Anhaltspunkte dafür enthalten, daß die gesetzliche Risikoverteilung für einen Wegfall der Bereicherung von den Parteien abbedungen ist. In Ziff. 15 AGBG haben die Parteien folgendes vereinbart:

„Der Kunde hat Rechnungsabschlüsse und Wertpapieraufstellungen sowie sonstige Abrechnungen und Anzeigen auf ihre Richtigkeit und Vollständigkeit zu überprüfen."

Damit hat der Kunde eine Verpflichtung zur Kontrolle der ihm in den Kontoauszügen mitgeteilten Kontobewegungen und Kontostände übernommen[142]. Der Grund dafür liegt darin, daß die Bank bei den millionenfach anfallenden Gutschriftsbuchungen einzelne Fehler ungleich schwerer erkennen kann als der jeweilige Gutschriftsempfänger; denn der Kunde weiß in der Regel, ob und welche Gutschriften er erwartet, so daß er eine unrichtige Gutschrift leicht feststellen kann. Daher ist es nicht unbillig, dem Kunden eine solche Kontrollpflicht zuzumuten. Diese Kontrollpflicht ist eine girovertragliche Nebenpflicht,

---

[138] BGHZ 40, 91 (103) spricht von einer Vermutung für die Anwendbarkeit der gesetzlichen Regelung.

[139] Die h. M. sieht die Haftung des Kondiktionsschuldners als Regel und die Privilegierung im Fall der Entreicherung als Ausnahme an; vgl. v. Caemmerer Festschrift f. Rabel, 332 (368); Larenz § 70 II S. 511.

[140] BGH LM Nr. 30 zu § 157.

[141] BGB / RGRK / Heimann-Trosien § 818, Rdn. 43.

[142] So schon Schoele S. 133.

deren Verletzung den Kunden gegenüber der Bank aus dem Gesichtspunkt der positiven Vertragsverletzung schadensersatzpflichtig macht[143]. Die Verpflichtung zum Schadensersatz besteht dabei nicht nur bei vorsätzlichem Handeln des Bankkunden, sondern auch bei fahrlässigem Handeln, da sich aus dem Girovertrag nichts dafür herleiten läßt, daß der Bankkunde abweichend von der gesetzlichen Regelung des § 276, I 1 BGB nur bei vorsätzlichem Handeln haften soll[144].

Der Kunde hat seine Kontrollpflicht also auch dann verletzt, wenn er die Fehlerhaftigkeit der Gutschrift kennen mußte (§ 122, II BGB). Voraussetzung für ein solches Kennenmüssen ist, daß die Fehlerhaftigkeit der Gutschrift für den Kunden erkennbar war; d. h. der Kunde mußte aus den ihm von der Bank zur Verfügung gestellten Unterlagen entnehmen können, daß die Erteilung der Gutschrift zu Unrecht erfolgte.

Eine zum Schadensersatz verpflichtende Verletzung der Kontrollpflicht liegt also immer bereits dann vor, wenn der Kunde die Fehlerhaftigkeit der Gutschrift erkennen konnte und er dennoch den Fehler nicht reklamiert hat. Die Verpflichtung zum Schadensersatz bedeutet, daß der Kunde die Bank so zu stellen hat, wie sie gestanden hätte, wenn er die Bank rechtzeitig auf die Fehlerhaftigkeit hingewiesen hätte. Bei rechtzeitiger Reklamation hätte die Bank die fehlerhafte Gutschrift sofort rückgängig gemacht, so daß es zu einem Wegfall der Bereicherung nicht hätte kommen können.

Damit zeigt sich, daß die Parteien mit der Verpflichtung des Kunden zur Kontrolle seiner Kontoauszüge vereinbart haben, daß die Bank immer dann, wenn die Fehlerhaftigkeit der Gutschrift für den Kunden erkennbar war und er damit zumindest fahrlässig gehandelt hat, nicht das Risiko des Wegfalls der Bereicherung tragen soll[145]. Durch diese ausdrückliche vertragliche Regelung haben die Parteien die abdingbare gesetzliche Regelung der §§ 818 III, 819, I BGB in der Weise modifiziert, daß der Kunde das Risiko des Wegfalls der Bereicherung nicht nur bei positiver Kenntnis sondern auch bei fahrlässiger Unkenntnis von der Fehlerhaftigkeit der Gutschrift tragen soll. Da zumindest Fahrlässigkeit nur, aber auch immer dann vorliegt, wenn die Fehlerhaftigkeit der Gutschrift für den Kunden erkennbar war, trägt die Bank das Risiko des Wegfalls der Bereicherung nur dann, wenn die Fehlerhaftigkeit der Gutschrift vom Gutschriftsempfänger nicht erkannt werden konnte.

---

[143] BGH WM 1978, 998 (999).

[144] BGH WM 1978, 998 (999).

[145] H. M., BGH WM 1978, 998 (999); Liesecke WM 1975, 238 (241); Schlegelberger / Hefermehl Anh. § 365, Rdn. 96 a. E.; a. A. Canaris Anh. C nach § 357, Anm. 221, der unter Hinweis auf BAG NJW 1961, 1590 die gesetzliche Regelung der §§ 818, III, 819, I als nicht durch Vertrag abdingbare Spezialregeln ansieht; gegen ihn zu Recht Liesecke und Hefermehl.

3. Ergebnis zu III.

Im Ergebnis kann damit als hypothetischer Wille der Parteien für den Ausgleich der widerstreitenden Interessen folgendes festgehalten werden: Für den Fall des bestehenden aber nicht durchsetzbaren Aufwendungsersatzanspruchs muß das Interesse der Bank an der Stornierung uneingeschränkt zurücktreten; für einen anderslautenden Parteiwillen besteht keinerlei Anhaltspunkt. Im Fall des nicht bestehenden Aufwendungsersatzanspruchs geht das Interesse der Bank an der Stornierung vor, wenn die Fehlerhaftigkeit der Gutschrift für den Kunden erkennbar war; denn aus der Regelung der Ziff. 15 AGB-Banken ergibt sich, daß das Interesse des Kunden an der Möglichkeit, sich auf einen Wegfall der Bereicherung berufen zu können, hier nicht schutzwürdig ist. Die Interessen des Kunden sind nur schutzwürdig, wenn er die Fehlerhaftigkeit nicht erkennen konnte.

IV. Ergebnis zu B.

Auf Grund der beiderseitigen Interessen der Parteien und ihres Ausgleichs anhand im Girovertrag enthaltener Wertungen läßt sich nun der Anwendungsbereich der Stornoklausel näher bestimmen. Eine Stornierung kommt nur dann in Betracht, wenn die gutschreibende Bank nicht wirksam angewiesen wurde und dann auch nur unter der Voraussetzung, daß die Fehlerhaftigkeit der Gutschrift für den Empfänger erkennbar war. Denn einmal besteht hier ein Interesse der Bank an der Stornierung, da die Bank auf Grund der Unwirksamkeit des Überweisungsauftrages keinen Aufwendungsersatzanspruch (und auch keinen anderen Anspruch) gegen ihren Auftraggeber hat. Zum anderen ist ein schutzwürdiges Interesse des Kunden nicht verletzt, da die Bank gegen den Empfänger einen Bereicherungsanspruch hat und das Interesse des Kunden sich gegenüber diesem Anspruch auf einen Wegfall der Bereicherung berufen zu können, nicht schutzwürdig ist.

In allen anderen Fällen, in denen die Gutschrift letztlich auf einem Irrtum beruht, ist eine Stornierung seitens der Bank nicht möglich. Dazu gehören einmal die Fälle der Kettenüberweisung, in denen im Verhältnis zwischen Auftraggeber und Auftraggeber-Bank kein wirksamer Überweisungsauftrag vorliegt, die Auftraggeber-Bank aber die Empfänger-Bank (irrtümlich) wirksam angewiesen hat. Hier fehlt es schon an einem Interesse der Empfänger-Bank bzgl. der Stornierung, da sie auf Grund der wirksamen Anweisung durch die Auftraggeber-Bank gegen diese einen Aufwendungsersatzanspruch hat und damit Deckung für die von ihr erteilte Gutschrift erhält. Eine dennoch der Empfangsbank gegebene Stornierungsbefugnis würde daher nur der Auftraggeber-Bank zugute kommen, zu deren Gunsten die Stornoklausel jedoch nicht zwischen der Empfänger-Bank und dem Empfänger vereinbart wurde[146].

Zum anderen scheidet eine Stornierung aus, wenn die gutschreibende Bank zwar wirksam angewiesen wurde (von der Auftraggeberbank oder vom Auftraggeber), aber den Überweisungsauftrag nicht hätte auszuführen brauchen, weil das Konto des Auftraggebers nicht genügend Deckung aufwies. Auch wenn hier ein Interesse der gutschreibenden Bank an der Stornierung besteht, weil der bestehende Aufwendungsersatzanspruch nicht durchsetzbar ist, kommt eine Stornierung dennoch nicht in Betracht; denn der Kunde ist nicht zur Einwilligung in die Aufhebung der Gutschrift verpflichtet und die Stornoklausel kann[147] und soll nur bei bestehenden Ansprüchen eingreifen, aber keine neuen Ansprüche schaffen[148].

Endlich ist eine Stornierungsbefugnis der Bank auch dann zu verneinen, wenn die gutschreibende Bank zwar nicht wirksam angewiesen ist, aber die Fehlerhaftigkeit der Gutschrift für den Empfänger nicht erkennbar war. Zwar besteht hier ein Interesse der Bank an der Stornierung und ist der Empfänger auch grds. zur Einwilligung in die Rückgängigmachung der Gutschrift verpflichtet, aber einer Stornierung steht das in diesen Fällen schutzwürdige Interesse des Empfängers entgegen, sich gegebenenfalls auf einen Wegfall der Bereicherung berufen zu können — eine Möglichkeit, die bei der Stornierung nicht gegeben ist.

C. Stornierungsbefugnis im Einzelfall — Anwendung der Kriterien und Meinungsstand

Nachdem bisher mit Hilfe der ergänzenden Auslegung anhand der Interessenlage der Anwendungsbereich der Stornoklausel lediglich abstrakt bestimmt wurde, müssen jetzt die gewonnenen abstrakten Kriterien auf den Einzelfall angewendet werden, um so die hier vertretene Auffassung zu ergänzen. Die so gewonnenen Ergebnisse sollen dann den in Rechtsprechung und Literatur vertretenen Ergebnissen gegenübergestellt werden. Im Rahmen dieser Gegenüberstellung ist dann auch die Geeignetheit der in Rechtsprechung und Literatur verwendeten Abgrenzungskriterien für den Anwendungsbereich der Stornoklausel zu überprüfen.

---

146 Ebenso von Caemmerer JZ 1962, 385 (387); Möschel JuS 1972, 297 (304); Canaris Anh. C zu § 357, Anm. 217.

147 Vgl. § 9, II Ziff. 1 AGBG.

148 Vgl. Putzo S. 111.

I. Eigene Ansicht

Bei der Ergänzung der hier vertretenen Auffassung sollen nicht noch einmal die einzelnen Varianten derjenigen Fallgruppen dargestellt werden, bei denen eine Stornierung ohnehin ausgeschlossen ist — so, wenn die gutschreibende Bank im Fall der Kettenüberweisung von der Auftraggeber-Bank wirksam angewiesen war, jedoch in deren Verhältnis zum Auftraggeber kein wirksamer Überweisungsauftrag vorlag, oder wenn die Bank zwar wirksam angewiesen war aber ihr Aufwendungsersatzanspruch mangels verfügbarer Deckung auf dem Konto ihres Auftraggebers nicht durchsetzbar ist. — Vielmehr soll die noch offen gebliebene Frage beantwortet werden, in welchen Fällen, in denen die gutschreibende Bank nicht wirksam angewiesen ist, die Fehlerhaftigkeit der Gutschrift für den Empfänger erkennbar ist. Bei der Darstellung der einzelnen Varianten, in denen die Bank jeweils nicht wirksam angewiesen ist, kann auf die oben[1] gewählte Einteilung in zwei Untergruppen zurückgegriffen werden.

1. Fehlerhafte Ausführung eines fehlerfreien Überweisungsauftrages

Als erste Fallgruppe, bei der der von der Bank erteilten Gutschrift kein (wirksamer) Überweisungsauftrag zu Grunde liegt, kommen diejenigen Fälle in Betracht, in denen die Bank einen ihr erteilten Überweisungsauftrag falsch ausführt. Es liegt zwar regelmäßig ein wirksamer Überweisungsauftrag vor, aber durch die nicht auftragsgemäße Ausführung liegt der erteilten Gutschrift kein Überweisungsauftrag zugrunde; es sind dies die Fälle, in denen die Bank einen höheren Betrag gutschreibt als denjenigen, der ihr angewiesen ist (Zuvielüberweisung), in denen die Bank einen Überweisungsauftrag doppelt ausführt oder in denen die Bank an einen falschen Empfänger gutschreibt.

Aus den dieser Fallgruppe gemeinsamen charakteristischen Merkmalen ergibt sich, daß die Fehlerhaftigkeit der Gutschrift für den Empfänger regelmäßig auch erkennbar ist[2]. Die Erkennbarkeit ergibt sich daraus, daß dem Empfänger eine Durchschrift des Überweisungsauftrages von seiner kontoführenden Stelle zusammen mit dem entsprechenden Kontoauszug übersandt wird und die Bank die Gutschrift in diesen Fällen ja gerade nicht entsprechend dem Überweisungsauftrag erteilt hat. Der Überweisungsauftrag wird bei allen Kreditinstituten[3] auf einem dreiteiligen Durchschreibeformular erteilt. Grundlage für

---

[1] Vgl. oben Teil 2 B I 2.

[2] So andeutungsweise auch Schlegelberger / Hefermehl Anh. § 365, Rdn. 92; Putzo S. 114.

[3] Mit Ausnahme der Postscheckaufträge.

diese Einheitlichkeit ist die „Vereinbarung der Richtlinien für die Ausgestaltung von Überweisungsvordrucken“[4], die im Jahre 1960 von den Spitzenverbänden der Kreditinstitute getroffen wurde. Von diesem dreiteiligen vom Auftraggeber ausgefüllten Formular dient die erste Seite — sozusagen das Original — der Auftraggeber-Bank als Buchungsbeleg für die Belastung des Auftraggeberkontos, und geht die zweite Durchschrift als Auftragsbestätigung an den Auftraggeber zurück. Dagegen wird die erste Durchschrift, der sog. Überweisungs- oder Gutschriftträger, dem Empfänger — im Fall der Kettenüberweisung über die jeweilige Verrechnungsstelle — mit dem Kontoauszug zugeleitet[5]. Da die Bank in den Fällen der Zuvielüberweisung, der Doppelüberweisung oder der Überweisung an den falschen Empfänger den Überweisungsauftrag nicht so ausführt, wie er ihr erteilt wurde, kann der Kunde den der Bank unterlaufenen Fehler durch einfachen Vergleich zwischen dem Überweisungsträger und dem Kontoauszug mit der Gutschriftsbuchung erkennen. Der Umstand, daß ihm irrtümlich zuviel, oder doppelt Gutschrift erteilt wurde bzw. er nicht als Empfänger auf dem Gutschriftsträger eingetragen ist, wird dem Kunden umso eher auffallen, als der durchschnittliche Bankkunde in der Regel seinen Kontostand größenordnungsmäßig kennt und ihn ein unerwartet hoher Kontostand daher auf einen Irrtum der Bank hinweist.

Da somit die Fehlerhaftigkeit der Gutschrift hier erkennbar ist, steht der Bank in diesen Fällen, bei denen der Gutschrift kein wirksamer Überweisungsauftrag zu Grunde liegt, die Stornierungsbefugnis zu.

2. Fehlerfreie Ausführung eines fehlerhaften Überweisungsauftrages

Den einzelnen Varianten dieser Fallgruppe ist gemeinsam, daß hier die Bank den Überweisungsauftrag genauso ausführt, wie er ihr erteilt wurde. Die Gutschrift auf dem Kontoauszug und der Überweisungsträger stimmen daher überein. Das hat zur Folge, daß der Empfänger die Fehlerhaftigkeit der Gutschrift nicht durch einfachen Vergleich des Überweisungsträgers mit der Gutschriftsbuchung erkennen kann. Dies gilt für die Fälle der anfänglichen Nichtigkeit des Überweisungsauftrages und des übersehenen Widerrufs ebenso wie für die Fälle des gefälschten oder des von einem Vertreter ohne Vertretungsmacht unterzeichneten Überweisungsauftrages. Denn der dem Empfänger zugestellte Überweisungsträger ist zwar eine Durchschrift des Original-Überweisungsauftrages, aber keine vollständige Durchschrift, da die Unterschrift des Auftraggebers nicht durchgeschrieben ist. Daher kann der Empfän-

---

[4] Vgl. BAnz Nr. 199 vom 14. 10. 1960.

[5] Vgl. Hagenmüller S. 206; Müller-Löffelholz unter „Überweisungsverkehr“.

ger die Fälschung der Unterschrift oder den Umstand, daß eine nicht vertretungsberechtigte Person den Überweisungsauftrag unterschrieben hat, selbst dann nicht allein aus dem Überweisungsträger entnehmen, wenn er die Unterschrift des Auftraggebers oder die zur Vertretung des Auftraggebers berechtigten Personen kennt.

Damit ist die Fehlerhaftigkeit der Gutschrift, die darauf beruht, daß der Bank ein unwirksamer Überweisungsauftrag erteilt wurde, für den Empfänger auf Grund der ihm zur Verfügung gestellten Kontounterlagen regelmäßig nicht erkennbar, so daß eine Verletzung der Kontrollpflicht aus Ziff. 15 AGB nicht in Betracht kommt. Da eine solche aber Voraussetzung dafür ist, daß das Interesse des Empfängers, sich ggf. auf einen Wegfall der Bereicherung berufen zu können, nicht schutzwürdig ist, kommt eine Stornierung, die dem Empfänger diese Möglichkeit abschneidet, bei dieser Fallgruppe nicht in Betracht[6].

Im Ergebnis liegen die oben abstrakt entwickelten Voraussetzungen für eine Stornierung, nämlich das Fehlen eines mit der Gutschrift übereinstimmenden wirksamen Überweisungsauftrages sowie die Erkennbarkeit für den Kunden nur dann vor, wenn die Bank den ihr erteilten Überweisungsauftrag irrtümlich fehlerhaft ausführt, indem sie dem Empfänger zuviel gutschreibt, den Betrag doppelt gutschreibt oder die Gutschrift einem anderen als dem vorgesehenen Empfänger gutschreibt.

II. Meinungsstand

Einigkeit besteht zunächst darin, daß im Fall der Kettenüberweisung eine Stornierung der Empfänger-Bank beim Empfänger immer dann nicht in Betracht kommt, wenn im Verhältnis zwischen Auftraggeber und Auftraggeber-Bank kein wirksamer Überweisungsauftrag vorliegt, die Auftraggeber-Bank die Empfänger-Bank aber wirksam angewiesen hatte[7].

Übereinstimmend wird auch eine Stornierungsbefugnis immer dann abgelehnt, wenn die gutschreibende Bank zwar wirksam angewiesen wurde und daher einen Aufwendungsersatzanspruch gegen ihren Auftraggeber erworben hat, diesen aber mangels verfügbarer Deckung auf dem Auftraggeberkonto nicht durchsetzen kann[8]. Begründet wird dies überwiegend damit, daß die Bank nicht die Risiken aus dem Verhältnis zu ihrem Auftraggeber auf den Empfänger abwälzen dürfe[9].

---

[6] Dazu im Widerspruch steht Nr. 1 Abs. III AGB-Sparkassen, wonach eine Stornierung auch dann möglich ist, wenn ein „verpflichtender Auftrag“ fehlt.

[7] v. Caemmerer JZ 1962, 385 (387); Canaris Anh. C nach § 357, Anm. 17 m. w. N.; Schönle § 32 III a. E.; OLG Celle BB 1966, 1169; LG Bielefeld WM 1970, 1972.

[8] Schlegelberger / Hefermehl Anh. § 365 Rdn. 93; Kolbenschlag WM 1970, 174 (176); Kümpel Sonderbeilage 1 WM 1976, 16; Schoele S. 80; Helbig S. 131.

Streitig ist dagegen, bei welchen einzelnen der zahlreichen Varianten, in denen der erteilten Gutschrift jeweils kein wirksamer Überweisungsauftrag an die gutschreibende Bank zugrunde lag, die Stornierung zulässig sein soll. Dabei muß ausgehend von den unterschiedlichen Auffassungen zur Rechtsnatur der Gutschrift zwischen zwei grundsätzlich verschiedenen Meinungen unterschieden werden.

1. Anwendungsbereich nach der Bedingungslehre

a) *Inhalt*

Sieht man in der Gutschriftsbuchung keine Willenserklärung, sondern nur den Eintritt der aufschiebenden Bedingung des generell im Girovertrag vereinbarten abstrakten Schuldversprechensvertrages[10], dann bedarf es keiner besonderen Abgrenzung des Anwendungsbereichs der Stornoklausel. Denn dieser Lehre liegt der Gedanke zugrunde, daß nach dem Parteiwillen nur solche Gutschriftsbuchungen einen Bedingungseintritt darstellen, denen ein wirksamer Überweisungsauftrag zugrundeliegt[11]. Danach kommt die (rein deklaratorische[12]) Stornierung immer dann in Betracht, wenn der Überweisungsauftrag unwirksam ist, z. B. weil er gefälscht, anfänglich nichtig, oder rechtzeitig widerrufen ist[13]; denn in diesen Fällen besteht mangels Bedingungseintritts kein abstraktes Schuldversprechen, so daß die Stornierung lediglich die Funktion hat, den rechnerischen Kontostand wieder mit der materiellen Rechtslage in Einklang zu bringen.

b) *Kritik*

Die Anwendung der Stornoklausel auch in allen denjenigen Fällen, in denen der Überweisungsauftrag fehlerhaft ist, ist nach der Bedingungslehre konsequent. Sie ist eine notwendige Folge davon, daß man in den Girovertrag den Willen der Parteien hineininterpretiert, wonach nur solche Gutschriftsbuchungen einen Bedingungseintritt bewirken sollen, denen ein wirksamer Überweisungsauftrag zu Grunde liegt. Eine Kritik darf sich folglich nicht gegen die Anwendung der Stornoklausel sondern muß sich gegen die Interpretation des Girovertrages richten. Dazu können hier nur zwei Anmerkungen gemacht werden: Die Vertreter dieser Lehre haben für diesen in den Girovertrag hineininterpretierten Willen keine Stütze im Girovertrag oder in den AGB. Dies macht die Richtigkeit ihrer Lehre insbesondere deshalb zweifelhaft,

---

[9] Möschel JuS 1972, 297 (305).

[10] Vgl. oben Teil 1 A I 2 b aa.

[11] Helbig S. 130.

[12] Vgl. oben Teil 1 A I 2 b aa.

[13] Schoele S. 221; Helbig S. 131.

weil sie mit dieser Interpretation die Rechtsstellung des Kunden verschlechtern. Ohne diese Interpretation wäre der Kunde nicht ohne weiteres verpflichtet in die Rückgängigmachung der Gutschrift einzuwilligen, da nicht ausgeschlossen ist, daß der Kunde sich gegenüber dem Bereicherungsanspruch der Bank auf einen Wegfall der Bereicherung berufen kann[14].

2. Anwendungsbereich nach der Lehre von der Gestaltungserklärung

Sieht man dagegen in der Gutschriftsbuchung — und zwar auch dann, wenn dieser kein wirksamer Überweisungsauftrag zugrundeliegt — eine Gestaltungserklärung der Bank und in der Stornierung eine Anfechtungserklärung, dann hat die Frage nach dem Anwendungsbereich dieses Anfechtungsrechtes selbständige Bedeutung. Demgemäß kommt man hier zu anderen Ergebnissen.

a) Die Ansicht Putzos

aa) Inhalt

Putzo[15] — und ihm folgend Otto / Stierle[16] — vertreten die Ansicht, daß eine Stornierung immer dann zulässig sei, wenn ein Inhalts- oder Erklärungsirrtum der Bank i. S. d. § 119, I BGB vorliege; bei bloßen Motivirrtümern käme eine Stornierung nicht in Betracht. Zur Beschränkung des Anwendungsbereichs der Stornoklausel auf Irrtümer i. S. d. § 119, I BGB kommt Putzo auf Grund folgenden Gedankenganges: Wenn man davon ausgehe, daß die Bank mit der Gutschrift eine rechtsgeschäftliche Gestaltungserklärung abgibt, durch die in Höhe des gutgeschriebenen Betrages ein abstrakter Schuldversprechensvertrag zustandekommt, dann folge daraus notwendigerweise, daß auch mit der Stornierungsbuchung eine rechtsgeschäftliche Erklärung verbunden sei. Da von den drei theoretisch möglichen Rechtsinstituten Rücktritt, Widerruf und Anfechtung aus dogmatischen Gründen nur letztere in Frage komme, ergebe sich daraus automatisch eine Beschränkung des Anwendungsbereichs auf die gesetzlich geregelten Anfechtungsfälle des §§ 119, I, 119, II und 123 BGB. Von diesen drei Möglichkeiten kämen nur die Fälle des § 119, I BGB in Betracht, weil ein Eigenschaftsirrtum i. S. d. § 119, II BGB schlechterdings nicht in Frage käme. — Der damit für die Anwendung der Stornoklausel erforderliche Inhalts- und Erklärungsirrtum bei der gutschreibenden Bank läge in den drei sog. „klassischen“[17] Fällen der Stornierung vor, der Zuvielüberweisung, der Dop-

---

[14] Vgl. oben Teil 2 B II 2 c.

[15] Putzo S. 110 ff. (112/113).

[16] Otto / Stierle MW 1978, 530 (541).

[17] Möschel JuS 1972, 297 (304).

pelüberweisung und der Überweisung an den falschen Empfänger. Dabei soll es sich bei der Zuvielüberweisung und der Überweisung an den falschen Empfänger um einen Erklärungsirrtum (§ 119, I 2. Alt. BGB) handeln. Dagegen soll im Fall der Doppelüberweisung ein beachtlicher Inhaltsirrtum i. S. d. § 119, I BGB vorliegen. Nach Putzo irrt die Bank über die Existenz eines (noch nicht ausgeführten) Überweisungsauftrages, wenn die Bank den einen Überweisungsauftrag irrtümlich zum zweiten Male ausführt. Daß aber im Zeitpunkt der Gutschrift ein (noch nicht ausgeführter) Überweisungsauftrag bestehe, sei für den Gutschriftsempfänger erkennbar eine Erklärungsgrundlage für die Abgabe der Gestaltungserklärung geworden. Entsprechend einer „von der Praxis und dem überwiegenden Schrifttum" vertretenen Auffassung, nach der auch der Irrtum über die dem Erklärungsgegner erkennbare Erklärungsgrundlage ein beachtlicher Irrtum i. S. d. § 119, I sei, soll der Irrtum der Bank über die Existenz eines (noch nicht ausgeführten) Überweisungsauftrages ein beachtlicher Inhaltsirrtum sein. Bei allen anderen Varianten, in denen der Gutschrift kein wirksamer Überweisungsauftrag zu Grunde liege, befinde sich die Bank nicht in einem Inhalts- oder Erklärungsirrtum, sondern in einem unbeachtlichen Motivirrtum, so in den Fällen der Fälschung, der anfänglichen Nichtigkeit oder des übersehenen Widerrufs eines Überweisungsauftrages. Insbesondere sei das Vorliegen einer rechtsgültigen Weisung nicht Erklärungsgrundlage für die Gestaltungserklärung der Bank geworden.

bb) Kritik

Der Verdienst Putzos liegt zunächst darin, daß er den Zusammenhang zwischen der Rechtsnatur der Gutschrift und der Rechtsnatur der Stornierung nochmals[18] klar herausgearbeitet hat und damit dem vielfach in der Literatur zu findenden Widerspruch entgegentritt, daß einerseits die Gutschrift als abstraktes Schuldversprechen angesehen wird, andererseits die Stornierung als vereinfachte Methode der Rückabwicklung, bei der die Bank der Notwendigkeit der Anfechtung oder der Durchsetzung eines Bereicherungsanspruchs enthoben sei[19].

Darüber hinaus kommt Putzo zwar zu den gleichen Ergebnissen, die hier vertreten werden, jedoch vermag seine Begründung aus drei Gründen nicht zu überzeugen.

Einmal ist die Schlußfolgerung nicht zwingend, daß der Anwendungsbereich der Stornoklausel auf die gesetzlichen Anfechtungstatbestände beschränkt sein muß, wenn man die Stornierung als Anfechtung qualifi-

---

[18] So zuvor schon Meyer-Cording S. 99, der jedoch offensichtlich insoweit wenig Beachtung fand.

[19] Vgl. nur Liesecke WM 1975, 214 (229) und 238 (240); Canaris Anh. C nach § 357, Anm. 207 u. 217.

ziert. Putzo übersieht die naheliegende Möglichkeit, daß die Parteien mit der Stornoklausel ein vertragliches Anfechtungsrecht vereinbaren konnten[20], dessen Voraussetzungen sich nicht aus dem Gesetz, sondern aus den Bedürfnissen des Giroverkehrs ergeben sollten; damit ist sein methodischer Ansatz verfehlt, worauf schon oben eingehend hingewiesen wurde[21].

Dies wird umso mehr anzunehmen sein, als die Parteien sich bei Abschluß des Girovertrages gar nicht bewußt sind, mit der Stornoklausel ein Anfechtungsrecht zu vereinbaren. Die Qualifizierung des Stornorechts als Anfechtung folgt erst daraus, daß die Gutschrift ein abstraktes Schuldversprechen darstellt. Daher darf von der Qualifizierung als Anfechtungsrecht nicht darauf geschlossen werden, daß es sich um ein solches i. S. d. § 119, I BGB handelt; vielmehr können die Voraussetzungen für eine Stornierung nur durch eine (ergänzende) Auslegung des Wortlautes der Stornoklausel bestimmt werden.

Zum anderen ist es zweifelhaft, ob im Falle der Doppelbuchung tatsächlich ein beachtlicher Inhaltsirrtum i. S. d. § 119, I BGB vorliegt. Einer der „klassischen" Fälle des Inhalts- oder Erklärungsirrtums liegt sicher nicht vor; dies sei an dem Beispiel des jüngst vom BGH entschiedenen Falles[22] dargestellt, in dem die Bank die Überweisung, die sie auf Grund eines fernschriftlichen Auftrages bereits ausgeführt hatte, auf Grund der nachträglich eingegangenen schriftlichen Bestätigung des fernschriftlichen Auftrages ein zweites Mal ausführte und dem Kunden so doppelt Gutschrift erteilte. Die mit der Gutschriftsbuchung abgegebene Gestaltungserklärung wollte die Bank nicht nur äußerlich, sondern sie verband mit ihr auch den äußerlich erklärten Sinn, da sie sich ja für verpflichtet hielt. Die Bank hat mit der Gutschriftsbuchung auch genau das erklärt, was sie erklären wollte. Der Fall der Doppelbuchung kann daher nur dann unter § 119, I subsumiert werden, wenn man den Anwendungsbereich in der Weise erweitert, daß man die Grundlage der Erklärung mit zum Inhalt der Erklärung macht[23]. Eine solche Ausdehnung des Inhaltes einer Erklärung ist vom Reichsgericht in der Tat häufig vorgenommen worden[24]. So wurde die Berechnungsgrundlage für eine bestimmte Erklärung (z. B. Angebot zu bestimmtem Preis) mit als Inhalt der Erklärung angesehen, wenn dem Erklärungsgegner die Berechnungsgrundlage bekannt war. Der BGH, der die Frage zunächst ausdrücklich offengelassen hatte[25], hat später die Fragwürdigkeit

---

[20] Vgl. oben Teil 1 B V.

[21] Vgl. oben Teil 1 B V 2.

[22] BGH WM 1978, 998.

[23] Vgl. Larenz AT § 20, II a S. 329.

[24] RGZ 90, 268 („Altmetallfall"); RGZ 101, 107 („Silberfall"); Börsenkursfälle RGZ 94, 65; 97, 138; 101, 51; 116, 15.

dieser Ausweitung des § 119, I BGB angedeutet[26], ohne sich allerdings endgültig festzulegen. Das überwiegende Schrifttum lehnt jedoch diese Ausweitung des § 119, I BGB zu Recht ab[27]. Die Grundlage einer Erklärung ist nichts anderes als das Motiv der Erklärung. Irrt jemand über die Grundlage seiner Erklärung, dann liegt ein Motivirrtum vor, dagegen fallen nicht das Erklärte und das Gemeinte auseinander. Zieht man also die Grundlage einer Erklärung mit zu deren Inhalt, dann wird die Grenze zum Motivirrtum verwischt. Dies ändert sich auch dann nicht, wenn der Erklärungsgegner von der Grundlage der Erklärung weiß. Denn die Kenntnis des Erklärungsgegners von der Grundlage hat keinen Einfluß darauf, daß es an einer Divergenz zwischen Erklärtem und Gemeintem fehlt.

Selbst wenn man aber einmal mit Putzo davon ausgeht, daß die Grundlage einer Erklärung — zumindest bei Kenntnis des Erklärungsgegners — mit zu deren Inhalt gehört, dann hat Putzo die Grundlage der Erklärung unzutreffend bestimmt. Putzo sieht es als dem Empfänger bekannte Erklärungsgrundlage an, daß die Bank im Überweisungsverkehr nur gutschreibt, wenn ein äußerlich existenter Überweisungsauftrag vorliege, dagegen sei es nicht Erklärungsgrundlage, daß die Bank nur bei rechtsgültigem Überweisungsauftrag Gutschrift erteile. Diese Bestimmung der Erklärungsgrundlage ist nicht vertretbar. Denn es besteht keine Pflicht der Bank, bei Vorliegen eines äußerlich-existenten aber unwirksamen Überweisungsauftrages Gutschrift zu erteilen. Vielmehr besteht gegenüber dem Empfänger eine Pflicht zur Gutschrift nur dann, wenn ein rechtsgültiger Überweisungsauftrag vorliegt und wenn Deckung auf dem Konto des Auftraggebers vorhanden ist[28]. Dies ist dem Gutschriftsempfänger auch bekannt. Daher könnte Erklärungsgrundlage für die mit der Gutschrift abgegebene Gestaltungserklärung der Bank nur sein, daß ein wirksamer Überweisungsauftrag und genügend Deckung vorliegen. Sieht man diese Erklärungsgrundlage als Teil des Inhaltes der Gestaltungserklärung an und läßt wegen eines Irrtums über die Erklärungsgrundlage eine Anfechtung zu, dann läge nicht nur im Fall der Doppelbuchung ein Inhaltsirrtum vor, sondern in jedem anderen Fall, bei dem die Bank ein Interesse an der Stornierung hat ebenso. Eine Stornierung wäre daher selbst dann möglich, wenn die Bank wirksam angewiesen ist, aber ihren Aufwendungsersatzanspruch mangels verfügbarer Deckung auf dem Auftraggeber-Konto nicht durchsetzen kann. Putzo will jedoch den Anwendungsbereich der Storno-

25 BGH LM Nr. 8 zu § 119.

26 BGH LM Nr. 21 zu § 119.

27 Enneccerus / Nipperdey § 167 IV 4; Soergel / Hefermehl § 119, Rdn. 27; Larenz AT § 20 II a, S. 329; Flume § 23, 4 e; Staudinger / Coing § 119, Rdz. 53; a. A. Palandt / Heinrichs § 119, 3 b; diff. Staudinger / Dilcher § 119, Rdn. 30.

28 Vgl. nur Canaris Anh. C zu § 357, Anm. 199.

klausel auf die Fälle der Zuviel- und Doppelüberweisung und die Überweisung an den falschen Empfänger beschränken.

Es zeigt sich daher, daß das Vorliegen eines Inhalts- und Erklärungsirrtums i. S. d. § 119, I BGB nicht das geeignete Kriterium für die Abgrenzung des Anwendungsbereichs der Stornoklausel ist. Denn bei (zutreffender) strenger Anwendung des § 119, I BGB liegt im Fall der Doppelbuchung ein Motivirrtum vor, da die Bank über die Existenz eines (noch nicht ausgeführten) Überweisungsauftrages irrt, so daß eine Stornierung nicht in Betracht käme. Bei einer erweiterten Anwendung des § 119, I BGB in der Weise, daß die Erklärungsgrundlage mit zum Inhalt der Erklärung gehört, wäre eine Stornierung in allen Fällen des Fehlens einer wirksamen Weisung möglich.

b) *Die Ansicht von Hefermehl und Liesecke*

aa) Inhalt

Eine nahezu identische Auffassung vertreten Hefermehl und Liesecke. Nach ihnen ist die Stornierung immer dann zulässig, wenn ein „technischer Buchungsfehler“[29] bzw. ein „technischer Irrtum“[30] vorliegt, nicht dagegen bei bloßen Motivirrtümern der Bank[31]. Dieses Abgrenzungskriterium geht offensichtlich zurück auf eine Formulierung des Bundesgerichtshofes, der den Wortlaut der Stornoklausel einmal dahingehend ausgelegt hatte, daß eine Stornierung nur bei Gutschriften möglich sei, „die auf einem Irrtum, einem Schreibfehler oder einem sonstigen Buchungsfehler“ beruhten[32]. Während Liesecke nicht genau bestimmt, wann ein technischer Irrtum und wann ein Motivirrtum vorliegen soll, hält Hefermehl einen technischen Buchungsfehler nur in den Fällen der fehlerhaften Ausführung eines fehlerfreien Überweisungsauftrages für gegeben; abgesehen von dem Fall des gefälschten Überweisungsauftrages, für den er die Entscheidung offen läßt[33], liege in allen anderen Fällen des Fehlens einer wirksamen Weisung lediglich ein unbeachtlicher Motivirrtum vor. Daher könne die Bank bei einem anfänglich nichtigen oder von einem Vertreter ohne Vertretungsmacht unterzeichneten oder rechtzeitig widerrufenen Überweisungsauftrag nicht stornieren.

bb) Kritik

Auch dieses Abgrenzungskriterium, das auf den Gegensatz zwischen technischem Irrtum und Motivirrtum abstellt, erscheint nicht über-

[29] Schlegelberger / Hefermehl Anh. § 365, Rdn. 92.

[30] Liesecke WM 1975, 238 (240).

[31] Schinnerer / Avancini I S. 104.

[32] BGH WM 1972, 283 (285).

[33] Schlegelberger / Hefermehl Anh. § 365, Rdn. 94.

zeugend. Vom Wortlaut her liegt ein technischer Irrtum bzw. ein technischer Buchungsfehler nur bei einem nicht-geistigen Versehen vor, d. h. bei manuellen Versehen. Der Begriff wäre dann etwa gleichbedeutend mit dem Begriff Schreibfehler, der jedoch insofern nicht paßt, als die Buchungsvorgänge nicht geschrieben, sondern in maschinelle Datenverarbeitungsanlagen eingegeben werden.

Verstünde man den Begriff in dieser Weise, dann läge immer dann kein technischer Irrtum bzw. kein technischer Buchungsfehler vor, wenn die Bank über ihre Pflicht zur Vornahme einer Gutschrift irrte. Eine Stornierung käme dann nur in den Fällen der Zuvielüberweisung oder der Überweisung an den falschen Empfänger in Betracht, da hier entweder der Betrag oder die Kontonummer falsch in die Datenverarbeitungsanlage eingegeben wurden (5000 DM statt 500 DM; Kto.-Nr. 123 statt 213). Dagegen käme eine Stornierung nicht im Fall der Doppelüberweisung in Betracht; denn hier irrt die Bank über ihre Pflicht zur Erteilung der Gutschrift, sie hält sich irrtümlich für verpflichtet, obwohl sie den Überweisungsauftrag bereits ausgeführt und die Gutschrift bereits erteilt hat. So faßte die Bank im oben bereits zitierten Beispiel des BGH irrtümlich die schriftliche Bestätigung als noch nicht ausgeführten Überweisungsauftrag auf und glaubte daher irrtümlich (nochmals) zur Gutschrift verpflichtet zu sein. Hier liegt ein geistiger Irrtum, nicht aber ein technisches Versehen vor.

Zieht man dagegen mit Hefermehl und Liesecke den Begriff des technischen Buchungsfehlers bzw. technischen Irrtums so weit, daß auch die Fälle der Doppelbuchung darunter fallen, dann ist vom Begriff des Irrtums her keine sachlich begründete Abgrenzung zu den Motivirrtümern mehr möglich. Es ist dann nicht einzusehen, warum nicht auch bei gefälschtem oder anfänglich nichtigem Überweisungsauftrag ein technischer Irrtum vorliegt. Ob der Irrtum der Bank bzgl. ihrer Verpflichtung zur Gutschrift darauf beruht, daß sie die bereits vorgenommene Ausführung des Auftrages übersieht oder ob sie die Geschäftsunfähigkeit des Auftraggebers übersieht, macht hinsichtlich der Qualität des Irrtums keinen Unterschied. In beiden Fällen irrt die Bank über ihre Verpflichtung zur Gutschrift. Es ist daher nicht einzusehen, warum der Fall der Doppelbuchung ein technischer Irrtum bzw. ein technischer Buchungsfehler sein soll, die Fälle des nichtigen, gefälschten bzw. widerrufenen Überweisungsauftrages dagegen nicht.

c) *Weitere Ansichten*

Soweit ersichtlich werden andere systematische Abgrenzungskriterien nicht vertreten.

Die für die einzelnen Varianten fehlerhafter Gutschriften gewonnenen Ergebnisse erscheinen daher eher zufällig. So will Canaris[34] in

Anlehnung an den BGH bei Motivirrtümern der Bank die Stornierungsbefugnis verweigern, die jedenfalls bei anfänglicher Nichtigkeit und nachträglicher Anfechtung des Überweisungsauftrages gegeben sein soll.

Möschel will neben den drei klassischen Fällen bei gefälschtem Überweisungsauftrag eine Stornierung zulassen, dagegen nicht bei nichtigem, widerrufenem oder angefochtenem Überweisungsauftrag[35]. Bei den stornierungsfähigen Sachverhalten handele es sich um Fehlverhalten in der Sphäre der Bank, denen gemeinsam sei, daß grundsätzlich keine Zurechnung auf den Auftraggeber stattfinde, das Risiko bei der Bank liege und dieser Rückzahlungsansprüche gegen den Empfänger zuständen.

Diese Begründung erscheint widersprüchlich. Die von Möschel als gemeinsame Merkmale der stornierungsfähigen Sachverhalte herausgestellten Umstände liegen auch bei den von Möschel als nicht stornierungsfähig bezeichneten Varianten vor. So ist ein nichtiger Überweisungsauftrag dem Auftraggeber ebensowenig zurechenbar wie ein gefälschter. Ob das Risiko bei der Bank liegt, muß durch Bestimmung des Anwendungsbereichs der Stornoklausel gerade erst noch festgestellt werden und kann daher nicht als Kriterium herangezogen werden.

3. Ergebnis

Es hat sich gezeigt, daß eine Abgrenzung des Anwendungsbereichs der Stornoklausel entbehrlich ist, wenn man der Bedingungslehre folgt. Eine Abgrenzung des Anwendungsbereichs ist dagegen erforderlich, wenn man mit der Stornierungsbuchung eine selbständige rechtsgeschäftliche Erklärung verbindet.

Bei einem Überblick über die dazu vertretenen Meinungen ist festzuhalten, daß in Rechtsprechung und Literatur als einziges Kriterium für die Abgrenzung des Anwendungsbereichs der Stornoklausel eine Unterscheidung hinsichtlich des zugrundeliegenden Irrtums vorgenommen wird. Bei Vorliegen von Motivirrtümern soll eine Stornierung ausgeschlossen sein, der dazu in Gegensatz stehende Irrtum, bei dem eine Stornierung zulässig sein soll, wird einmal als Inhalts- und Erklärungsirrtum i. S. d. § 119, I BGB und einmal als „technischer Irrtum" angesehen. Es hat sich gezeigt, daß diese Abgrenzung nach der Qualität des Irrtums ungeeignet ist. Denn bei konsequentem Ausschluß von Motivirrtümern als Grundlage für eine Stornierung müßte im Fall der Doppelbuchung die Stornierung unzulässig sein; die Bank irrt hier ebenso über ihre Pflicht zur Erteilung von Gutschrift wie in den Fällen des gefälschten, nichtigen oder widerrufenen Überweisungsauftrages.

[34] Canaris Anh. C zu § 357, Anm. 217.

[35] Möschel JuS 1972, 297 (304).

Es muß daher ein anderer Ansatzpunkt für die Abgrenzung des Anwendungsbereichs der Stornierung gewählt werden. Der kann nur darin bestehen, daß man sich fragt, wann der Kunde durch die Stornierung nicht schlechter gestellt werden darf, als er ohne die Stornierung auf Grund der gesetzlichen Regelungen und der von ihm übernommenen vertraglichen Verpflichtungen stehen würde. Dabei gelangt man zu dem Ergebnis, daß der Kunde zwar in allen Fällen des Fehlens eines wirksamen Überweisungsauftrages an die Empfangsbank grds. zur „Herausgabe" der Gutschrift verpflichtet ist, daß aber nur in den sog. drei klassischen Fällen für den Empfänger die Möglichkeit ausgeschlossen ist, sich auf einen Wegfall der Bereicherung berufen zu können; denn nur dann ist die Fehlerhaftigkeit der Gutschrift für den Empfänger erkennbar, wodurch entsprechend der Wertung in Ziff. 15 AGB dem Empfänger die Einredemöglichkeit aus § 818, III BGB abgeschnitten wird. Da der Kunde also nur in diesen drei Fällen durch eine Stornierung nicht unangemessen benachteiligt wird, ist die Bank auch nur in diesen Fällen zur Stornierung befugt.

D. Interpretation des Wortlautes

Ausgangspunkt für die Auslegung der Stornoklausel war der Wortlaut, wobei oben festgestellt wurde, daß dieser mehrdeutig ist. Die dadurch bestehende Lücke in der Regelung des Anwendungsbereichs mußte daher durch eine ergänzende Auslegung geschlossen werden. Die ergänzende Auslegung anhand der beiderseitigen Interessen hat ergeben, daß die Bank zur Stornierung befugt ist, wenn ihr kein wirksamer Überweisungsauftrag erteilt worden ist und die dadurch bedingte Fehlerhaftigkeit der Gutschrift für den Gutschriftsempfänger erkennbar war. Denn in diesen Fällen ist der Kunde nach Bereicherungsrecht ohnehin zur Einwilligung in die Rückgängigmachung der Gutschrift verpflichtet und ist die Möglichkeit für eine Geltendmachung der Einrede des Wegfalls der Bereicherung ausgeschlossen. Danach darf die Bank bei fehlerhafter Ausführung eines fehlerfreien Überweisungsauftrages stornieren; in allen anderen Fällen ist dagegen eine Stornierung ausgeschlossen.

Diese mit Hilfe der ergänzenden Auslegung gewonnenen Anwendungsfälle sind nun unter den Wortlaut der Stornoklausel zu subsumieren. Dadurch kann dann bestimmt werden, welche Bedeutung die Parteien mit den nach dem Wortlaut mehrdeutigen Tatbestandsmerkmalen verbinden wollten.

I. Der Begriff des „Irrtums“

Nach dem Wortlaut des Begriffs „Irrtum“ mußte es offenbleiben, ob unter dieses Tatbestandsmerkmal der Stornoklausel nur Inhalts- und Erklärungsirrtümer i. S. d. § 119, I BGB fallen sollten oder auch Motivirrtümer. Den drei mittels ergänzender Auslegung bestimmten Stornierungsfällen liegen sowohl Inhalts- und Erklärungsirrtümer i. S. d. § 119, I BGB als auch Motivirrtümer zu Grunde. Denn bei der Zuvielüberweisung und der Überweisung an den falschen Empfänger liegt ein Erklärungsirrtum vor, da die Bank mit der Gutschriftsbuchung einen anderen äußeren Erklärungstatbestand setzt (z. B. Überweisungsbetrag: 5000 DM; Kontonummer 213), als ihrem inneren Willen, der sich aus dem Überweisungsauftrag ergibt, entsprach (Überweisungsbetrag 500 DM; Kontonummer 123); dagegen stimmen im Fall der Doppelbuchung das mit der Gutschriftsbuchung Erklärte und das Gewollte überein, da der Irrtum allein die Willensbildung betrifft, wenn die Bank sich irrtümlich für verpflichtet hält, obwohl sie den Überweisungsauftrag bereits ausgeführt hat. Daran zeigt sich, daß eine Beschränkung des Irrtumsbegriffs der Stornoklausel auf Fälle des Inhalts- und Erklärungsirrtums zu eng ist.

Andererseits ist aber auch eine Erweiterung des Anwendungsbereichs der Stornoklausel auf alle Motivirrtümer zu weit, da zum Beispiel in den Fällen der anfänglichen Nichtigkeit des Überweisungsauftrages oder der fehlenden Deckung auf dem Auftraggeber-Konto ein Irrtum in der Willensbildung, d. h. im Motivirrtum, vorliegt und der Bank in diesen Fällen keine Stornierungsbefugnis zusteht.

Daraus folgt, daß einerseits der Begriff „Irrtum“ grundsätzlich i. S. von Motivirrtum verstanden werden muß, daß andererseits aber der so verstandene Irrtumsbegriff einer Einschränkung durch ein anderes Tatbestandsmerkmal der Stornoklausel bedarf. Als solches einschränkendes Tatbestandsmerkmal kommt nur der letzte Halbsatz der Stornoklausel in Betracht. Damit ist die oben offen gebliebene Frage, ob sich der letzte Halbsatz der Stornoklausel nur auf das Tatbestandsmerkmal „andere Gründe“ bezieht oder auch auf den Irrtumsbegriff, im letzteren Sinne beantwortet.

II. Der Begriff „ohne daß ein entsprechender Auftrag vorliegt“

Dieser letzte Halbsatz der Stornoklausel ist seinem Wortlaut nach insoweit mehrdeutig, als nicht feststeht, ob die Stornierung bereits bei Vorliegen eines der Gutschrift äußerlich entsprechenden (aber möglicherweise unwirksamen) Überweisungsauftrages ausgeschlossen sein soll, oder nur bei Vorliegen eines wirksamen Überweisungsauftrages. Würde man den Begriff „entsprechender Auftrag“ im Sinne von „wirksamer Auftrag" verstehen und folglich eine Stornierung zulassen bei einem „Motivirrtum, ohne daß ein wirksamer Auftrag vorliegt", dann würden nur die Fälle von der Stornierung ausgeschlossen, in denen die Bank über die Erlangung von Deckung beim Auftraggeber irrt; denn es läge zwar ein Motivirrtum der Bank vor, da die Bank irrtümlich an die Durchsetzbarkeit ihres Aufwendungsersatzanspruches glaubt, aber die Stornierung wäre ausgeschlossen, weil trotz fehlender Durchsetzbarkeit des Aufwendungsersatzanspruchs ein wirksamer Überweisungsauftrag vorliegt.

Dagegen wären die Fälle des gefälschten, anfänglich nichtigen oder rechtzeitig widerrufenen Überweisungsauftrages nicht von der Stornierung ausgeschlossen. Denn es läge sowohl ein Motivirrtum der Bank vor, da die Bank über die Wirksamkeit des Überweisungsauftrages irrt, als auch fehlte es an einem wirksamen Auftrag. Da diese Fälle der fehlerfreien Ausführung eines fehlerhaften Überweisungsauftrages nach den oben gewonnenen Ergebnissen nicht stornierungsfähig sind, kann die Interpretation „entsprechender Auftrag" = „wirksamer Auftrag" nicht richtig sein.[1]

Der Begriff „entsprechender Auftrag" ist daher in dem Sinne zu verstehen, daß eine Stornierung bei Vorliegen eines äußerlich entsprechenden Auftrages ausgeschlossen sein soll. In Übereinstimmung mit den gewonnenen Auslegungsergebnissen ist dann eine Stornierung nur in den Fällen der fehlerhaften Ausführung eines fehlerfreien Überweisungsauftrages möglich. Denn hier liegt entweder ein Erklärungs- oder ein Motivirrtum vor, und es fehlt an einem der Gutschrift äußerlich entsprechenden Auftrag. So decken sich im Fall der Zuvielüberweisung der angewiesene und der gutgeschriebene Betrag nicht, im Fall der Überweisung an den falschen Empfänger deckt sich die im Auftrag angegebene Kontonummer nicht mit der des Gutschriftsempfängers und im Fall der Doppelbuchung fehlt es für die zweite Gutschrift überhaupt an einem Überweisungsauftrag. Dagegen sind alle anderen Fälle von der Stornierung ausgenomen. Bei einer Kettenüberweisung, bei der die Empfangsbank wirksam angewiesen ist und der Fehler im Bereich der Auftraggeberbank bzw. in deren Verhältnis zum Auftraggeber liegt, fehlt es schon an einem Irrtum der Empfangsbank. Bei fehlerfreier Ausführung eines fehlerhaften Überweisungsauftrages (Fälschung, Nichtigkeit, Widerruf) und bei wirksamen Überweisungsauftrag aber nicht durchsetzbarem Aufwendungsersatzanspruch liegt zwar ein Motivirrtum der Bank vor aber die Stornierung scheitert daran, daß der Gutschrift ein äußerlich entsprechender Überweisungsauftrag zu Grunde liegt.

---

[1] Danach erscheint die Stornoklausel der Sparkassen unzulässig, da hier eine Stornierung in allen Fällen möglich sein soll, in denen ein wirksamer Auftrag fehlt.

Damit erfüllt der letzte Halbsatz der Stornoklausel den Zweck, den zu weiten Begriff des Motivirrtums einzuschränken.

Versteht man den Wortlaut der Stornoklausel in dem soeben interpretierten Sinn, dann ist damit der Anwendungsbereich der Stornoklausel eindeutig und in Übereinstimmung mit der Interessenlage der Parteien bestimmt.

E. Vorschlag zur Änderung des Anwendungsbereichs

I. Notwendigkeit einer Änderung

Oben wurde das Ergebnis gewonnen, daß der Bank die Stornierungsbefugnis nur dann zusteht, wenn sie nicht wirksam angewiesen ist und die Fehlerhaftigkeit der Gutschrift für den Empfänger erkennbar war[1]. Dieses Ergebnis beruhte auf dem Gedanken, daß der Kunde nur dann durch die Stornierung nicht benachteiligt sei und daher seine Interessen nicht verletzt sind, wenn er ohnehin zur „Herausgabe" der Gutschrift verpflichtet und dazu für ihn die Möglichkeit ausgeschlossen ist, sich auf einen Wegfall der Bereicherung berufen zu können. Ferner wurde festgestellt, daß die Bank einen Bereicherungsanspruch gegen den Kunden auf Rückgängigmachung der Gutschrift nicht nur in den drei stornierungsfähigen Sachverhalten hat, sondern auch in den Fällen der fehlerfreien Ausführung eines fehlerhaften Überweisungsauftrages (Fälschung, Nichtigkeit, Widerruf). In diesen letzteren Fällen scheitert die Stornierungsbefugnis der Bank an der zweiten Stornierungsvoraussetzung, daß nämlich die Möglichkeit nicht ausgeschlossen ist, daß der Empfänger sich auf den Wegfall der Bereicherung berufen kann. Wenn nun rein tatsächlich ein Wegfall der Bereicherung nur in ganz seltenen Ausnahmefällen in Betracht käme, dann erschiene es nicht angemessen, der Bank die Stornierungsbefugnis zu versagen, nur weil theoretisch die Möglichkeit der Einrede aus § 818, III BGB besteht.

Dies gilt insbesondere deshalb, weil das Angewiesensein auf die gerichtliche Geltendmachung des Bereicherungsanspruchs für die Bank nachteilig ist. Denn abgesehen davon, daß die Stornierung im Vergleich zur Klage eine ungleich schnellere und bequemere Zugriffsmöglichkeit ist, trägt die Bank durch einen Ausschluß der Stornierungsmöglichkeit ein erhöhtes Insolvenzrisiko. Dies leuchtet ohne weiteres ein, wenn der Kunde bereits über den Betrag verfügt hat. Aber auch ohne die Verfügung besteht ein erhöhtes Risiko, da die Bank — wie oben dargelegt[2] — den ihr zustehenden Bereicherungsanspruch nicht als vorläufige Belastung auf dem Girokonto buchen darf, und andererseits

---

[1] Vgl. oben Teil 2 B IV.

[2] Vgl. oben Teil 2 B II 2 b aa.

aber grundsätzlich auch nur formell das Bestehen von Deckung prüft; denn da die Einredebehaftetheit der Gutschrift im Tagessaldo nicht zum Ausdruck kommt, besteht ein erhöhtes Risiko, daß der Kunde unberechtigt verfügen kann.

Diese Nachteile lassen es gerechtfertigt erscheinen, der Bank bei Bestehen eines Bereicherungsanspruchs stets die Stornierungsbefugnis zuzusprechen, wenn man der dadurch bedingten Benachteiligung des Empfängers durch den Ausschluß der Einredemöglichkeit aus § 818, III BGB in anderer Weise Rechnung trüge. Dies könnte in der Weise erfolgen, daß man zunächst die Stornierung zuließe, und die Bank für den Fall, daß der Kunde einen Wegfall der Bereicherung nachweisen würde, zur Neuerteilung der Gutschrift verpflichten würde.

Diese Änderung des Anwendungsbereichs würde jedoch voraussetzen, daß tatsächlich ein Wegfall der Bereicherung bei gefälschten, nichtigen oder widerrufenen Überweisungsaufträgen nur in seltenen Ausnahmefällen in Betracht käme; denn wenn die Bank häufig zur Neuerteilung der Gutschrift verpflichtet wäre, könnte sie sich besser die vorherige Stornierung sparen.

Bei den gefälschten Überweisungsaufträgen wird der Kunde nur in den seltensten Fällen gutgläubig sein; denn typisch für eine Fälschung ist, daß der Täter den Betrag entweder auf sein oder das Konto eines Eingeweihten überweist. Daher wird ein Wegfall der Bereicherung in den Fälschungsfällen meist an der fehlenden Gutgläubigkeit fehlen.

Die meisten Überweisungsaufträge, d. h. auch die anfänglich nichtigen und die rechtzeitig widerrufenen, werden im Hinblick auf eine bestehende Kausalforderung zwischen Auftraggeber und Empfänger getätigt. Ist diese Kausalforderung wirksam, kommt ein Wegfall der Bereicherung nie in Betracht. Denn wenn der Kunde bis zur Reklamation durch die Bank überhaupt noch nicht über den irrtümlich gutgeschriebenen Betrag disponiert hat oder lediglich Aufwendungen gemacht hat, die er ohnehin gemacht hätte (Schuldentilgung, Kauf von Lebensmitteln), läge sowieso keine Entreicherung vor. Aber selbst dann, wenn der Kunde Aufwendungen gemacht hätte, die er sonst nicht gemacht hätte (Luxusreise), wäre bei wirksamer Kausalforderung gegenüber dem Auftraggeber ein Wegfall der Bereicherung ausgeschlossen. Denn der gutgläubige Kunde mußte die irrtümliche Gutschrift als Erfüllung der Kausalforderung auffassen, so daß er die Luxusaufwendungen aus der erfüllten Kausalforderung bestreiten wollte. Tatsächlich ist aber bei nichtigem oder rechtzeitig widerrufenem Überweisungsauftrag die Kausalforderung noch nicht erfüllt[3]. Solange die Forderung besteht, kann der Kunde daher niemals entreichert sein[4].

[3] Vgl. oben Teil 2 B II 1 b cc u. dd.

[4] So BGHZ 26, 185 (195); das übersieht LG Berlin WM 1979, 322.

Ein Wegfall der Bereicherung kommt damit nur dann in Betracht, wenn einmal der Überweisungsauftrag entweder nicht auf eine Kausalforderung bezogen war, oder diese unwirksam war, und wenn zusätzlich der Kunde Aufwendungen gemacht hat, die er sonst nicht gemacht hätte. Ein Beispiel wäre, daß der nichtige Überweisungsauftrag sich auf einen ebenfalls nichtigen Schenkungsvertrag bezog und der Kunde vor Reklamation durch die Bank im Hinblick auf das Geschenk eine Luxusreise gemacht hat.

Da ein Wegfall der Bereicherung daher in der Praxis äußerst selten vorkommen wird[5], erscheint eine Änderung des Anwendungsbereichs im oben genannten Sinne angemessen.

II. Änderung des Wortlautes der Stornoklausel

Zunächst müßte der bestehende Wortlaut der Stornoklausel dahingehend geändert werden, daß nicht nur die Fälle, in denen die Fehlerhaftigkeit der Gutschrift für den Kunden erkennbar ist, unter den Wortlaut der Stornoklausel fallen, sondern alle Fälle, in denen die gutschreibende Bank nicht wirksam angewiesen ist. Die Änderung kann denkbar gering ausfallen. Man muß nur den Begriff „entsprechender Auftrag" im Sinne von „wirksamer Auftrag" interpretieren. Damit ist eine Stornierung möglich bei Bestehen eines Motivirrtums und Fehlen eines wirksamen Überweisungsauftrages — Voraussetzungen, die bei gefälschtem, nichtigem und rechtzeitig widerrufenem Überweisungsauftrag gegeben sind. Die beiden übrigen Fallgruppen bleiben dagegen von der Stornierung ausgeschlossen[6]. Zusätzlich müßte man den Wortlaut der Stornoklausel in der Weise ergänzen, daß eine Pflicht der Bank zur erneuten Gutschrift bei einem zwischenzeitlich eingetretenen Wegfall der Bereicherung begründet würde. Theoretisch könnte das so erfolgen, daß man die Stornierung unter die auflösende Bedingung (§ 158 BGB) oder den Widerrufsvorbehalt des Nachweises eines Wegfalls der Bereicherung stellte. Dagegen spricht jedoch, daß eine Anfechtungserklärung, die nach der hier vertretenen Auffassung mit der Stornierungsbuchung verbunden ist, nach dem System des BGB sowohl bedingungsfeindlich[7] als auch widerrufsfeindlich[8] ist. Daher würde sich nur folgender Zusatz anbieten: „Weist der Kunde nach, daß er sich bis zum Zeitpunkt der Stornierung auf einen Wegfall der Bereicherung (§ 818, III BGB) berufen konnte, dann ist die Bank zur Erteilung einer erneuten Gutschrift

---

[5] So auch Kümpel WM 1979, 378 (383).

[6] Vgl. oben Teil 2 D II.

[7] Soergel / Hefermehl § 143, Rdn. 3; RGZ 146, 234 (238).

[8] Staudinger / Dilcher § 143, Rdn. 2; BGB / RGRK / Krüger-Nieland § 143, Rdz. 1.

verpflichtet.“ Durch diesen Zusatz wären die gesetzlichen Rechte des Kunden gewahrt. Insbesondere ist er durch die Beweislast bzgl. des Wegfalls der Bereicherung nicht schlechter gestellt als im Fall der gerichtlichen Geltendmachung des Bereicherungsanspruches durch die Bank, da er auch dort die Beweislast trägt[9].

---

[9] Vgl. oben Teil 2 B II 2 c.

Teil 3

Zeitliche Grenzen der Stornierung

A. Saldoanerkennung als zeitliche Grenze der Stornierung

Die wohl herrschende Meinung in der Literatur[1] und auch der BGH[2] vertreten die Auffassung, daß nach einer Saldoanerkennung eine Stornierung nicht mehr möglich sei.

Nach der zutreffenden Ansicht, daß es sich bei dem Girokonto um ein Periodenkontokorrent handelt[3], findet eine Saldoziehung i. S. d. § 355 HGB nicht mit der Errechnung des jeweiligen Tagessaldos statt, sondern nur mit den Kontoabschlüssen, die in der Regel viertel- oder halbjährlich erfolgen. Die maßgebliche Anerkennung des Saldos durch den Kunden erfolgt dann entweder konkludent, indem der Kunde z. B. über den festgestellten Saldo durch Scheck, Überweisung oder Barabhebung verfügt[4] oder durch die Genehmigungsfiktion gem. Ziff. 15 S. 2 AGB — Banken[5].

Am ausführlichsten begründet der BGH seine Ansicht, daß eine solche Saldoanerkennung die zeitliche Grenze für jede Stornierung durch die Bank darstelle, indem er sie auf drei verschiedene Argumente stützt, die im folgenden zu untersuchen sind.

I. Untergang der Einzelforderungen durch die Saldoanerkennung

Das erste Argument ist dogmatischer Natur. Danach soll die Stornierung einer irrtümlichen Gutschrift nach Anerkennung des Saldos schon deshalb nicht mehr möglich sein, weil mit der Saldoanerkennung alle

---

[1] Liesecke WM 1975, 238 (241); Schlegelberger / Hefermehl Anh. § 365, Rdn. 95; Kümpel WM 1979, 378; andeutungsweise Canaris Anh. C nach § 357, Anm. 229; im Ergebnis offen Otto / Stierle WM 1978, 530 (548); a. A. Baumbach / Duden Anh. II nach § 406, Anm. zu Nr. 4 AGB; OLG München NJW 1950, 188 (189); WM 1971, 264.

[2] BGH WM 1978, 998.

[3] Vgl. BGHZ 50, 277 (280); Hefermehl Festschrift f. Lehmann, S. 554; Bärmann S. 100 m. w. N.; anders die Lehre vom Staffelkontokorrent, die dem Tagessaldo die Bedeutung der Saldierung i. S. d. § 355 HGB beimißt; so Schönle § 7 II, S. 74.

[4] BGH WM 1956, 1126.

[5] Schlegelberger / Hefermehl § 355, Rdn. 47.

bei der Saldierung verrechneten Einzelposten, d. h. auch die irrtümlich erteilte Gutschrift, untergehen und daher nicht mehr Gegenstand der Stornierung sein können. Fraglich ist, ob tatsächlich als Rechtsfolge des Wirksamwerdens der Saldofeststellung ein Untergang der in dem Saldo verrechneten Einzelposten eintritt.

1. Novationstheorie

Nach einer überwiegend von der Rechtsprechung[6] und der älteren Literatur[7] vertretenen Auffassung, hat die Saldoanerkennung insoweit novatorische Kraft, als sie ein Erlöschen der verrechneten Einzelforderungen bei gleichzeitiger Schaffung einer neuen abstrakten Forderung, der sog. Saldoforderung, zur Folge hat. Ohne dies ausdrücklich zu erwähnen, scheint der BGH diese Auffassung auch hier vertreten zu haben. Dennoch erscheint seine Argumentation nicht folgerichtig bzw. zumindest unvollständig. Denn die Rechtsprechung selbst hat immer wieder betont, daß der Novationsgedanke nur ein Hilfsmittel zur Erklärung gewisser rechtlicher Eigentümlichkeiten des Kontokorrentes sei, das formal nicht strikt angewendet werden könne. So soll bei Bestehen eines wirtschaftlichen Eigeninteresses auch nach der Saldoanerkennung ein Zurückgreifen auf die Einzelforderungen möglich sein[8]. In diesen Fällen sollen die Einzelforderungen also trotz Saldoanerkennung nicht untergehen. Dabei kann das wirtschaftliche Eigeninteresse sowohl beim Gläubiger als auch beim Schuldner der jeweils in Betracht kommenden Einzelforderung bestehen[9]. Der damit verfolgte Zweck besteht darin, „wirtschaftlich unsinnige Folgen der in einer Saldoanerkennung liegenden Novation einer Überschußforderung abzuwenden“[10].

Hält man mit der hier vertretenen Auffassung eine Stornierung nur dann für möglich, wenn der Kunde kraft Gesetzes ohnehin zur Einwilligung in die Aufhebung der Gutschrift verpflichtet ist und er auch durch die Form der Rückabwicklung keine Nachteile hat, dann wäre es ein wirtschaftlich unsinniges Ergebnis, der Bank nach der Saldoanerkennung die Stornierungsbefugnis zu versagen; denn die Stornierung ist unter diesen Voraussetzungen die einfachste und kostengünstigste Rückabwicklungsmethode, die dazu die Bank von einem unnötigen Risiko befreit[11]. Damit liegt ein wirtschaftliches Eigeninteresse der Bank

---

[6] RGZ 87, 434 (438); 132, 218 (221); BGHZ 26, 142 (150); BGH WM 1972, 283 (284).

[7] HGB / RGRK / Godin, 2. Aufl., § 355, Anm. 2; Gierke S. 497; Beitzke Festschrift f. Gierke, S. 14.

[8] RGZ 162, 244 (251); 164, 212 (215); BGH WM 1955, 1163 (1164); BGH WM 1970, 184 (186).

[9] So ausdrücklich BGH WM 1970, 184 (186).

[10] BGH WM 1970, 184 (186).

[11] Vgl. oben Teil 2 B II 2 b aa.

vor, so daß die zu stornierende Einzelforderung auch auf der Basis der Novationstheorie nicht durch die Saldoanerkennung untergegangen ist und die Stornierung nicht schon von daher ausgeschlossen ist.

Zwar hat der BGH noch nicht abschließend zum Anwendungsbereich der Stornoklausel Stellung genommen und mußte daher nicht notwendig zu diesem Ergebnis kommen; aber auf Grund der von ihm selbst in anderen Fällen gemachten Einschränkungen beim Untergang von Einzelforderungen durch eine Saldoanerkennung hätte er zumindest das Vorliegen wirtschaftlichen Eigeninteresses prüfen müssen und sich nicht einfach auf die Novationstheorie berufen dürfen, um aus formallogischen Gründen eine Stornierung nach Saldoanerkennung abzulehnen.

2. Gegenmeinungen

Erst recht kann man eine Stornierung nach Saldoanerkenntnis nicht aus dem Gesichtspunkt des Untergangs der Einzelforderung ablehnen, wenn man mit den neueren Meinungen in der Literatur die Einzelforderungen auch nach Saldoanerkennung weiterbestehen läßt.

Die Novationstheorie begegnet verschiedenen Bedenken. Gegen sie spricht zunächst schon, daß selbst ihre Befürworter für den Fall wirtschaftlich unsinniger Ergebnisse Ausnahmen zulassen[12] und die Einzelforderungen weiterbestehen lassen wollen; das führt nicht nur zu einer Rechtsunsicherheit, sondern ist auch dogmatisch unbefriedigend.

Darüber hinaus besteht weder ein Interesse noch eine Notwendigkeit dafür, mit der Saldoanerkennung die Einzelforderungen untergehen zu lassen. Das fehlende Interesse der Parteien folgt nicht nur aus der in § 364, II BGB enthaltenen gesetzlichen Vermutung, wonach durch die Eingehung einer neuen Verbindlichkeit die bisherige Schuld im Zweifel nicht erlischt; vielmehr zeigt auch der Umstand, daß bei einer Anwendung der Novationstheorie für die Einzelforderung bestehende akzessorische Sicherungsrechte mit der Saldoanerkennung mituntergehen würden, daß zumindest der Gläubiger ein Interesse am Fortbestehen der Einzelforderung hat[13], so wie es in § 356 HGB für das kaufmännische Kontokorrent ausdrücklich bestimmt ist. Daß es zusätzlich auch an einem Bedürfnis für die Ergebnisse der Novationstheorie fehlt, wird deutlich, wenn man sich nochmals vergegenwärtigt, daß der Zweck der Kontokorrentabrede in der Vereinfachung der Abwicklung der geschäftlichen Beziehungen besteht und dieser Zweck durch das Fortbestehen der Einzelforderungen auch nach der Saldoanerkennung nicht gefährdet wird; denn die selbständige Geltendmachung der Einzelforderungen ist durch

---

[12] Hefermehl Festschrift f. Lehmann, S. 551.

[13] Vgl. Canaris § 355, Anm. 89.

die Kontokorrentabrede ohnehin ausgeschlossen[14]. Aus diesen Gründen wird die Novationstheorie heute überwiegend abgelehnt[15].

Statt ihrer wird ausgehend davon, daß am Ende der Rechnungsperiode durch Verrechnung eine kausale Saldoforderung entsteht, teilweise angenommen, daß das Erlöschen der Forderungen aus der Verrechnung erfolgt. Während sich die Verrechnung nach Auffassung einiger Autoren automatisch vollzieht[16], leitet Canaris die Verrechnung aus einem Vertrag ab[17]. Danach kommt mit der am Schluß einer Rechnungsperiode stattfindenden Verrechnung zwischen den Parteien ein sog. Verrechnungsvertrag zustande, der insoweit verfügenden Charakter hat, als durch ihn die verrechneten Einzelforderungen getilgt werden.

Hefermehl lehnt auch die Lehre vom Verrechnungsvertrag ab[18]. Nach seiner Auffassung erlöschen die Einzelposten erst dann, wenn die Saldoforderung getilgt wird. Das soll sich daraus ergeben, daß die Forderung aus dem Anerkenntnis des Saldos (§ 780 BGB) gem. § 364, II BGB nur erfüllungshalber begeben wurde, so daß die zugrundeliegenden Einzelforderungen mit Leistung auf die erfüllungshalber gegebene Forderung erlöschen.

Für die vorliegende Frage braucht abschließend zu den verschiedenen Theorien bzgl. des Erlöschens der Einzelforderungen nicht Stellung genommen zu werden. Denn es hat sich gezeigt, daß nach allen Theorien auch nach einem Saldoanerkenntnis die in dem Saldo verrechneten Einzelposten noch existieren, sei es, weil eine Ausnahme nach der Novationstheorie vorliegt, sei es, weil die Einzelposten ohnehin erst später erlöschen. Danach ist nach allen Theorien eine Stornierung nach Saldoanerkenntnis jedenfalls nicht deswegen ausgeschlossen, weil der zu stornierende Einzelposten rechtlich nicht mehr existent ist und daher auch nicht Gegenstand einer Anfechtung sein kann.

II. Wortlaut der Stornoklausel

Als weiteres Argument für seine These von der zeitlichen Begrenzung der Stornierungsbefugnis durch das Saldoanerkenntnis zieht der BGH den Wortlaut der Stornoklausel heran. Aus der Fassung der Ziff. 4, III AGB-Banken ergebe sich kein hinreichender Anhaltspunkt dafür, daß sich das Recht der Bank zur Stornierung über den beiderseits anerkannten Rechnungsabschluß hinaus durchsetzen solle. Diese Argumentation

[14] Schlegelberger / Hefermehl § 355, Rdn. 58.

[15] Vgl. auch Bärmann, S. 100; Beitzke Festschrift f. Gierke, S. 13.

[16] Beitzke Festschrift f. Gierke, S. 13, im Anschluß an Göppert, ZHR 103, 335 ff.; Baumbach / Duden §§ 355—357, Anm. 3 B.

[17] Canaris § 355, Anm. 63 a ff.

[18] Hefermehl Festschrift f. Lehmann, S. 553.

wäre nur dann überzeugend, wenn Anhaltspunkte dafür vorlägen, daß die Parteien dadurch, daß sie in der Stornoklausel keine zeitliche Begrenzung für die Stornierungsbefugnis festlegten, ihren Willen für eine zeitliche Begrenzung der Stornierungsbefugnis durch das Saldoanerkenntnis zum Ausdruck bringen wollten. Ein solcher Anhaltspunkt könnte allenfalls darin liegen, daß die Parteien in Ziff. 42, I AGB-Banken für die Zurückbelastung schon vor Erhalt des Gegenwertes gutgeschriebener Wechsel ausdrücklich festgelegt haben, daß eine zwischenzeitliche Saldierung das Recht der Bank auf Zurückbelastung nicht beeinträchtigt. Daraus könnte man den Umkehrschluß ziehen, die Parteien seien im Fall der Stornierung stillschweigend davon ausgegangen, daß ein Saldoanerkenntnis die zeitliche Grenze für die Stornierungsbefugnis bilden sollte.

Ein solcher Umkehrschluß würde jedoch unberücksichtigt lassen, daß sich in den AGB-Banken zahlreiche weitere Rückbelastungsrechte finden[19], in denen ebenso wie in der Stornoklausel keine ausdrückliche zeitliche Begrenzung durch ein Saldoanerkenntnis vorgesehen ist. Wollte man auch in diesen Fällen annehmen, daß stillschweigend ein Saldoanerkenntnis als zeitliche Grenze dieser Rückbelastungsrechte vereinbart sei, dann käme man zu dem Ergebnis, daß die Regel, nämlich die Saldoanerkennung als zeitliche Begrenzung für die Rückbelastungsrechte, stillschweigend vereinbart sei, während Ziff. 42 Abs. I AGB-Banken eine ausdrücklich festgelegte Ausnahme enthielte. Eine solche Regelung kann nicht angenommen werden. Wahrscheinlicher ist vielmehr folgende Schlußfolgerung: Aus dem Umstand, daß in der Stornoklausel wie auch in den meisten anderen Rückbelastungsrechten kein Hinweis auf eine zeitliche Schranke enthalten ist, läßt sich der Wille der Parteien entnehmen, daß die Stornierung grundsätzlich zeitlich unbegrenzt sein soll[20].

III. Interessenabwägung

Das dritte Argument des BGH ist das Ergebnis einer Interessenabwägung. Nach Auffassung des BGH ist die Veränderung der Rechtslage, daß die Bank nach einer Saldoanerkennung nicht mehr stornieren darf, sondern die Einwilligung des Kunden in die Aufhebung der Gutschrift einholen muß, insoweit sachgerecht, als bei Fortbestand des einseitigen Rückbuchungsrechtes dem Saldoanerkenntnis die praktische Bedeutung genommen würde[21]. Fraglich ist, ob diese Argumentation zutreffend ist. Dazu ist zunächst die Vorfrage zu klären, welche rechtliche Bedeutung das Saldoanerkenntnis hat.

---

[19] Ziff 31, Abs. II; Ziff. 41, Abs. II; Ziff. 42, Abs. III.

[20] Otto / Stierle WM 1978, 530 (547).

[21] Ebenso Liesecke WM 1975, 238 (241).

1. Bedeutung des Saldoanerkenntnisses

Rechtlich kommt mit dem Saldoanerkenntnis nach herrschender Meinung ein abstrakter Schuldversprechensvertrag zustande[22]; dies geschieht in der Weise, daß die Bank mit dem Übersenden des von ihr aufgestellten periodischen Rechnungsabschlusses konkludent den Antrag auf Abschluß eines solchen abstrakten Schuldversprechensvertrages abgibt, den der Kunde meist konkludent, sei es durch vorbehaltlose weitere Verfügungen über den festgestellten Saldo[23], sei es durch Schweigen (Ziff. 15, S. 2 AGB-Banken) annimmt[24]. Der grundsätzlich in § 780 BGB vorgeschriebenen Schriftform bedarf es hier nicht, da das Anerkenntnis im Rahmen einer Abrechnung zustandekommt und daher gem. § 782 BGB die Schriftform entbehrlich ist[25].

Auch wenn durch die Saldoanerkennung eine neue, selbständige und vom Rechtsgrund losgelöste Forderung entsteht, so liegt dennoch ihre Bedeutung nicht darin, daß die nachträgliche Geltendmachung von Mängeln bei der Verrechnung und damit eine Korrektur des Saldos ausgeschlossen ist[26]. Die Bedeutung des Saldoanerkenntnisses hat vielmehr prozessualen Charakter, da mit dem Saldoanerkenntnis eine Umkehr der Beweislast eintritt[27]. Mußte bisher der Kunde das Vorliegen einer (Einzel-)Gutschrift beweisen, so muß er jetzt nur noch das Vorliegen des Saldos beweisen; dagegen muß die Bank, die sich auf die Unrichtigkeit der Saldofeststellung beruft, jetzt das Nichtvorliegen bzw. die Unwirksamkeit der Einzelgutschrift beweisen[28].

Zusammenfassend ist festzuhalten, daß mit der Saldoanerkennung zwar ein zusätzlicher abstrakter Anspruch geschaffen wird, daß dieser aber nur eine Verschiebung der Beweislast zur Folge hat und nicht die Saldoforderung „unwiderruflich“ macht.

2. Änderung der Bedeutung durch Zulassung einer Stornierungsbefugnis nach Saldoanerkenntnis

Um die sich nun stellende Frage, ob die soeben ermittelte Bedeutung des Saldoanerkenntnisses im Fall einer zeitlich nachfolgenden Stornierung praktisch aufgehoben wird, beantworten zu können, ist zunächst zu klären, wie die Stornierung einer fehlerhaften, im Saldo verrechneten Gutschrift praktisch vollzogen würde, wenn man sie als zulässig ansähe.

[22] BGHZ 26, 142 (150); 49, 24 (27); BGH LM HGB § 355 Nr. 12; Gierke S. 497.

[23] BGH WM 1956, 1126.

[24] Schlegelberger / Hefermehl § 355, Rdn. 46.

[25] Canaris § 355, Anm. 94.

[26] Schlegelberger / Hefermehl § 355, Rdn. 66.

[27] Schlegelberger / Hefermehl § 355, Rdn. 66.

[28] BGH WM 1975, 556.

a) Durchführung der Stornierung nach Saldoanerkenntnis

Will die Bank nach einer Saldofeststellung eine in dem Saldo verrechnete Einzelgutschrift stornieren, dann wird sie eine entsprechende Belastungsbuchung auf dem Konto vornehmen, auf Grund derer dann ein neuer entsprechend verminderter Tagessaldo gebildet wird. Rechtlich reicht es aber nicht wie bisher aus, mit dieser Stornierungsbuchung lediglich die Anfechtungserklärung bzgl. der Einzelgutschrift zu verbinden. — Der ursprüngliche, d. h. auf Grund der unrichtigen Gutschrift gebildete Tagessaldo war ein reiner Postensaldo[29], also lediglich eine rechnerische Größe, die durch die Anfechtung der Einzelgutschrift ohne weiteres berichtigt werden konnte. Dagegen kann ein zeitlich zwischen unrichtiger Gutschrift und deren Stornierung festgestellter und anerkannter Saldo nicht auf Grund einer Anfechtung der Einzelgutschrift berichtigt werden, da der festgestellte und anerkannte Saldo im Gegensatz zum Postensaldo eine neue selbständige Forderung verkörpert, die durch die Anfechtung eines verrechneten Einzelpostens in ihrem rechtlichen Bestand unangestastet bleibt[30]. Daher würde eine Anfechtung lediglich der Einzelgutschrift zu einer Divergenz zwischen materieller Rechtslage und rechnerischem Kontostand führen: Der im Anschluß an die Stornierung gebildete neue Tagessaldo würde rechnerisch ein um die stornierte Gutschrift vermindertes Guthaben ausweisen, während materiell-rechtlich weiterhin die in dem festgestellten und anerkannten Saldo verkörperte Forderung (§§ 780, 781 BGB) existieren würde. Daher enthält die Stornierung einer Einzelgutschrift nach Saldoanerkennung — sofern man sie für zulässig erachtet — nicht nur die Anfechtung der mit der Einzelgutschrift verbundenen Gestaltungserklärung sondern auch die des in dem Saldo verkörperten Antrages auf Abschluß eines Anerkenntnisvertrages in der Höhe der Einzelgutschrift. Dogmatisch bestünden gegen eine solche Lösung keine Bedenken. Denn das Saldoanerkenntnis unterliegt den allgemeinen Vorschriften über Willenserklärungen und ist daher anfechtbar[31]. Auch die lediglich teilweise erklärte Anfechtung nur in Höhe der unrichtigen Gutschrift ist dogmatisch zulässig. Denn die Teilanfechtung einer Erklärung ist immer dann möglich, wenn das Rechtsgeschäft teilbar ist[32]. Die abstrakte Verpflichtung bzgl. einer bestimmten Geldsumme ist stets teilbar, solange die Summe nur teilbar ist. Damit enthält die Stornierungsbuchung nach Saldoanerkenntnis eine doppelte Anfechtungserklärung.

---

29 Vgl. Putzo S. 40 m. w. N.

30 Vgl. Canaris § 355 Anm. 97; Palandt / Thomas § 780 Bem. 5.

31 Schönle § 7 II, S. 74.

32 RGZ 146, 234 (236); Staudinger / Dilcher § 143, Rdn. 2; Flume § 31, 4.

b) *Beweislastverteilung*

Dem Saldoanerkenntnis würde die praktische Bedeutung genommen, wenn sich durch diese doppelte Anfechtungserklärung die Beweislast wieder zu Lasten des Kunden verschieben würde.

Hat die Bank nach einer Saldoanerkennung eine verrechnete Gutschrift storniert und damit zugleich auch den anerkannten Saldo angefochten, dann wird der Kunde nicht auf Wiedergutschrift sondern er wird aus dem ursprünglichen Saldo klagen, da seiner Meinung nach die Stornierung zu Unrecht erfolgt ist. Insoweit kann auf das oben Gesagte verwiesen werden[33].

Klagt der Kunde aus dem anerkannten Saldo, dann muß er die Voraussetzungen für das Zustandekommen eines Saldoanerkenntnisses beweisen, was ihm mit Hilfe des von der Bank übersandten Rechnungsabschlusses nicht schwerfallen wird. Demgegenüber muß die Bank die Voraussetzungen für eine wirksame Stornierung beweisen. Da die Stornierung nach Saldoanerkenntnis zwei Anfechtungserklärungen enthält, einmal bzgl. der Saldoanerkennung und einmal bzgl. der Einzelgutschrift, muß die Bank auch hier das Nichtbestehen der Einzelforderung beweisen. Die Bedeutung der Saldofeststellung, nämlich die Umkehr der Beweislast, wird daher durch eine Stornierung nach Saldoanerkenntnis weder beeinträchtigt noch aufgehoben.

3. Ergebnis

Da dem Saldoanerkenntnis seine Bedeutung durch eine zeitlich nachfolgende Stornierung nicht genommen wird, erscheint es auch nicht sachgerecht, der Bank nach dem Saldoanerkenntnis die Stornierung zu versagen und sie auf eine notfalls gerichtliche Einholung der Einwilligung des Kunden in die Aufhebung der Gutschrift und des Saldos zu verweisen. Denn der Kunde hat keine Nachteile durch die Stornierung, da die Bank ohnehin nur stornieren darf, wenn der Kunde kraft Gesetzes zur Einwilligung in die Aufhebung der Gutschrift verpflichtet ist und auch durch das Vorgehen der Bank in Form der Stornierung keine Nachteile hat. Andererseits aber hat die Bank nicht unerhebliche Nachteile, wenn man ihr die Stornierungsbefugnis versagt. Abgesehen von den Kosten trägt die Bank auch ein erhöhtes Risiko, da sie keine Möglichkeit hat, die ihr zustehende Bereicherungseinrede auf dem Konto des Kunden geltend zu machen und daher das Risiko einer Verfügung durch den Kunden mit der Folge eines erhöhten Insolvenzrisikos gegeben ist. Damit bestehen weder aus dogmatischen noch aus Gründen einer Unangemessenheit des Ergebnisses Bedenken dagegen, daß die

[33] Vgl. oben Teil 2 B II 2 b bb.

Bank auch nach einem Saldoanerkenntnis noch stornieren darf, wenn die Voraussetzungen gegeben sind. Daher ist auch entgegen Liesecke[34] und Hefermehl[35] die Fassung der Stornoklausel der Sparkassen (A I 1, Abs. 3 AGB-Sparkassen) nicht zu beanstanden, wonach die Sparkasse ausdrücklich auch nach einem Rechnungsabschluß noch stornieren darf.

B. Allgemeine zeitliche Grenzen

Da ein Saldoanerkenntnis somit keine zeitliche Grenze für eine Stornierung durch die Bank setzt und andere spezielle Regelungen bzgl. zeitlicher Grenzen nicht ersichtlich sind, muß auf die allgemeinen Regeln zurückgegriffen werden.

I. Analoge Anwendung des § 121 BGB oder Verwirkung

Da es sich nach der hier vertretenen Auffassung bei der Stornierung um ein Anfechtungsrecht handelt, liegt der Gedanke nahe, die Regelung des § 121 BGB, die eine zeitliche Grenze für die gesetzlichen Anfechtungsrechte gem. §§ 119, 120 BGB enthält, auf das vertragliche Anfechtungsrecht „Stornierung" entsprechend anzuwenden[1]. Eine solche analoge Anwendung wäre jedoch nur dann zulässig, wenn die Stornoklausel eine Regelungslücke enthalten würde, die gerade durch Anwendung des § 121 BGB geschlossen werden könnte[2]. Eine Regelungslücke liegt insoweit vor, als die Parteien in der Stornoklausel keine zeitliche Grenze für die Stornierungsbefugnis der Bank festgelegt haben. Ob § 121 BGB geeignet ist, diese Regelungslücke auszufüllen, hängt wiederum davon ab, ob der Normzweck des § 121 BGB die im Fall der Stornierung bestehende Interessenlage der Parteien angemessen regelt.

Der mit der Regelung des § 121 BGB verfolgte Zweck besteht einmal im Schutz des Anfechtungsgegners. Der Anfechtungsberechtigte soll diesen nicht durch Hinauszögern der Anfechtung über längere Zeit in Ungewißheit über die Gültigkeit des Rechtsgeschäftes schweben lassen können[3]. Wäre dies jedoch der einzige Zweck des § 121 BGB, dann hätte es dieser Vorschrift nicht bedurft, da auch das dem Prinzip von Treu und Glauben entspringende Rechtsinstitut der Verwirkung den Anfechtungsgegner schützen würde und dem Anfechtungsberechtigten sein

---

[34] Liesecke WM 1975, 238 (241).

[35] Schlegelberger / Hefermehl Anh. § 365, Rdn. 95.

[1] Sieht man mit Putzo und Otto / Stierle die Stornierung als das gesetzliche Anfechtungsrecht gem. § 119, I BGB an, dann ist damit § 121 BGB direkt anwendbar; vgl. Otto / Stierle WM 1978, 530 (548); Otto BB 1978, 987 (991).

[2] Larenz Methodenlehre, S. 366 ff.

[3] Erman / Westermann § 121, Rdn. 1.

Recht nehmen würde, wenn der Anfechtungsgegner infolge Zeitablaufs damit rechnen durfte und auch tatsächlich damit gerechnet hat[4], daß der andere von seiner Möglichkeit zur Herbeiführung der Nichtigkeit des Rechtsgeschäftes keinen Gebrauch mehr machen werde.

Im Unterschied zur Verwirkung greift § 121 BGB unabhängig davon ein, ob der Gegner tatsächlich Vertrauen im Hinblick auf die Gültigkeit des Rechtsgeschäftes entwickelt bzw. in Ungewißheit geschwebt hat[5]. Dies hat seinen Grund darin, daß mit § 121 BGB der weitere Zweck verfolgt wird, daß dem Anfechtungsberechtigten die Möglichkeit genommen werden soll, auf Kosten des Gegners zu spekulieren, ob er z. B. bei Vertragsgegenständen, die starken Preisschwankungen unterliegen, anfechten oder beim Vertrag beharren soll[6].

Eine solche Spekulationsmöglichkeit der Bank im Fall der Stornierung erscheint ausgeschlossen. Der über den mit der Verwirkung verfolgten Zweck hinausgehende weitere Zweck des § 121 BGB ist damit im Fall der Stornierung nicht relevant. Daher wäre es nicht sachgerecht, der Bank die Stornierungsbefugnis nach Fristablauf unabhängig davon zu versagen, ob der Kunde auf den Bestand der Gutschrift im Einzelfall auch tatsächlich vertraut. Vielmehr erscheint es angemessen, eine Stornierung immer dann als unzulässig anzusehen, wenn die Bank einerseits nicht unverzüglich storniert und andererseits der Kunde auf den Bestand der Gutschrift vertraut hat. Da dies die Voraussetzungen der Verwirkung sind, bildet das Rechtsinstitut der Verwirkung damit eine zeitliche Grenze für die Stornierungsbefugnis der Bank[7]. Einer analogen Anwendung des § 121 BGB bedarf es daher nicht.

Dieses Ergebnis steht in Übereinstimmung mit der in Literatur weitgehend vertretenen Auffassung, daß die Stornierungsbefugnis durch das Verbot des venire contra factum proprium begrenzt ist[8], da dieses Verbot ebenso wie die Verwirkung als Spezialfall der unzulässigen Rechtsausübung anzusehen ist.

II. Ende des Girovertrages als zeitliche Grenze der Stornierung

Eine weitere zeitliche Grenze für die Stornierungsbefugnis der Bank könnte in der Beendigung des Girovertrages liegen. Dabei ist unter Beendigung nicht die Auflösung des Kontos nach Ausgleich des Abschluß-

[4] Palandt / Heinrichs § 242, Bem. 9 d.

[5] Vgl. Palandt / Heinrichs § 242, Bem. 9 b bb.

[6] MünchKomm / Kramer § 121, Rdn. 2.

[7] So im Ergebnis auch Otto / Stierle WM 1978, 530 (548); OLG München 1950, 188 (189).

[8] Schlegelberger / Hefermehl Anh. § 365, Rdn. 95; Liesecke WM 1975, (241); Canaris Anh. C nach § 357, Anm. 217.

saldos zu verstehen, da eine Stornierung in diesem Fall ohnehin sinnlos wäre. Gemeint ist vielmehr die Beendigung des Girovertrages durch Ausübung des in Ziff. 17 AGB-Banken vorgesehenen Kündigungsrechtes oder das Erlöschen des Girovertrages durch den Konkurs des Kunden gem. § 23, II KO[9] bzw. die Kenntnis oder das Kennenmüssen der Bank von dem Konkurs gem. § 674 BGB.

Im Ergebnis besteht Einigkeit, daß die Bank zwischen Beendigung des Girovertrages und Auflösung des Kontos nach Ausgleich des Abschlußsaldos eine irrtümliche Gutschrift einseitig rückbelasten darf[10]. Lediglich hinsichtlich der Begründung und der Bezeichnung dieses Rückbelastungsrechtes bestehen unterschiedliche Auffassungen.

1. Die Ansicht Schönles

Schönle hält die Stornoklausel auch über die Beendigung des Girovertrages hinaus für anwendbar, wobei er sich zur Begründung auf eine Entscheidung des BGH[11] beruft. Diese Begründung vermag jedoch nicht zu überzeugen. Denn — und das übersieht Schönle — der BGH hat in dieser Entscheidung ausgeführt, daß zwar einerseits mit dem Erlöschen des Girovertrages auch das an ihn geknüpfte Stornorecht der Bank erloschen sei, daß andererseits aber davon das Recht der Bank unberührt sei, unrichtige Buchungen zu korrigieren. Der BGH hat also gerade nicht die Stornoklausel auch nach Beendigung des Girovertrages für anwendbar erklärt.

2. Die Ansicht des BGH

Der BGH stand bei seiner Entscheidung offenbar auf dem Boden der Bedingungslehre[12]; denn er führt aus, daß eine unrichtige Gutschrift — es ging um eine irrtümliche Doppelgutschrift — „als solche noch keine Auswirkung auf die materielle Rechtslage hatte“[13]. Unter dieser Voraussetzung kann und muß die Bank eine unrichtige Buchung auch nach Beendigung des Girovertrages rückgängig machen, da ansonsten die materielle Rechtslage und der Kontostand nicht übereinstimmen. Auch wenn auf dem Boden der Bedingungslehre zwischen diesem rein buchungstechnischen Rückgängigmachen und einer Stornierung i. S. d. Ziffer 4 Abs. 3 AGB-Banken kein Unterschied besteht[14], nennt der BGH die Rückbuchung nicht Stornierung, da das Stornorecht mit Beendigung

---

[9] Canaris Anh. C nach § 357, Anm. 252; Schlegelberger / Hefermehl Anh. § 365, Rdn. 113; a. A. Schoele S. 102.

[10] BGH BB 1974, 1454 (1455); Schönle § 32 III; Liesecke WM 1975, 238 (241).

[11] BGH BB 1974, 1454 (1455).

[12] Vgl. oben Teil 1 A I 2 b aa.

[13] BGH WM 1974, 1454 (1455).

[14] Vgl. oben Teil 1 A I.

des Girovertrages erloschen sei[15]. Das Ergebnis ist zwar konsequent, aber es erscheint unbefriedigend.

3. Eigene Ansicht

Nach der hier vertretenen Auffassung, wonach die Stornierung ein vertraglich begründetes Anfechtungsrecht darstellt, ist grundsätzlich davon auszugehen, daß die Stornierungsbefugnis mit Erlöschen des Girovertrages endet. Denn ein vertraglich eingeräumtes Anfechtungsrecht erlischt mit Beendigung des Vertrages, dessen Teil es ist. Etwas anderes könnte nur dann gelten, wenn im Vertrag vereinbart ist, daß das Anfechtungsrecht auch über das Ende des Vertrages hinaus gelten soll. Eine solche Vereinbarung haben die Parteien in Ziff. 18 Abs. 2 AGB-Banken getroffen, wo es heißt, daß die Allgemeinen Geschäftsbedingungen auch nach Beendigung der Geschäftsverbindung bis zu ihrer völligen Abwicklung weitergelten. Danach darf die Bank auch nach Erlöschen des Girovertrages stornieren. Da nach der hier vertretenen Auffassung die Stornierung auch noch nach Saldofeststellung möglich ist, darf die Bank auch noch nach Feststellung des Abschlußsaldos bis hin zur Auflösung des Kontos gem. Ziff. 4 Abs. 3 AGB-Banken stornieren[16].

[15] Ebenso Liesecke WM 1975, 238 (241); Schlegelberger / Hefermehl Anh. § 365, Rdn. 95.

[16] A. A. Liesecke WM 1975, 238 (241); Schlegelberger / Hefermehl Anh. § 365, Rdn. 95.

Teil 4

Stornierung und debitorisches Konto

A. Möglichkeit der Stornierung ins Debet

Bisher ist (stillschweigend) davon ausgegangen worden, daß durch die Stornierung in Form der Belastungsbuchung der Kontostand weiterhin kreditorisch blieb. Es besteht nun aber auch die Möglichkeit, daß durch die Stornierung der Kontostand unter Null sinkt. Immer dann liegt eine sog. Debet-Stornierung vor.

Eine Debet-Stornierung kann drei verschiedene Ursachen haben: Entweder kann das Konto vor der Stornierung glattgestellt gewesen sein, so daß es mit der Stornierung genau um den stornierten Betrag ins Debet gerät[1]; oder es kann schon vor der Stornierung debitorisch gewesen sein, so daß sich das Debet durch die Stornierung vergrößert; oder das Konto war vor der Stornierung um einen kleineren als den zu stornierenden Betrag kreditorisch, so daß mit der Stornierung ein Soll-Saldo in Höhe der Differenz zwischen storniertem Betrag und dem vor der Stornierung kreditorischen Kontostand entsteht. Der einfacheren Darstellung halber sei im folgenden von der zuerst erwähnten Möglichkeit ausgegangen.

Definiert man die Debet-Stornierung als eine solche, durch die der Kontostand unter Null sinkt, dann ist damit eine Debet-Stornierung nicht nur dann gegeben, wenn das Konto anschließend „überzogen"[2] ist, sondern auch, wenn der Soll-Saldo sich innerhalb eines dem Kunden eingeräumten Kontokorrentkredites[3] bewegt. Ob ein Kontokorrentkreditvertrag besteht oder nicht besteht, ist lediglich für die Verzinslich-

---

[1] So im Fall BGH WM 1978, 998.

[2] Der Begriff „überziehen" und „Überziehungskredit" wird hier in dem Sinne verstanden, daß eine Überziehung nur dann vorliegt, wenn der Kunde ohne vorherige Absprache oder über den vereinbarten Betrag hinaus Kredit in Anspruch nimmt; vgl. Ziff. 14, Abs. III AGB. Teilweise wird der Begriff „Überziehung" in der Literatur auch in Zusammenhang mit einem Kontokorrentkredit verwendet; vgl. Canaris Anh. I nach § 357, Anm. 672.

[3] Dabei wird hier die in der Praxis übliche Ein-Konten-Methode zu Grunde gelegt, wonach der Kunde sein Konto je nach Bedarf bis maximal in Höhe des Kreditbetrages belasten darf. Dagegen kann nach der sog. „Zwei-Konten-Methode", nach der dem Kunden der Kreditbetrag auf einem separaten Darlehnskonto abgebucht und dann dem Girokonto gutgeschrieben wird, das Girokonto nicht ins Soll geraten. Vgl. zu den unterschiedlichen Methoden Schönle § 11 I; Koch S. 96; Erman S. 273.

keit des Soll-Saldos von Bedeutung. Hier soll zunächst unabhängig von einem Kreditvertrag untersucht werden, ob aus dogmatischen Gründen eine Stornierung überhaupt theoretisch möglich erscheint, und welcher Anspruch sich hinter dem durch die Stornierung entstandenen Soll-Saldo verbirgt.

I. Ausschluß der Debet-Stornierung durch Verfügung über den gutgeschriebenen Betrag

Im Rahmen der Debet-Stornierung soll die Frage erörtert werden, ob nach einer Verfügung des Kunden über den irrtümlich gutgeschriebenen Betrag eine Stornierung überhaupt noch möglich ist. Zwar hat der Kunde nicht zwingend immer bereits zuvor über den irrtümlich gutgeschriebenen Betrag verfügt, wenn der Kontostand nach der Stornierung debitorisch ist. Denn in dem hier zu Grunde gelegten Beispielsfall, bei dem das Konto vor der Stornierung auf Null stand, kann diese Glattstellung auch darauf beruhen, daß das Konto vor der Gutschrift genau um den irrtümlich gutgeschriebenen Betrag debitorisch war, so daß es nicht erst durch die spätere Verfügung des Kunden über den gutgeschriebenen Betrag, sondern schon durch die Gutschrift selbst auf den Stand Null gelangte[4]. Aber abgesehen davon, daß in diesem Fall durch die Stornierung nur der alte Zustand wiederhergestellt wird, das Debet also nicht auf der Stornierung beruht, ist dies auch nicht typisch. Vielmehr ist der typische Fall so gelagert, daß die Glattstellung des Kontos auf der Verfügung des Kunden über den irrtümlich gutgeschriebenen Betrag beruht[5]. Nur in diesem Fall wird der mit der Stornierung entstehende Soll-Saldo auch ausschließlich durch die Stornierung hervorgerufen.

1. Erlöschen des mit der Gutschrift verbundenen Anspruchs durch Verfügung über den Gutschriftsbetrag

Eine gewichtige Meinung in der Literatur vertritt die Auffassung, daß eine Stornierung nach der Verfügung über den gutgeschriebenen Betrag „nutzlos“[6] sei, wobei jedoch eine Begründung nicht gegeben wird. Nutzlos wäre die Stornierung nach einer zwischenzeitlichen Verfügung des Kunden dann, wenn der mit Stornierung verfolgte Zweck nach einer Verfügung nicht mehr erreicht werden könnte. Da der Zweck der Stornierung in einer rückwirkenden Beseitigung der mit der Gutschrift verbundenen (abstrakten) Verpflichtung liegt, wäre die Stornierung nutzlos,

---

[4] Für die anderen oben genannten Fallgruppen gilt Entsprechendes.

[5] So die Fälle BGH WM 1978, 998 (als Revisionsentscheidung zu OLG Nürnberg WM 1977, 1336); OLG München WM 1971, 264; LG Berlin WM 1979, 322.

[6] Schlegelberger / Hefermehl Anh. § 365, Rdn. 96; Liesecke WM 1975, 238 (241); wohl auch Canaris Anh. C nach § 357, Anm. 229.

wenn die Verpflichtung der Bank zuvor schon erloschen wäre. Die abstrakte Verpflichtung der Bank könnte durch eine zwischenzeitliche Verfügung des Kunden nur in der Weise erloschen sein, daß die Bank mit der Ausführung des „Verfügungsauftrages" des Kunden ihre Verpflichtung aus der Gutschrift erfüllt hat (§ 362 BGB).

Daher kann die These, eine nach einer zwischenzeitlichen Verfügung vorgenommene Stornierung sei nutzlos, nur so verstanden werden, daß durch die Verfügung die Verpflichtung der Bank aus der Gutschrift erfüllt sei, so daß eine Beseitigung der mit der Gutschrift verbundenen Verpflichtung der Bank nicht mehr möglich sei[7].

2. Kritik

Die zentrale Frage bei der oben angeführten These ist die, ob die Bank mit der Ausführung des Verfügungsauftrages eine Handlung zur Erfüllung des Anspruchs des Kunden aus der Gutschrift vornimmt und dieser Anspruch dadurch erfüllt wird. Unter dieser Voraussetzung wäre die auf dem Kundenkonto vorgenommene Belastungsbuchung rechtlich nicht als Geltendmachung eines neuen Anspruchs der Bank, sondern als Ausbuchen des infolge Erfüllung erloschenen Anspruchs des Kunden aus der Gutschrift anzusehen.

a) Ausführung des Verfügungsauftrages als Erfüllungshandlung

Ob die Ausführung eines Auftrages, mit dem der Kunde über sein Guthaben verfügen will, seitens der Bank eine Erfüllungshandlung auf ihre mit der Gutschrift übernommene Verpflichtung darstellt, muß für die einzelnen Arten der Verfügung getrennt untersucht werden, da hier unterschiedliche Auffassungen bestehen.

Es wurde bereits oben[8] dargelegt, daß die Bank eine Weisung i. S. d. § 665 BGB ausführt, wenn der Kunde ihr zur Verfügung über sein Guthaben einen Überweisungsauftrag erteilt, da der Girovertrag ein Dienstvertrag mit Geschäftsbesorgungscharakter ist und damit über § 675 BGB Auftragsrecht anwendbar ist. Danach ist die Durchführung der Überweisung keine Erfüllungshandlung im Hinblick auf die Gutschriftsverpflichtung[9]. Ebenso ist die bei der Ausführung der Weisung vorgenommene Belastungsbuchung rechtlich nicht als Ausbuchen der erfüllten Verpflichtung aus der Gutschrift, sondern als Geltendmachung eines Aufwendungsersatzanspruchs gem. § 670 BGB anzusehen.

Entsprechendes gilt für den Scheck. Haben Bank und Kunde vereinbart, daß der Kunde auch mittels Scheck über sein Guthaben verfügen

---

[7] Vgl. auch Otto / Stierle WM 1978, 530 (542).

[8] Vgl. oben Teil 2 B I 1 a.

[9] H. M.: vgl. nur Schönle § 31 III 2.

kann, dann haben sie zusätzlich zum Girovertrag einen Scheckvertrag geschlossen, in dem die Bank sich gegenüber dem Kunden verpflichtet, von diesem auf sie gezogene Schecks einzulösen[10]; dieser Scheckvertrag stellt rechtlich ebenfalls einen Dienstvertrag mit Geschäftsbesorgungscharakter dar[11]. Daher enthält die Ziehung eines Schecks im Verhältnis zur angewiesenen Bank neben der Ermächtigung zur Leistung an den Inhaber des Schecks zugleich die Weisung zur Einlösung (§ 665 BGB). Dementsprechend sieht die h. M. die bei der Ausführung der Scheckeinlösung erfolgende Belastungsbuchung auch nicht als eine Ausbuchung einer gem. § 787, I BGB mit der Einlösung erfüllten Guthabenforderung des Kunden[12] an, sondern ebenso wie bei der Überweisung als Geltendmachung eines Aufwendungsersatzanspruchs gem. § 670 BGB[13].

Will der Kunde über sein Guthaben mittels Barabhebung verfügen, dann ist streitig, ob die Bank mit der Auszahlung direkt ihre Verbindlichkeit aus der Gutschrift erfüllt oder ob auch der Auszahlungsauftrag eine Weisung i. S. d. § 665 BGB darstellt mit der Folge, daß die Belastungsbuchung die Geltendmachung eines Aufwendungsersatzanspruchs gem. § 670 BGB bedeutet. Teilweise wird ohne nähere Begründung angenommen, daß die Bank mit der Auszahlung die Guthabenforderung des Kunden mindere und diese damit in Höhe des abgehobenen Betrages erfüllt sei[14]. Die Begründung kann nur darin liegen, daß der Inhalt der Gutschrift gerade in der Verpflichtung bestehe, dem Kunden eine dem Betrag entsprechende Summe in bar auszuzahlen, und daß die Bank mit der Auszahlung dann auch diese Verpflichtung erfülle und nicht eine besondere Weisung ausführe[15]. Dagegen beruft der BGH sich zu Unrecht auf Schoele; denn Schoele vertritt nicht nur für die Barauszahlung, sondern auch für die Überweisung die Auffassung, daß sich mit der Ausführung des Auftrages die Guthabenforderung des Kunden automatisch vermindert[16] (= Erfüllung), und die Belastungsbuchung daher nicht die Geltendmachung eines Aufwendungsersatzanspruches bedeutet. Der BGH, der bei der Belastungsbuchung sowohl im Anschluß an die Durchführung eines Überweisungsauftrages[17] als auch im Anschluß an die Einlösung eines Schecks[18] einen Aufwendungs-

[10] Canaris Anh. D nach § 357, Anm. 263.

[11] So die h. M.: Baumbach / Hefermehl Art. 3 SchG, Anm. 3; Schönle § 8 VI 2; Koch S. 238; a. A. Canaris Anh. D nach § 357, Anm. 263.

[12] So nur Baumbach / Hefermehl Art. 3 SchG, Rdn. 4.

[13] BGH NJW 1951, 598 (599); Koch S. 239; Ulmer, Das Recht der Wertpapiere, S. 313 f.; Canaris Anh. D nach § 357, Anm. 269.

[14] Schönle § 8 I; BGHZ 63, 87 (91).

[15] Vgl. Putzo S. 118 f., der das Ergebnis jedoch offen läßt.

[16] Schoele S. 27 mit seiner sog. Forderungsverschiebungstheorie; vgl. dazu Kolbenschlag WM 1970, 174 (175).

[17] BGHZ 4, 244 (248).

[18] BGH NJW 1951, 598 (599).

ersatzanspruch annimmt, konnte daher nicht einfach Schoele folgen, sondern hätte begründen müssen, warum er in Abweichung zu seiner sonst vertretenen Auffassung im Falle der Barauszahlung Schoele zustimmt.

An dieser Auffassung von der Erfüllungswirkung der Barauszahlung stört zunächst schon, daß Barabhebungen damit rechtlich anders zu beurteilen sind als Überweisungen, obwohl es in beiden Fällen um Verfügungen über Giroguthaben geht. Darüber hinaus erscheint die Begründung für die Auffassung von der Erfüllungswirkung nicht überzeugend. Die Begründung lag darin, daß der Inhalt der Verpflichtung aus der Gutschrift darin bestehe, dem Kontoinhaber eine dem gutgeschriebenen Betrag entsprechende Summe bar auszuzahlen. Ein solcher Inhalt der mit der Gutschrift übernommenen Verpflichtung erscheint jedoch zu eng. Unter Berücksichtigung dessen, daß über die Mehrzahl der Gutschriften bargeldlos (mittels Überweisung, Scheck) verfügt wird, erscheint es richtiger, den Inhalt der mit der Gutschrift verbundenen abstrakten Verpflichtung darin zu sehen, daß die Bank bei einer entsprechenden Weisung des Kunden in Höhe des gutgeschriebenen Betrages Verfügungen jeglicher Art durchführen will. Der Auftrag an die Bank zur Barauszahlung ist damit ebenso eine Weisung i. S. d. § 665 BGB wie ein Überweisungsauftrag mit der Konsequenz, daß auch die Belastungsbuchung einen Aufwendungsersatzanspruch verkörpert[19].

Im Ergebnis nimmt die Bank damit bei Ausführung einer Verfügung des Kunden über eine Gutschrift keine Erfüllungshandlung bzgl. ihrer Verpflichtung aus der Gutschrift vor, sondern sie führt eine selbständige Weisung im Rahmen des Girovertrages aus, wofür sie sich im Wege der Geltendmachung eines Aufwendungsersatzanspruchs in Form der Belastung des Kundenkontos erholt.

b) Erlöschen des Anspruchs aus der Gutschrift

Aus dem Nichtvorliegen einer Erfüllungshandlung kann man noch nicht den Schluß ziehen, daß der Anspruch des Kunden aus der Gutschrift nach einer Verfügung nicht erloschen ist, und die Gutschrift daher noch im Wege der Stornierung angefochten werden kann. Vielmehr ist die Möglichkeit denkbar, daß die Bank mit ihrem durch die Belastungsbuchung geltend gemachten Aufwendungsersatzanspruch gegen den Anspruch des Kunden aus der Gutschrift aufrechnet und der Anspruch des Kunden aus der Gutschrift damit gem. § 389 BGB erloschen ist, so daß eine Anfechtung ausgeschlossen wäre. Eine solche Aufrechnung ist jedoch nicht möglich, weil die Parteien in Ziff. 2, Abs. II AGB-Banken vereinbart haben, das Girokonto als Kontokorrent i. S. d.

---

[19] Vgl. Putzo S. 119, der das Ergebnis jedoch offenläßt.

§ 355 HGB zu führen. Die Kontokorrentabrede hat nämlich die Wirkung, daß die gegenseitigen Ansprüche der Parteien nicht mehr selbständig geltend gemacht[20] und erfüllt[21] werden können. Durch diese „Lähmung“ ist auch eine Aufrechnung der gegenseitigen Forderungen ausgeschlossen[22], da ansonsten der Vereinfachungszweck des Kontokorrentes mißachtet würde.

Aus dem Kontokorrentcharakter des Girokontos ergibt sich daher, daß der Anspruch des Kunden aus der Gutschrift und der im Anschluß an die Verfügung bestehende Aufwendungsersatzanspruch der Bank nicht sofort gegeneinander aufgerechnet, sondern bei der in der Regel halbjährlich erfolgenden Saldofeststellung verrechnet werden. Zumindest bis zum Zeitpunkt der Saldofeststellung[23] bleibt der Anspruch des Kunden aus der Gutschrift damit auch nach einer Verfügung des Kunden über den gutgeschriebenen Betrag rechtlich noch existent. Daher ist auch nach einer Verfügung des Kunden, die rechtlich nach der hier vertretenen Auffassung lediglich das Einstellen des Aufwendungsersatzanspruchs im Kontokorrent mittels einer Belastungsbuchung darstellt, noch eine Anfechtung der mit der Gutschrift zustandegekommenen Verpflichtung in Form der Stornierung möglich. Entgegen Liesecke und Hefermehl ist die Stornierung einer Gutschrift nach einer Verfügung des Kunden daher nicht nutzlos.

II. Vertragliche Anspruchsgrundlage für verzinslichen Rückzahlungsanspruch

Aus buchhalterischer Sicht ist ein kreditorisches Konto das Zeichen für eine Verbindlichkeit der Bank (Passivposten, Sichteinlage), dagegen ist ein debitorisches Konto der Ausdruck für einen Aktivposten der Bank. Dementsprechend verkörpert der kreditorische (Tages-)Saldo eine Verpflichtung der Bank gegenüber dem Kunden aus der Gutschrift, während sich hinter einem debitorischen Konto regelmäßig ein Anspruch der Bank auf Abdeckung des Debet-Saldos in Form eines Kre-

---

[20] Schlegelberger / Hefermehl § 355, Rdn. 32 m. w. N.

[21] Daraus, daß die gegenseitigen Ansprüche wegen der Kontokorrentabrede nicht selbständig erfüllt werden können, ergibt sich, daß auch dann, wenn man die Ausführung des Verfügungsauftrages des Kunden durch die Bank als Leistung auf die Einlagenforderung des Kunden ansieht, eine Erfüllung und damit ein Erlöschen der Einlagenforderung nicht möglich ist. Denn der Kunde hat mit der Kontokorrentabrede anerkannt, Leistungen auf bestehende Forderungen als selbständige Schuldposten anzuerkennen, die keine Erfüllung bewirken. Letztlich könnte es daher dahinstehen, ob die Belastungsbuchung im Anschluß an eine Verfügung einen Aufwendungsersatzanspruch verkörpert oder eine Leistung auf die Einlagenforderung.

[22] Canaris § 355, Anm. 56.

[23] So die Novationstheorie; nach der neueren Lehre bleiben die Einzelforderungen auch nach der Saldofeststellung rechtlich noch existent.

ditrückzahlungsanspruchs verbirgt. Wenn nun der durch eine Stornierung entstandene Debet-Saldo diese Funktion ebenfalls erfüllen soll, dann müßte die Bank sich auch nach einer Stornierung auf eine Anspruchsgrundlage zur Abdeckung des durch die Stornierung entstandenen Debet-Saldos berufen können. Würde umgekehrt der durch die Stornierung entstandene Debetsaldo keine Forderung der Bank verkörpern, dann würde der Zweck des Tagessaldos, nämlich die Information der Bank über die jeweiligen Verpflichtungen aus der Kontoverbindung, verfehlt. Eine Debet-Stornierung ohne bestehende Anspruchsgrundlage wäre daher nicht möglich.

1. Bestehen einer vertraglichen Anspruchsgrundlage

a) Anspruch auf Grund girovertraglicher Vereinbarung

Einige Instanzengerichte haben die Anspruchsgrundlage für den Anspruch der Bank gegen den Kunden auf Abdeckung des durch die Stornierung entstandenen Debet-Saldos in einer konkludent mit dem Girovertrag getroffenen Vereinbarung gesehen[24]. Nach dieser Auffassung ergibt sich aus dem Girovertrag für den Kunden die (selbstverständliche) Nebenpflicht, einen wie auch immer entstandenen Debetsaldo abzudecken.

Dabei beruft sich das OLG München zu Unrecht zur Stützung seiner Auffassung auf die Ansicht von Schoele[25]. Denn Schoele hat die sich aus dem Girovertrag als selbstverständlich ergebende Pflicht des Kunden zur Abdeckung des Debetsaldos nur für die Fälle bejaht, in denen die Bank „entgegenkommenderweise, oder weil sie irrtümlich ein Guthaben annimmt, nicht gedeckte Aufträge des Kunden ausführt“[26]. Die von Schoele erwähnten Beispiele sind die typischen Fälle für die konkludente Gewährung eines Überziehungskredites; in der Erteilung des nicht durch ein entsprechendes Guthaben[27] gedeckten Auftrages an die Bank liegt konkludent der Antrag des Kunden auf Gewährung eines Überziehungskredites, den die Bank konkludent mit Ausführung des Auftrages annimmt[28]. Die von Schoele angesprochene Pflicht des Kunden zur Abdeckung des Debetsaldos ergibt sich daher aus einem Kreditrückzahlungsanspruch der Bank[29].

[24] OLG München WM 1971, 264 (265); LG Berlin WM 1979, 322; OLG Nürnberg WM 1977, 1336 (1338).

[25] OLG München WM 1971, 264 (265).

[26] Schoele S. 132.

[27] Dabei sind unter Guthaben sowohl Einlagen des Kunden als auch ein gewährter aber nicht in Anspruch genommener Kontokorrentkredit zu verstehen.

[28] Vgl. Liesecke WM 1975, 286 (290).

[29] Schoele S. 132: „... zur Rückzahlung des ihm auf diese Weise gewährten Kredits“.

Dies läßt sich jedoch auf die Stornierung nicht ohne weiteres übertragen. Der entscheidende Unterschied besteht darin, daß bei der Kontoüberziehung die Initiative vom Kunden ausgeht, in dem er der Bank einen nicht gedeckten Auftrag erteilt, während bei der Stornierung die Initiative zum Entstehen des Soll-Saldos von der Bank ausgeht, wobei der Kunde unter Umständen mit dem Entstehen des Debet-Saldos nicht einverstanden ist, so daß von einer für das Entstehen eines Überziehungskreditvertrages erforderlichen Einigung in den Fällen der Stornierung nicht ohne weiteres ausgegangen werden kann. Hierauf hat Canaris zu Recht hingewiesen[30], und es wird unten noch im einzelnen darauf zurückzukommen sein. Entscheidend ist hier nur, daß Schoele von einem Kreditrückzahlungsanspruch spricht, während das OLG München und das OLG Nürnberg die Pflicht des Kunden zur Abdeckung des durch die Stornierung entstandenen Debet-Saldos aus einer bei Abschluß des Girovertrages zusammen mit der Stornoklausel stillschweigend getroffenen Vereinbarung herleiten[31]. Ob man aus der mit der Stornoklausel getroffenen Vereinbarung eines Anfechtungsrechtes zu Gunsten der Bank gleichzeitig auch auf die Vereinbarung einer Leistungspflicht des Kunden auf Abdeckung eines evtl. entstehenden Debet-Saldos schließen kann, erscheint zweifelhaft[32]. Letztlich braucht diese Frage aber nicht entschieden zu werden, wenn sich aus einer anderen Anspruchsgrundlage ein vertraglicher Anspruch der Bank auf Abdeckung des Debet-Saldos ergibt.

b) Die Ansicht von Putzo

Putzo vertritt die Ansicht, daß es weder der Schaffung einer Anspruchsgrundlage durch konkludente Vereinbarung im Girovertrag noch der Annahme eines Überziehungskreditvertrages bedürfe, um eine Anspruchsgrundlage für einen Anspruch der Bank auf Abdeckung des durch die Stornierung entstandenen Debet-Saldos zu begründen[33].

Der Gedankengang Putzos soll anhand des obigen Beispiels verdeutlicht werden, wonach die Bank zunächst auf einem glattgestellten Konto eine Gutschrift erteilt, der Kunde sodann über den gutgeschriebenen Betrag verfügt, und die Bank im Anschluß daran storniert. Ausgangspunkt Putzos ist, daß die Bank mit der im Anschluß an die Verfügung des Kunden vorgenommenen Belastungsbuchung einen Aufwendungsersatzanspruch ins Kontokorrent einstellt. Es wurde bereits oben[34] dar-

---

[30] Canaris Anh. C nach § 357, Anm. 221.

[31] OLG Nürnberg WM 1977, 1336 (1338) „Forderung (der Bank) aus der stornierten Gutschrift".

[32] Dagegen Otto / Stierle WM 1978, 530 (545).

[33] Putzo S. 117 ff.

[34] Vgl. oben Teil 4 A I 1.

gelegt, daß diese Auffassung insoweit zutreffend ist, als die Bank unabhängig davon, ob der Kunde mittels Überweisung, Scheck oder Barabhebung über sein Guthaben verfügt, eine Weisung i. S. d. § 665 BGB ausführt, so daß die Ausführung des Auftrages keine Handlung der Bank zur Erfüllung ihrer Verpflichtung aus der Gutschrift ist. Dementsprechend ist auch die auf Grund der Verfügung vorgenommene Belastungsbuchung kein Ausbuchen der erfüllten Verpflichtung aus der Gutschrift, sondern die Einstellung eines Aufwendungsersatzanspruchs ins Kontokorrent.

Im Anschluß an die Verfügung des Kunden nimmt die Bank die Stornierung vor. Praktisch erfolgt die Stornierung durch eine Belastungsbuchung auf dem Girokonto. Rechtlich erklärt die Bank damit die Anfechtung ihrer Verpflichtung aus der Gutschrift. Daher ist rechtlich gesehen die Gutschrift nach der Stornierungsbuchung nicht mehr existent. Als rechtlich relevante Buchung bleibt also nur der auf Grund der Verfügung entstandene Aufwendungsersatzanspruch übrig. Der Debet-Saldo verkörpert daher rechtlich den Aufwendungsersatzanspruch der Bank, der mit der Verfügung des Kunden entstanden ist. Anspruchsgrundlage zur Abdeckung des Debet-Saldos ist demnach (zunächst) § 670 BGB.

Diese Auffassung von Putzo ist zutreffend. Die gegen sie gerichteten Angriffe von Otto / Stierle[35] erscheinen nicht überzeugend. Zwar ist es richtig, daß der Debet-Saldo durch die Stornierungsbuchung ausgelöst wird. Dies hat seinen Grund aber allein darin, daß die Stornierungsbuchung zeitlich nachrangig erfolgt. Solche zeitlichen Zufälligkeiten aber können die rechtliche Bedeutung der Belastungsbuchungen nicht beeinflussen. Daher ist es rechtlich ohne Bedeutung, daß die Gutschriftsbuchung und die auf Grund der Verfügung vorgenommene Belastungsbuchung sich „rechnerisch ausgleichen“[36], während die Stornobuchung den debitorischen Stand des Kontos herbeiführt. Entscheidend ist die rechtliche Bedeutung der Belastungsbuchung. Danach bewirkt die mit der Stornierungsbuchung vorgenommene Anfechtung, daß die mit der Gutschriftsbuchung entstandene Verpflichtung von Anfang an als nichtig anzusehen ist (§ 142 BGB), so daß allein die im Anschluß an die Verfügung des Kunden erfolgte Belastungsbuchung in Form eines Aufwendungsersatzanspruches rechtlich existent ist.

2. Verzinslichkeit des Rückzahlungsanspruchs

Damit ist bisher nur festgestellt, daß der durch die Stornierung ausgelöste Debet-Saldo rechtlich den Aufwendungsersatzanspruch aus der vorangegangenen Verfügung verkörpert und damit ein Anspruch zur

[35] Otto / Stierle WM 1978, 530 (543).

[36] Otto / Stierle WM 1978, 530 (543).

Abdeckung des Debet-Saldos besteht. Regelmäßig verlangt die Bank aber nicht nur den Betrag in Höhe des Debet-Saldos zurück, sondern zusätzlich Zinsen für die Zeit der Inanspruchnahme dieses Betrages. Die Höhe und der Grund des verlangten Zinses hängen davon ab, ob die Bank dem Kunden einen noch nicht ausgeschöpften Kontokorrentkredit gewährt hat oder nicht. Daher muß für die Frage, ob eine Belastung des Kunden mit Zinsen auf den durch die Stornierung ausgelösten Debet-Saldo möglich ist, zwischen diesen beiden Fallgruppen unterschieden werden.

a) Bestehen eines Kontokorrentkreditvertrages

Der Kontokorrentkreditvertrag ist ein Darlehensvertrag i. S. d. § 607 BGB, der jedoch einige Besonderheiten aufweist. Denn die Darlehensvaluta wird dem Kreditnehmer nicht in einer Summe ausgezahlt, sondern der Kunde darf sukzessive bis zur Höhe des zugesagten Betrages über seine Einlage hinaus Verfügungen auf seinem Girokonto vornehmen[37]. wobei im Rahmen der Laufzeit des Kredites einmal zurückgezahlte Beträge nochmals in Anspruch genommen werden können[38].

Hat die Bank dem Kunden einen solchen Kontokorrentkredit gewährt, dann will die Bank dem Kunden auch für den durch die Stornierung entstandenen Debet-Saldo den Zins berechnen, der für die Inanspruchnahme des Kontokorrentkredites vereinbart wurde. Die Bank sieht also den durch die Stornierung ausgelösten Debet-Saldo als eine Inanspruchnahme des Kontokorrentkredites an. Damit stellt sich die Frage, ob dies konstruktiv überhaupt möglich ist und inwieweit Unterschiede zu einer gewöhnlichen Inanspruchnahme des Kontokorrentkredites bestehen.

aa) Die Inanspruchnahme des Kontokorrentkredites aus rechtlicher Sicht

Grundsätzlich vollzieht sich die Gewährung eines Kontokorrentkredits in zwei Stufen. Zunächst vereinbaren die Parteien in einem Krediteröffnungsvertrag[39], daß die Bank verpflichtet ist, Dispositionen auf

---

[37] Schönle § 11 I 1.

[38] Canaris Anh. I nach § 357, Anm. 672.

[39] In der umstrittenen Frage zur Rechtsnatur des Krediteröffnungsvertrages wird hier der neueren Literaturmeinung gefolgt, wonach der Krediteröffnungsvertrag ein einheitlicher gegenseitig verpflichtender Rahmenvertrag ist, aus dem die Bank zur Gewährung des Kredites und der Kreditnehmer zur Zahlung der Vergütung verpflichtet ist; durch Ausübung eines Gestaltungsrechtes in Form des Abrufs einer bestimmten Kreditsumme konkretisiert der Kreditnehmer die zunächst nur allgemein vereinbarte Auszahlungspflicht der Bank; vgl. Stauder S. 81 ff.; Schoen S. 87 ff., Schönle § 12 II 1 d; Canaris Anh. I nach § 357, Anm. 615 ff.
Im übrigen kommt es auf die Rechtsnatur des Krediteröffnungsvertrages

Weisung des Kunden und Kreditnehmers solange auszuführen, bis der Debet-Saldo die vereinbarte Darlehnssumme erreicht[40]. Welcher Art die Dispositionen des Kunden sein können, braucht im Krediteröffnungsvertrag nicht festgelegt werden, da insoweit die mit Abschluß des Girovertrages getroffenen Vereinbarungen Anwendung finden; denn der Kontokorrentkredit dient der Abwicklung des Zahlungsverkehrs[41]. Aus diesem Krediteröffnungsvertrag hat der Kunde einen Anspruch auf die Kreditvaluta in der vereinbarten Form[42].

Auf der zweiten Stufe erfolgt dann die Inanspruchnahme, indem der Kunde eine Verfügung vornimmt, z. B. indem er der Bank einen Überweisungsauftrag erteilt. Unabhängig davon, ob der Kunde mittels Scheck, Überweisung oder Barabhebung verfügt, erfüllt die Bank mit Durchführung dieses Auftrages eine Weisung i. S. d. § 665 BGB, wodurch ihr ein Aufwendungsersatzanspruch entsteht[43]. Da der Kunde aber mit dieser Verfügung den ihm gewährten Kontokorrentkredit in Anspruch nehmen will, also eine bestimmte Kreditsumme abruft, kann der Aufwendungsersatzanspruch als solcher nicht bestehen bleiben; denn eine Inanspruchnahme des Kontokorrentkredites setzt die Erfüllung des Kreditauszahlungsanspruchs und das Entstehen eines Kreditrückzahlungsanspruchs voraus.

Wie dies im einzelnen erfolgt, ist — soweit ersichtlich — bisher nicht behandelt worden. Die einfachste Lösung scheint darin zu liegen, daß die Bank gegenüber dem Anspruch des Kunden auf Auszahlung des Darlehens mit ihrem Aufwendungsersatzanspruch außerhalb des Kontokorrents aufrechnet. Dies hat dann nicht nur zur Folge, daß der Darlehensauszahlungsanspruch und der Aufwendungsersatzanspruch gem. § 389 erlöschen; vielmehr ist damit zusätzlich das Darlehen valutiert und ein Kreditrückzahlungsanspruch (§ 607) zu Gunsten der Bank entstanden. Mit der im Anschluß an die Verfügung des Kunden vorgenommenen Belastungsbuchung stellt die Bank diesen Kreditrückzahlungsanspruch ins Kontokorrent ein.

Diese Lösung erscheint insbesondere unter zwei Aspekten zutreffend zu sein: Einmal kann die Bank einen ihr erteilten Überweisungsauftrag, der nicht durch ein entsprechendes Guthaben gedeckt ist, von

---

für die hier zu entscheidende Frage nicht an, da auch nach den anderen Theorien aus dem Krediteröffnungsvertrag Ansprüche des Kreditnehmers entstehen, die mit der Inanspruchnahme des Kredites erlöschen; vgl. zu den anderen Theorien die Übersicht bei Schönle § 12, II 1.

[40] Stauder S. 170; Erman S. 261.

[41] Canaris Anh. I nach § 357, Anm. 675.

[42] Schönle § 12 II 1 d.

[43] Vgl. oben Teil 4 A I 1.

ihrem Empfängerhorizont aus nur als gleichzeitige Geltendmachung des aus dem Krediteröffnungsvertrag resultierenden Darlehensauszahlungsanspruch ansehen. Zum anderen besteht kein Widerspruch zum Kontokorrentcharakter des Girokontos, der eine Aufrechnung kontokorrentgebundener Forderungen ausschließt; denn der Darlehensauszahlungsanspruch ist ohnehin nicht kontokorrentgebunden[44] und darüber hinaus ist der Aufwendungsersatzanspruch hier ausnahmsweise auch nicht kontokorrentgebunden, weil er vor der Einstellung ins Kontokorrent bereits durch Aufrechnung erlischt; denn mit der Belastungsbuchung wird bereits der Kreditrückzahlungsanspruch ins Kontokorrent eingestellt.

bb) Inanspruchnahme eines Kontokorrentkredites durch Stornierung

Nachdem damit die Inanspruchnahme eines Kontokorrentkredites für den Normalfall konstruktiv geklärt ist, stellt sich nun die Frage, ob auch durch eine Stornierung ein gewährter und noch nicht ausgeschöpfter Kontokorrentkredit in Anspruch genommen werden kann. Ausgangspunkt ist dabei wieder der Beispielsfall, daß die Bank auf dem glattgestellten Konto die fehlerhafte Gutschrift erteilt, über die der Kunde dann verfügt, und die Bank im Anschluß an die Verfügung storniert. Es wurde oben festgestellt, daß der durch die Stornierung ausgelöste Debet-Saldo rechtlich den Aufwendungsersatzanspruch aus der Verfügung verkörpert, da mit der Stornierungsbuchung die durch die Stornierung angefochtene und damit nichtige Gutschrift ausgebucht wird. Dieser Aufwendungsersatzanspruch wurde mittels der im Anschluß an die Verfügung vorgenommenen Belastungsbuchung ins Kontokorrent eingestellt, ohne daß zuvor eine Aufrechnung mit einem Kreditauszahlungsanspruch stattfand. Denn im Zeitpunkt der Verfügung wollte der Kunde nicht mit der Verfügung seinen Kontokorrentkredit in Anspruch nehmen, und konnte die Bank von ihrem Empfängerhorizont her den ihr erteilten Auftrag auch nicht als Geltendmachung des Kreditauszahlungsanspruchs ansehen, da die Verfügung durch die vorherige Gutschrift gedeckt war. Wenn aber der Aufwendungsersatzanspruch bereits vor dem Entstehen des Debet-Saldos kontokorrentgebunden war, dann ist eine nachträgliche Aufrechnung mit dem Kreditauszahlungsanspruch schon theoretisch ausgeschlossen, da die Kontokorrentgebundenheit die Aufrechnung ausschließt. Es kann daher dahinstehen, ob im Zeitpunkt der Stornierung überhaupt ein Wille der Parteien dahingehend vorhanden ist, daß durch den bei der Stornierung entstehenden Debet-Saldo der vereinbarte Kontokorrentkredit in Anspruch genommen werden soll.

---

[44] Vgl. Schönle § 11 I 1.

Da es schon konstruktiv ausgeschlossen ist, daß bei einer Debet-Stornierung ein gewährter Kontokorrentkredit in Anspruch genommen wird, kann die Bank auch nicht den für den Kontokorrentkredit vereinbarten Zins auf den durch eine Stornierung entstandenen Debet-Saldo verlangen. Vielmehr bleibt der Debet-Saldo ein Aufwendungsersatzanspruch, da auch eine anderweitige Umwandlung in einen Kreditrückzahlungsanspruch wegen der Kontokorrentgebundenheit nachträglich nicht mehr möglich ist.

b) Fehlen eines Kontokorrentkreditvertrages

Hat die Bank dem Kunden keinen Kontokorrentkredit eingeräumt[45] und entsteht mit der Stornierung auf dem Girokonto ein Debet-Saldo, dann verlangt die Bank einen höheren Zinssatz als den für die Kontokorrentkredite, nämlich den für Überziehungskredite; dieser setzt sich meist aus dem Zinssatz für Kontokorrentkredite zuzüglich einer sogenannten Überziehungsprovision in Höhe von i. d. R. 1,5 % zusammen[46], die dafür berechnet wird, daß die Bank sich nicht durch vorherige Disposition auf die Überziehung einstellen konnte[47] und daß bei der Überziehung das Risiko für die Bank größer ist, weil die Überziehung stets ohne vorherige Bonitätsprüfung und ohne Sicherheiten erfolgt. Fraglich ist, ob die Bank diesen Zins zu Recht verlangen kann.

aa) Anwendbarkeit der Ziff. 14 Abs. IV S. 2 AGB-Banken

Das OLG München hat die Befugnis der Bank zur Berechnung des entsprechenden Zinses auf Nr. A I 9 Abs. 2 AGB-Sparkassen gestützt. Ob diese Regelung hier tatsächlich eingreift, soll dahinstehen, da die AGB-Sparkassen nicht Gegenstand dieser Arbeit sind. Jedenfalls greift die der Nr. A I 9 Abs. II AGB-Sparkassen entsprechende Ziff. 14, Abs. IV S. 2 AGB-Banken[48] aus zwei Gründen nicht ein: Einmal muß eine Stornierung nicht notwendig eine „Maßnahme" sein, „die auf vertragswidrigem Verhalten des Kunden beruht", als der einzigen in Betracht kommenden Variante dieser Klausel. Zum anderen gibt Ziff. 14 Abs. IV S. 2 AGB-Banken der Bank die Befugnis zur Berechnung einer Art Strafgebühr, wie der Hinweis auf § 11 Ziff. 5 AGBG zeigt, der die Zulässig-

---

[45] Das gleiche gilt, wenn dem Kunden zwar ein Kontokorrentkredit eingeräumt ist, dieser aber voll ausgeschöpft ist, so daß mit der Stornierung der zugesagte Kreditrahmen überschritten wird.

[46] Hagenmüller S. 404.

[47] Jährig / Schuck S. 98.

[48] „Für Maßnahmen und Leistungen, die nicht auf vertragsmäßiger Kreditabwicklung durch den Kunden, auf vertragswidrigem Verhalten des Kunden oder auf Zwangsmaßnahmen Dritter gegen den Kunden beruhen, kann die Bank eine angemessene Gebühr im Rahmen des § 315 des Bürgerlichen Gesetzbuches und des § 11 Nr. 5 AGB-Gesetzes in Rechnung stellen."

keit von pauschalierten Schadensersatzansprüchen regelt[49]. Die Berechnung einer pauschalierten Strafgebühr ist etwas anderes als der hier berechnete Zins auf den Debet-Saldo.

bb) Anwendbarkeit der Ziff. 14 Abs. III AGB-Banken

Ein solches Recht zur Berechnung im voraus nicht vereinbarter Zinsen ist in Ziff. 14 Abs. III AGB-Banken[50] geregelt. Jedoch ist auch diese Regelung im Fall der Debet-Stornierung nicht ohne weiteres anwendbar, da sie eine Kreditinanspruchnahme, d. h. das Bestehen eines Kreditvertrages voraussetzt. Denn eine Kreditinanspruchnahme liegt nicht automatisch bereits dann vor, wenn der Kontostand unter Null sinkt, sondern es ist der Abschluß eines Kreditvertrages erforderlich[51]. Ziff. 14 III AGB-Banken gibt der Bank daher im Fall der Gewährung eines Überziehungskredits, bei dem im Unterschied zum Kontokorrentkredit vor der Inanspruchnahme naturgemäß keine Zinsvereinbarung getroffen werden kann, die Befugnis zur einseitigen Festlegung des Zinssatzes[52].

Es stellt sich daher die Frage, ob im Fall des durch eine Stornierung ausgelösten Debet-Saldos zwischen der Bank und dem Kunden ein Überziehungskreditvertrag zustandekommt, so daß die Bank den auf den Debet-Saldo zu zahlenden Zins gem. Ziff. 14 Abs. III AGB-Banken festlegen könnte. Um diese Frage beantworten zu können, muß zunächst geklärt werden, wie sich die Inanspruchnahme eines Überziehungskredits im Normalfall rechtlich vollzieht.

(1) Die Inanspruchnahme eines Überziehungskredites aus rechtlicher Sicht

Wie oben bereits angedeutet[53] kommt zwischen der Bank und dem Kunden ein Überziehungskreditvertrag zustande, wenn der Kunde der Bank einen nicht durch entsprechendes Guthaben gedeckten Auftrag erteilt und die Bank diesen Auftrag ausführt[54]. Rechtlich gibt der Kunde mit der Erteilung des ungedeckten Auftrages konkludent das Angebot

---

[49] Vgl. Canaris Anh. O nach § 357, Anm. 1292.

[50] „Nimmt ein Kunde Kredit ohne ausdrückliche Vereinbarung oder über den vereinbarten Betrag oder über den vereinbarten Termin hinaus in Anspruch (Kontoüberziehung), hat er statt etwa vereinbarter niedrigerer Zinsen, Gebühren und Provisionen die von der kontoführenden Stelle der Bank im Rahmen des § 315 des Bürgerlichen Gesetzbuches für Überziehungen bestimmten Zinsen, Gebühren und Provisionen zu tragen."

[51] Liesecke WM 1975, 286 (290); Canaris Anh. C nach § 357, Anm. 269.

[52] Canaris Anh. O nach § 357, Anm. 1291.

[53] Vgl. oben Teil 4 A II 1.

[54] Wenn sich der Bank nicht der Verdacht einer unrechtmäßigen Verfügung aufdrängen muß, ist die Bank berechtigt aber nicht verpflichtet, solche Aufträge auszuführen; vgl. Liesecke WM 1975, 286 (290) m. w. N.

auf Abschluß eines Überziehungskreditvertrages ab, das die Bank konkludent mit der Ausführung des Auftrages annimmt[55]. Mit Ausführung des ungedeckten Auftrages stehen sich damit der Kreditauszahlungsanspruch des Kunden einerseits und der Aufwendungsersatzanspruch der Bank andererseits gegenüber, die beide durch konkludente Aufrechnung erlöschen (§ 389 BGB). Die im Anschluß an die Durchführung des Auftrages auf dem Girokonto vorgenommene Belastungsbuchung verkörpert dann den Kreditrückzahlungsanspruch (§ 607 BGB) der Bank. Der Unterschied zum Kontokorrentkredit besteht damit lediglich darin, daß der Kreditauszahlungsanspruch erst mit Ausführung des Auftrages entsteht und nicht bereits vorher.

(2) Inanspruchnahme eines Überziehungskredites durch Stornierung

Damit kann jetzt die Frage beantwortet werden, ob mit der den Debet-Saldo auslösenden Stornierung ein Überziehungskreditvertrag zwischen Bank und Kunden zustandekommt, so daß die Bank gem. Ziff. 14, III AGB-Banken Zinsen auf den Debet-Saldo berechnen kann. Ausgangspunkt ist dabei wieder das Beispiel, wonach zunächst der Kunde über die ihm irrtümlich erteilte Gutschrift verfügt und die Bank im Anschluß daran storniert.

Festzustellen ist zunächst, daß anders als im Normalfall der Inanspruchnahme des Überziehungskredites in der Erteilung des Auftrages nicht das konkludente Angebot des Kunden auf Abschluß eines Überziehungskreditvertrages gesehen werden kann. Denn der Kunde will mit dem Auftrag über die (irrtümlich) erteilte Gutschrift verfügen und nicht einen Kredit in Anspruch nehmen. Für ein andersartiges Zustandekommen eines Überziehungskreditvertrages könnte man an zwei verschiedene Möglichkeiten denken: Einmal könnte die Bank mit der Stornierung ein Angebot abgeben; dann ist jedoch die Konstruktion der Annahme dieses Angebots durch den Kunden insoweit problematisch, als der Kunde möglicherweise mit der Stornierung nicht einverstanden ist. Daher bliebe konstruktiv nur die Möglichkeit, daß in entsprechender Anwendung der für die Gutschrift entwickelten Grundsätze[56] zwischen Kunde und Bank bereits mit Vereinbarung der Stornoklausel bei Abschluß des Girovertrages eine Rahmenvereinbarung über das Zustandekommen eines Überziehungskreditvertrages für alle in Zukunft eintretenden Fälle der Debet-Stornierung getroffen wird; diese Rahmenvereinbarung würde die Bank durch eine mit der Stornierung abgegebene Gestaltungserklärung auf den jeweils in Anspruch genommenen Betrag konkretisieren.

---

[55] Canaris Anh. C nach § 357, Anm. 269; Koch S. 91 Fn. 1.

[56] Vgl. oben Teil 1 A I 2 b bb.

Ob diese theoretische Möglichkeit als zulässig anzusehen ist oder nicht, kann dahinstehen, da auch bei Zustandekommen eines Überziehungskreditvertrages durch die Stornierung keine Inanspruchnahme dieses Kredites begründet werden kann, was aber Voraussetzung für einen Zinsanspruch der Bank wäre. Denn die Bank könnte gegen den durch die Gestaltungserklärung entstandenen Kreditauszahlungsanspruch nicht mehr mit ihrem Aufwendungsersatzanspruch aus der Durchführung des Kundenauftrages aufrechnen, um so den Überziehungskredit zu valutieren. Das ergibt sich daraus, daß der Aufwendungsersatzanspruch in Form der Belastungsbuchung im Rahmen der zeitlich vor der Stornierung liegenden Durchführung des Kundenauftrages ins Kontokorrent eingestellt wurde. Durch die Kontokorrentgebundenheit kann der Aufwendungsersatzanspruch weder erfüllt werden noch kann gegen ihn aufgerechnet werden.

c) Ergebnis zu 2.

Durch eine Stornierung, die einen Debet-Saldo entstehen läßt, kann daher weder ein noch nicht ausgeschöpfter Kontokorrentkredit noch ein Überziehungskredit in Anspruch genommen werden. Denn Voraussetzung für eine Inanspruchnahme ist bei beiden Kreditarten, daß der Kreditauszahlungsanspruch des Kunden gegen den Aufwendungsersatzanspruch der Bank aufgerechnet wird und so das Darlehen valutiert ist, so daß die Belastungsbuchung die Einstellung des Kreditrückzahlungsanspruchs ins Kontokorrent verkörpert. Der rechtlich hinter einem im Wege der Stornierung entstandenen Debet-Saldo stehende Anspruch kann also niemals ein Kreditrückzahlungsanspruch sein, sondern bleibt stets ein Aufwendungsersatzanspruch.

Daher ist die Bank nicht berechtigt, auf einen im Wege der Stornierung entstandenen Debet-Saldo Kreditzinsen zu berechnen. Es bleibt der Bank daher lediglich die Möglichkeit gem. §§ 354 II HGB, 246 BGB den gesetzlichen Zinssatz zu berechnen. Denn der durch die Stornierung entstandene Debet-Saldo verkörpert rechtlich den Aufwendungsersatzanspruch für die zeitlich vorangegangene Verfügung, in Höhe dessen die Bank vom Zeitpunkt der Stornierung an in Vorlage getreten ist.

Im Ergebnis verkörpert der im Wege der Stornierung entstandene Debet-Saldo also einen vertraglichen Anspruch der Bank, auf den die Bank allerdings keine Kreditzinsen berechnen kann, da es sich um einen Aufwendungsersatzanspruch handelt.

B. Zulässigkeit der Debet-Stornierung

Auf der Grundlage dieser Ergebnisse ist nun zu prüfen, inwieweit die in der Literatur gegen die Zulässigkeit der Debet-Stornierung erhobenen Bedenken durchgreifen.

I. Vertragsfiktion als Konsequenz der Debet-Stornierung

Insbesondere Canaris[1] hat die Auffassung vertreten, daß man bei Zulassung einer Debet-Stornierung mit einer Vertragsfiktion arbeite, die zu einer „Zerstörung der von den §§ 818 III, 819 BGB gezogenen Opfergrenze" führe. Grundlage dieser Kritik von Canaris ist die Auffassung, daß die Bank nur dann einen vertraglichen Anspruch auf Abdeckung eines im Wege der Stornierung entstandenen Debet-Saldos habe, wenn man mit dem OLG München[2] in der Vereinbarung der Stornoklausel zugleich eine Vereinbarung über die Verpflichtung des Kunden sieht, einen evtl. bei der Stornierung entstehenden Debet-Saldo abzudecken. Ohne die Annahme einer solchen Vereinbarung ließe sich ein Anspruch der Bank auf Abdeckung des Debet-Saldos nur aus § 812 BGB[3] herleiten, so daß der gutgläubige Kunde nur bei einem Verbleib der Bereicherung haften würde. Wenn man dennoch generell eine Debet-Stornierung zuließe und den Kunden zur Abdeckung des Debet-Saldos verpflichtete, könnte dies zu einer im Vergleich zu den gesetzlichen Vorschriften verschärften Haftung des Kunden führen[4].

Da diese Grundlagen unzutreffend sind, ist die Kritik von Canaris insgesamt unberechtigt. Wie oben[5] dargelegt, ist die Bank auch ohne Annahme einer entsprechenden Verpflichtung des Kunden aus der Stornoklausel hinsichtlich der Abdeckung eines im Wege der Stornierung entstandenen Debet-Saldos nicht auf einen Bereicherungsanspruch angewiesen; vielmehr verkörpert der Debet-Saldo den Aufwendungsersatzanspruch der Bank aus der vorangegangenen Verfügung und damit einen vertraglichen Rückzahlungsanspruch. Steht der Bank im Fall der Debet-Stornierung aber auf jeden Fall ein vertraglicher Rückzahlungsanspruch zu, dann kommt eine Haftungsbeschränkung des Kunden durch einen zwischenzeitlich eingetretenen Wegfall der Berei-

---

1 Canaris Anh. C nach § 357, Anm. 221.

2 OLG München WM 1971, 264 (265).

3 Vgl. Koch S. 91 Fn. 1.

4 Die sich daraus ergebende Konsequenz, eine Debet-Stornierung nur bei Nichteingreifen des § 818 III BGB zuzulassen wird von Canaris nicht gezogen. Zu einem ähnlichen, nach Gut- bzw. Bösgläubigkeit des Kunden differenzierenden Ergebnis kommt aber Otto (BB 1978, 987 (990)), der eine Debet-Stornierung nur bei „Straftaten des Kunden zwecks Erlangung der Gutschrift" zulassen will.

5 Vgl. oben Teil 4 A II 1 b.

cherung ohnehin nicht in Betracht. Es wird also auch dann, wenn man die Debet-Stornierung generell zuläßt, die „durch §§ 818, III, 819 BGB gezogene Opfergrenze“[6] nicht zerstört.

II. Zinszahlungspflicht als Folge der Debet-Stornierung

Häufig wird in der Literatur gegen die Zulässigkeit einer Debet-Stornierung eingewandt, daß der Kunde zur Zahlung von Zinsen verpflichtet würde, auf deren Entstehen und deren Höhe er keinen Einfluß nehmen könne[7]. Denn bei der Gewährung des Kontokorrentkredites könnte der Kunde den später zu zahlenden Zinssatz im voraus mit der Bank aushandeln, was je nach Bonität und Verhandlungsgeschick zu unterschiedlichen Konditionen führen könne.

Diesem Argument ist zunächst entgegenzuhalten, daß es ungenau ist. Denn auch beim Überziehungskredit hat der Kunde auf die Höhe des Zinssatzes keinen Einfluß, da die Bank ihn gem. Ziff. 14, III AGB-Banken einseitig festlegt. Einzuräumen ist dabei jedoch, daß die fehlende Einflußmöglichkeit des Kunden auf die Höhe des Zinssatzes hier insofern angemessen erscheint, als beim Überziehungskredit anders als bei der Debet-Stornierung die Initiative für das Entstehen des Debet-Saldos vom Kunden ausgeht und der Kunde bei Erteilung des Auftrages weiß, daß sein Konto debitorisch wird und die Bank den zu zahlenden Zins einseitig festlegen kann.

Entscheidend ist daher folgendes: Diejenigen, die eine Debet-Stornierung wegen der vorher nicht möglichen Einflußnahme des Kunden auf die Zinshöhe ablehnen, unterstellen, daß jeder Debet-Saldo eine Pflicht des Kunden zur Zahlung von Kreditzinsen auslöse, entweder in Form von Kontokorrentkreditzinsen oder in Form von Überziehungskreditzinsen. Diese Auffassung ist jedoch unzutreffend. Denn die Bank kann nur Kreditzinsen berechnen, wenn zuvor ein Kreditvertrag zustande gekommen und dieser durch die Debet-Stornierung in Anspruch genommen worden ist. Zwar ist im Fall des Kontokorrentkreditvertrages vor der Debet-Stornierung ein Kredit(eröffnungs)vertrag zustande gekommen und könnte sonst ein Überziehungskreditvertrag konstruiert werden; aber es fehlt auf jeden Fall an einer Inanspruchnahme des Kredites durch die Debet-Stornierung, da dies nur durch eine Aufrechnung des Aufwendungsersatzanspruches mit dem Kreditauszahlungsanspruch möglich wäre, der Aufwendungsersatzanspruch aber bereits vor der Debet-Stornierung kontokorrentgebunden und damit gelähmt ist.

---

[6] Canaris Anh. C nach § 357, Anm. 221.

[7] Liesecke WM 1975, 238 (241); Otto / Stierle WM 1978, 530 (543); Otto BB 1978, 987 (990).

III. Ergebnis

Im Ergebnis greifen die Bedenken gegen die Zulässigkeit der Debet-Stornierung damit nicht durch. Darüber hinaus erscheint die Zulässigkeit der Debet-Stornierung in der hier vertretenen Form auch interessengerecht[8]. Einerseits macht die Bank mit ihrer Forderung auf Abdeckung des Debet-Saldos nichts anderes als ihren Aufwendungsersatzanspruch aus der Durchführung des Kundenauftrages geltend, den sie gem. Ziff. 2, Abs. II AGB-Banken nur auf dem Girokonto als Kontokorrent geltend machen kann. Andererseits wird der Kunde nicht zur Zahlung von Zinsen verpflichtet, von deren Entstehen er möglicherweise nichts wußte und deren Höhe er nicht beeinflussen konnte.

---

[8] So im Erg. Kümpel WM 1976, Sonderbeilage 1, S. 15 Fn. 3.

Schrifttumsverzeichnis

Bärmann: Europäisches Geld-, Bank- und Börsenrecht, Teil I: Bundesrepublik Deutschland, Berlin 1974.
(zit.: Bärmann)

Baumbach / Duden: Handelsgesetzbuch, 23. Aufl., München 1978.
(zit.: Baumbach / Duden)

Baumbach / Hefermehl: Wechselgesetz und Scheckgesetz, 11. Aufl., München 1973.
(zit.: Baumbach / Hefermehl)

Baur, F.: Lehrbuch des Sachenrechts, 10. Aufl., München 1978.
(zit.: Baur)

Beitzke: Probleme des Kontokorrents, Festschrift f. Gierke, S. 1, Berlin 1950.

Bettermann: Kriegsbedingte Störungen im Überweisungsverkehr, ZHR 111, 135.

Beuthien: Zweckerreichung und Zweckstörung im Schuldverhältnis, Tübingen 1969.
(zit.: Beuthien)

BGB / RGRK: Das Bürgerliche Gesetzbuch, herausgegeben von Reichsgerichtsräten und Bundesrichtern — I. Band, 1. Teil (§§ 1—240), 11. Aufl., Berlin 1959.

— II. Band, 1. Teil (§§ 241—413), 12. Aufl., Berlin New York 1976, — 1. Lieferung (§§ 812—822), 12. Aufl., Berlin New York 1974.
(zit.: BGB / RGRK / Bearbeiter)

Brox: Allgemeiner Teil des Bürgerlichen Gesetzbuchs, 3. Aufl., Köln u.a. 1978.
(zit.: Brox AT)

— Die Einschränkung der Irrtumsanfechtung, Karlsruhe 1960.
(zit.: Brox)

v. Caemmerer: Bereicherung und unerlaubte Handlung, Festschrift f. Rabel, S. 332, Tübingen 1954.

— Bereicherungsansprüche und Drittbeziehungen, JZ 1962, 385.

— Gesammelte Schriften, Band 1, Rechtsvergleichung und Schuldrecht, Tübingen 1968.

Canaris: Bankvertragsrecht, Sonderausgabe der Kommentierung der §§ 355—357 und Anhang § 357 im „Handelsgesetzbuch, Großkommentar", 3. Aufl., Band III, Berlin New York 1975.
(zit.: Canaris)

— Der Bereicherungsausgleich im Dreipersonenverhältnis, Festschrift f. Larenz, S. 799, München 1973.

— Einwendungsausschluß und Bereicherungsausgleich im Girovertragsrecht, BB 1972, 774.

Enneccerus / Nipperdey: Allgemeiner Teil des Bürgerlichen Rechts, Erster Halbband: Allg. Lehren, Personen, Rechtsobjekte, 15. Aufl., Tübingen 1959. (zit.: Enneccerus / Nipperdey)

Erman: Handkommentar zum Bürgerlichen Gesetzbuch, 6. Aufl., Münster 1975.
(zit.: Erman / Bearbeiter)

— Zur Pfändbarkeit der Ansprüche eines Kontokorrentkunden gegen seine Bank aus deren Kreditzusage, Festschrift f. Rudolf Schmidt, S. 261, Berlin 1966.

Esser: Schuldrecht, Band 2, Besonderer Teil, 4. Aufl., Karlsruhe 1971.
(zit.: Esser)

Esser / Schmidt: Schuldrecht Band 1, Allgemeiner Teil, Teilband 1, 5. Aufl., Karlsruhe 1975.
(zit.: Esser / Schmidt)

Flume: Allgemeiner Teil des Bürgerlichen Rechts, Band II, Das Rechtsgeschäft, 3. Aufl., Berlin u. a. 1979.
(zit.: Flume)

Gierke: Handelsrecht und Schiffahrtsrecht, 8. Aufl., Berlin 1958.
(zit.: Gierke)

Göppert: Zur Vereinfachung der Lehre vom Kontokorrent, ZHR 102, 161.

— Zur Vereinfachung der Lehre vom Kontokorrent, ZHR 103, 318.

Graumann: Fehlerhafte Banküberweisungen und ihre Rückabwicklung, insbesondere nach den Regeln über die Herausgabe einer ungerechtfertigten Bereicherung und unter besonderer Berücksichtigung der höchstrichterlichen Rechtsprechung, Diss. Freiburg 1953.

Großfeld: Bilanzrecht, Ein Lehrbuch, Heidelberg — Karlsruhe 1978.
(zit.: Großfeld)

Hadding: Neue Rechtsprechung zum bargeldlosen Zahlungsverkehr, JZ 1977, 281.

Hagenmüller / Diepen: Der Bankbetrieb, 8. Aufl., Wiesbaden 1977.
(zit.: Hagenmüller)

Haupt: Die Allgemeinen Geschäftsbedingungen der deutschen Banken, Leipzig 1937.
(zit.: Haupt)

Hefermehl: Grundfragen des Kontokorrents, Festschrift f. H. Lehmann, Bd. II, S. 547, Berlin — Tübingen — Frankfurt 1956.

— Rechtsfragen des Überweisungsverkehrs, Festschrift f. Möhring, 381, München 1975.
(zit.: Hefermehl)

Heimann-Trosien: Anmerkung zu BGH JR 1974, 284, JR 1974, 286.

Helbig: Die Giroüberweisung, deren Widerruf und Anfechtung nach deutschem und schweizerischem Recht, Diss. Genf 1970.

HGB / RGRK: Reichsgerichtsräte-Kommentar zum Handelsgesetzbuch, 3. Band, 2. Aufl., Berlin 1963.
(zit.: HGB / RGRK / Bearbeiter)

Hildebrandt: Anm. zum Urteil des OLG Dresden in NJW 1933, 2258, JW 1933, 2258.

Jährig / Schuck: Handbuch des Kreditgeschäftes, 3. Aufl., Wiesbaden 1978.
(zit.: Jährig / Schuck)

Kiehnscherf: Widerruf und Anfechtung eines Giroüberweisungsauftrages, Mainz 1955.
(zit.: Kiehnscherf)

Koch: Banken und Bankgeschäfte, Jena 1931.
(zit.: Koch)

Kolbenschlag: Rechtliche Probleme der Stornierungspraxis bei Kreditinstituten, WM 1970, 174.

Koller: Die Bedeutung der dem Überweisungsbegünstigten erteilten Gutschrift im Giroverkehr, BB 1972, 687.

Koppensteiner / Kramer: Ungerechtfertigte Bereicherung, Berlin / New York 1975.
(zit.: Koppensteiner / Kramer)

Kübler: Feststellung und Garantie, Tübingen 1967.
(zit.: Kübler)

Kümpel: Das Stornorecht der Kreditinstitute, WM 1979, 378.

— Zur Neufassung der Allgemeinen Geschäftsbedingungen der Banken, WM 1976, Sonderbeilage 1.

Kupisch: Bankanweisung und Bereicherungsausgleich, WM 1979, Sonderbeilage 3.

Larenz: Allgemeiner Teil des deutschen Bürgerlichen Rechts, 4. Aufl., München 1979.
(zit.: Larenz AT)

— Lehrbuch des Schuldrechts, Band I: Allgemeiner Teil, 12. Aufl., München 1979.
(zit.: Larenz SAT)

— Lehrbuch des Schuldrechts, Band II: Besonderer Teil, 11. Aufl., München 1977.
(zit.: Larenz)

— Methodenlehre der Rechtswissenschaft, 4. Aufl., Berlin — Heidelberg — New York, 1979.
(zit.: Larenz, Methodenlehre)

Lehmann, Karl: Lehrbuch des Handelsrechts, 2. Aufl., Berlin 1912.
(zit.: Lehmann)

Liesecke: Das Bankguthaben in Gesetzgebung und Rechtsprechung. Teil I: Grundbegriffe und Vorfragen, WM 1975, 214. Teil II: Kontoführung, Liquidität des Bankguthabens, Bankgeheimnis, WM 1975, 238. Teil III: Verfügungen über das Bankguthaben, WM 1975, 286.

Löwe / Graf Westphalen / Trinkner: Kommentar zum Gesetz zur Regelung des Rechts der Allgemeinen Geschäftsbedingungen, Heidelberg 1977.
(zit.: Löwe / Graf Westphalen / Trinkner)

Lorenz: Bereicherungsrechtliche Drittbeziehungen, JuS 1968, 441.

Manthe: Die Geschichte der AGB des privaten Bankgewerbes, Bankbetrieb 1968, 8.

Medicus: Bürgerliches Recht, 9. Aufl., Köln u. a., 1979.
(zit.: Medicus)

Meyer / Cording: Das Recht der Banküberweisung, Tübingen 1951.
(zit.: Meyer-Cording)

Möschel: Fehlerhafte Banküberweisung und Bereicherungsausgleich, JuS 1972, 297.

Müller-Löffelholz: Banklexikon, Wiesbaden 1972.
(zit.: Müller-Löffelholz)

Münchener Kommentar: Bürgerliches Gesetzbuch, — Band 1 (§§ 1—240), München 1978, — Band 2 (§§ 241—432), München 1979.
(zit.: MünchKomm / Bearbeiter)

Nebelung: Gutschriften auf Konto pro Diverse, NJW 1959, 1068.

Obst / Hintner: Das Geld-, Bank- und Börsenwesen, 36. Aufl., Stuttgart 1968.
(zit.: Obst / Hintner)

Oertmann: Kommentar zum Bürgerlichen Gesetzbuch und seinen Nebengesetzen, 5. Aufl., Berlin 1929.
(zit.: Oertmann)

Otto: Grenzlinien des Stornorechts der Banken, WM 1978, 987.

Otto / Stierle: (Fehl-)Entwicklungen beim girovertraglichen Stornorecht der Kreditinstitute?, WM 1978, 530.

Palandt: Bürgerliches Gesetzbuch, 38. Aufl., München 1979.
(zit.: Palandt / Bearbeiter)

Pfister: Zum Bereicherungsausgleich im Dreiecksverhältnis bei Fehlen einer Anweisung, JR 1969, 47.

Pikart: Die Rechtsprechung des Bundesgerichtshofes zum Überweisungs- und Zahlungsverkehr, WM 1955, 390.

Planck: Kommentar zum BGB, 5. Aufl., Berlin 1933.
(zit.: Planck)

Pleyer / Battes: Geltung und Auslegung der Allgemeinen Geschäftsbedingungen im Verkehr der Banken untereinander, DB 1971, 1289.

Polke: Der Zahlungsverkehr der Banken im In- und mit dem Ausland, Diss. München 1979.

Pünder: Widerruf und Anfechtung eines Giroüberweisungsauftrages, Diss. Köln 1951.

Putzo: Erfüllung mit Buchgeld und die Haftung der Beteiligten wegen ungerechtfertigter Bereicherung, Berlin / New York 1977.
(zit. Putzo)

Rosenberg / Schwab: Zivilprozeßrecht, 12. Aufl., München 1977.
(zit.: Rosenberg / Schwab)

Rospatt: Unter welchen Voraussetzungen erwächst einem Dritten, zu dessen Gunsten eine Banküberweisung erfolgt, ein Rechtsanspruch gegen die Bank?, Bank-Archiv 1933, 325.

Schaudwet: Bankenkontokorrent und Allgemeine Geschäftsbedingungen, Berlin 1967.
(zit.: Schaudwet)

Schinnerer / Avancini: Bankverträge, I. Teil: Allgemeine Geschäftsbedingungen, Kontoeröffnung und Kontoführung, Geschäftsabwicklung, 3. Aufl., Wien 1975. II. Teil: Kreditvertrag, Kreditsicherung, Bankgarantie, 3. Aufl., Wien 1978.
(zit.: Schinnerer / Avancini)

Schlegelberger: Handelsgesetzbuch, Band IV (§§ 343—372), 5. Aufl., München 1976.
(zit.: Schlegelberger / Bearbeiter)

Schoele: Das Recht der Überweisung, Berlin 1937.
(zit.: Schoele)

Schoen: Der Krediteröffnungsvertrag als schuldrechtliche Rahmenverpflichtung, Diss. Erlangen — Nürnberg 1965.

Schönle: Bank- und Börsenrecht, 2. Aufl., München 1977.
(zit.: Schönle)

Schütz: Einheit und Selbständigkeit von Zentrale und Zweigniederlassung im Bankverkehr, Bank-Betrieb 1967, 319.

— Widerruf bei Zahlungen und Überweisungen, AcP 160, 17.

Schwark: Bereicherungsansprüche bei Banküberweisungen, WM 1970, 1334.

Simitis: Bemerkungen zur rechtlichen Stellung des Geldes, AcP 159, 406.

Soergel: Bürgerliches Gesetzbuch, — Band 1 (§§ 1—240), 11. Aufl., Stuttgart u. a. 1978, — Band 2, Schuldrecht I (§§ 241—610), 10. Aufl., Stuttgart u. a. 1967, — Band 3, Schuldrecht II (§§ 611—853), 10. Aufl., Stuttgart u. a. 1969.
(zit.: Soergel / Bearbeiter)

Stauder: Der bankgeschäftliche Krediteröffnungsvertrag, Bielefeld 1968.
(zit.: Stauder)

Staudinger: J. v. Staudinger Kommentar zum Bürgerlichen Gesetzbuch, — Erstes Buch (§§ 90—240), 12. Aufl., Berlin 1979, — I. Band, Allgemeiner Teil, 11. Aufl., Berlin 1957, — II. Band, Recht der Schuldverhältnisse, Teil 1 d (§§ 328—432), 10./11. Aufl., Berlin 1978.
(zit.: Staudinger / Bearbeiter)

Trost / Schütz: Bankgeschäftliches Formularbuch, 17. Aufl., Köln 1967.
(zit.: Trost / Schütz)

Ulmer, E.: Akkreditiv und Anweisung, AcP 126, 129.

— Gutschrift und Deckung im Bankrecht, SJZ 1948, 235.

Ulmer / Brandner / Hensen: AGB-Gesetz, Köln 1977.
(zit.: Ulmer / Brandner / Hensen)

Weitnauer: Die bewußte und zweckgerichtete Mehrung fremden Vermögens, NJW 1974, 1729.

Westermann, H. P.: Bereicherungshaftung des Erwerbers gestohlener Sachen: Zur „Subsidiarität“ der Eingriffskondiktion — BGHZ 55, 176, JuS 1972, 18.

Wilburg: Die Lehre von der ungerechtfertigten Bereicherung nach deutschem und österreichischem Recht, Graz 1934.
(zit.: Wilburg)

Wilhelm: Das Merkmal „auf Kosten" als notwendiges Kriterium der Leistungskondiktion, JuS 1973, 1.

— Die Zurechnung der Leistung bei Widerruf einer Anweisung, insbesondere eines Schecks, AcP 175, 304.

Wunschel: Rechtsfragen der Banküberweisung, NJW 1958, 1764.